고려시기
사냥꾼 양수척楊水尺과
정주定住 사회社會

# 고려시기
# 사냥꾼 양수척楊水尺과
# 정주定住 사회社會

이병희 지음

경인문화사

# 머리글

이 책은 고려시기 사냥꾼 양수척(楊水尺)이 정주(定住) 사회(社會)와 활발하게 교섭하는 모습을 구명한 글이다. 양수척은 고려시기 사냥꾼으로서 최하층 천민이며, 조선시기 백정(白丁)의 전신이다. 조선의 백정에 관해서는 많은 연구 성과가 있어, 제민화(齊民化) 과정이 소상히 밝혀졌고 그 과정에서 제대로 정착하지 못한 이들이 많은 범죄를 저지른 내용도 구명되었다. 그리고 그들이 도축업 종사자로서 갖는 중요성도 주목을 받았다.

그렇지만 백정의 전신인 양수척에 관해서는 제대로 연구가 이루어지지 않았다. 양수척의 가장 중요한 생업이 사냥이라는 점을 인식하지 못했고, 또 사냥이 경제활동에서 차지하는 비중과 의미를 제대로 이해하지 못했다. 이 책에서는 양수척이 사냥꾼이라는 점에 착안해 양수척의 실체에 접근하고자 했다.

사냥은 야생동물을 포획하는 일로서 유사 이래 인간의 매우 중요한 경제 행위였다. 농경이 시작된 뒤에도 사냥은 상당 기간 큰 비중을 갖는 경제 활동의 하나였다. 야생동물은 단백질 공급의 원천으로서 어로(漁撈)를 통해 획득하는 물고기와 더불어 중요한 자리를 차지했다. 야생동물이 식료로서 갖는 비중은 16세기까지도 가축보다 더 높았다. 사냥에는 많은 이들이 종사하고 있었는데, 부차적으로 관계하는 이도 있었고, 전업으로 몰두하는 이들도 많았다.

우리 역사의 연구에서 농업을 중시하고 그것을 중심으로 접근하는 것은 타당하고 바람직한 것이지만, 사냥에 대한 관심도 아울러 가질 필요가 있다. 적어도 조선전기까지 사냥은 경제 활동에서 매우 중요한 위치를 차지하고 있었음이 분명하다. 고려시기에는 당연히 사냥이 더욱 중요한 경제 활동의 한 영역이었다. 그 사냥을 전담한 부류가 양수척이었다.

사냥꾼이라는 점에 착안해 접근함으로써 필자는 양수척의 여러 실상을 다음과 같이 파악할 수 있었다. 후삼국시기 고려의 정예 부대는 유금필이 이끄는 제번경기(諸蕃勁騎)였다. 이들은 말갈족으로 구성되었는데, 기본적으로 사냥꾼이었다. 사냥꾼이기 때문에 말타기와 활쏘기에 탁월한 능력을 보유했으며, 용감성과 기민함을 갖추고 있었다. 이들은 탁월한 전투능력을 보유한 무사(武士)였다. 이들과 대결하는 후백제 역시 사냥꾼을 총동원하지 않을 수 없었을 것이다. 고려와의 전투에서 후백제군이 패배하고 고려군이 승리함으로써 통일이 이루어지지만, 후백제의 핵심 병력인 사냥꾼은 정착하지 못하고 흩어지지 않을 수 없었다. 이들이 양수척의 출발이 되는 것이다.

정주 사회에 유통되는 야생동물의 고기와 가죽은 대부분 양수척이 사냥한 것이었다. 그들은 야생동물을 사냥하기 때문에 우마의 도축에서도 훌륭한 솜씨를 발휘할 수 있었다. 또 탁월한 전투 능력을 보유했기 때문에 무사로서 발탁될 수 있었다. 그리고 여러 분야의 기예(技藝)에서도 두드러진 활약을 펼치는 수가 많았다. 그리하여 도축업자인 화척(禾尺), 기예능력을 보유한 재인(才人)이 양수척이라는 인식이 통념화되었다. 또한 양수척은 기생을 공급하는 기반이 되었다. 모든 기생이 양수척 출신은 아니었지만 기마 능력을 보유한 기생은 양수척 출신으로 볼 수 있다.

양수척은 끊임없이 정주 사회와 접촉했다. 그들이 정주민으로 전화되면서 일부는 정주 사회에서 출세의 길을 걷기도 했지만, 다수는 천업에 종사함으로써 낮은 사회적 대우를 받았다. 정주 사회에서 유망민이 발생하는 경우, 이들의 일부는 산곡으로 흘러들어가 양수척이 되는 경우도 적지 않았던 것으로 보인다. 양수척은 이처럼 끊임없이 이탈하고 충원되는 계층이었다. 양수척이 보유한 문화는 토풍(土風, 鄕風)이나 화풍(華風, 唐風)과 구분되는 독특한 것이었다. 그들의 삶의 방식은 유교·불교의 교설과 상당한 거리를 보였다. 조선초 강력한 제민화 정책으로 인해 이들은 떠돌이 생활을 정리하고 정주 사회에 편입되어 갔다. 일부는 농지를 받아 안정된 농민으로 전화되었지만, 일부는 도축이나 기예를 생업으로 삼았다. 그렇지만 사냥에 종사하는 일은 매우 드물어졌다. 조선전기 재인·화척·백정은 사냥꾼으로서의 삶에서 이탈한 존재였다. 사냥꾼인 양수척은 이렇게 해서 사라져 간 것으로 볼 수 있다.

양수척으로 명확히 지칭되는 사람은 찾아지지 않는다. 그렇지만 양수척으로 볼 수 있는 인물은 다수 확인할 수 있다. 이의민(李義旼)의 부친 이선(李善)은 체와 소금을 판매하는 상업에 종사하는 사실, 처가 사원의 노비인 점, 그리고 아들들의 행동거지 등에서 볼 때 양수척임이 분명하다. 그리고 충렬왕의 측근에서 사냥에 종사한 낮은 신분의 이정(李貞)과 이병(李玶) 역시 양수척으로 볼 수 있다. 천예 출신이면서 배우로 활약한 간유지(簡有之)와 군만(君萬)도 양수척임이 명확하다. 기생 가운데 자운선(紫雲仙)·서련방(瑞蓮房)도 양수척으로 볼 수 있으며, 기마 능력을 보유한 개성(改成)·연쌍비(燕雙飛)는 양수척임이 분명하다. 그밖에도 도방, 야별초, 악소, 군소, 무뢰배 소속 인물 가운데 낮은 신분 출신으로 용감함을 보이고 기사(騎射) 능력을 발휘한 이들은 대개 양수척 출신인 것 같다. 양수척은 고려사회가 상무성(尙武性)을 갖게 하는 데 크게 기여했으며, 역동성과 다원성을 띠도록 하는 데에도 큰 역할을 담당했다.

양수척에 관해서 이상의 내용을 밝힐 수 있었지만 추정을 거듭한 뒤에 얻어진 사항이 적지 않기 때문에 추가적인 작업이 더 필요하다. 후삼국시기 전투 병력 구성원 가운데 사냥꾼이 갖는 중요성, 가축의 사육과 도축 행위, 무인집권기와 원 간섭기 무사의 활동은 깊이 있는 작업이 필요하다. 그리고 연희(演戱)와 그 속에서 펼쳐진 재인의 활약도 구명이 있어야 하고, 기생 전반에 대한 이해도 심화되지 않으면 안 된다. 양수척이 표현하는 호풍(胡風) 문화는 고려 문화의 복합성을 이해하는 데 매우 중요한 주제로서 전체 내용이 새롭게 구명되어야 한다. 양수척이 정주민으로 전화하는 것, 반대로 정주민이 양수척으로 변환하는 것 역시 깊이 있는 천착이 필요하다. 이런 과제를 남기고 있기 있기 때문에 양수척의 전체상을 해명했다고 하기에 어렵고, 다만 그 모습의 일부를 소묘하는 데 그쳤다고 하겠다.

책의 뒷부분에 보론(補論)으로 조선전기 사냥에 관한 글을 실었다. 조선전기 사냥 문화가 퇴조하는데 그것은 양수척의 사냥 활동, 경제 활동과 깊이 연관되는 사항이었다. 인구가 증가하고, 농지 개간이 활발하게 진행되면서 산림의 훼손이 늘어가고 임야가 축소되는 것은 역사의 큰 흐름이다. 이런 과정에서 야생동물의 개체수는 현저하게 감소되어 갔다. 사냥이 갖는 중요성 역시 크게 줄어들지 않을 수 없었다. 그 결과 단백질 공급원으로서 야생동물이 갖는 비중이 낮아지고, 대신 가축 사육이 확대되면서 가축이 그 역할을 대신하게 되었다.

책의 출간을 진행하는 과정에서 여러 도움을 받았다. 재직하고 있는 한국교원대에서는 2021년 1년 동안의 연구년을 마련해 주었다. 덕분에 양수척 관련 작업을 진행할 수 있었다. 지금까지 세 번의 연구년을 보낼 수 있도록 배려해 준 학교에 깊은 감사를 드린다. 그리고 번거로운 교정을 맡아준 이들에게 고마운 마음을 표하고자 한다. 석사생 조정래 선생, 정은호 선생 및 학부생 강현채·최문규 군과 김채연·박원영·권은정·박규민·변희은 양이 교정 작업의 수고를 했다.

고려시기 사원경제에 관한 3권의 저서를 간행해준 경인문화사에서 이번에도 출간을 기꺼이 맡아 주었다. 감사할 따름이다. 한국학 발전에 지대한 공헌을 하는 출판사에서 책을 간행하는 것은 큰 영광이다. 한정희 사장님, 그리고 편집부의 직원분들께 깊은 감사를 드린다.

2022년 6월 3일 이병희

# 목 차

# 고려시기 사냥꾼 양수척楊水尺과 정주定住 사회社會

# 제1장 머리말

　고려시기 양수척은 천인(賤人)의 대표적 부류이다. 노비(奴婢)와 함께 가장 낮은 신분의 위치에 있던 존재가 양수척이다. 그들은 사냥을 주된 생업으로 하면서 떠돌이 생활을 했으며, 도축을 담당하고 기생을 공급했다. 그들은 천시당하면서 최하층의 삶을 살아가고 있었지만, 그럼에도 고려사회에서 중요한 몫을 담당하고 있었다.

　양수척의 습속이나 문화는 고려의 주류 사회의 그것과 상당한 간극이 있었다. 이동을 하면서 살기 때문에 농업을 중심으로 정주(定住) 생활을 하는 주류 사회의 구성원과는 삶의 방식이 크게 달랐다. 농업을 중심으로 하는 사회, 유교와 불교를 이념으로 하는 문화와는 많은 차이가 있었다. 이들의 삶은 유교나 불교의 영향을 별로 받지 않은 모습을 보였다. 그들의 생활 습속은 우리의 향풍(鄕風, 土風)이나 중국의 화풍(華風, 唐風)에서 벗어난 모습을 보였다.

　그렇지만 양수척은 정주 사회와 격리·고립되어 생활하는 존재가 아니었다. 이들은 끊임없이 정주 사회와 접촉하고 교류하였다. 양수척은 야생동물이나 그 가공품, 유기(柳器) 등의 수공업품을 정주 사회에 공급했으며, 정주 사회에 들어와 우마의 도축을 담당했다. 각종 기예 능력을 보유한 예능인을 공급하는 원천이었으며, 그리고 탁월한 무재(武才)를 갖추고 있어 유능한 무사(武士)를 공급하는 중심층이기도 했다. 이렇듯이 끊임없이 정주 사회, 주류 사회 내에 포섭되는 존재였다. 그렇지만 이들은 농업 중심 사회, 정주민 주도의 사회에서 매우 이질적인 부류였다.

양수척의 숫자는 적지 않았던 것으로 보인다. 일제시기 통계에 따르면 양수척의 후예인 백정(白丁)은 최소 3만 3,700여 명, 최대 40여만 명에 달한다고 한다.[1] 조선 성종대 양수척에서 연원한 재인(才人)의 수가 전 인구의 1/3~1/4에 달한다는 언급이 있는 데서[2] 알 수 있듯이, 양수척은 극소수였던 것이 아님은 분명하다.

양수척은 고려시기에도 10%에 이르지는 않았겠지만 적지 않은 수를 차지하고 있었을 것으로 추정된다. 그들은 사회 곳곳에서 다양한 역할을 담당함으로써 고려사회의 다양성 형성에 기여했으며 고려사회가 역동성을 갖게 하는 데에도 도움을 주었다.

이러한 비중과 중요성을 갖는 양수척이지만 자료의 부족으로 연구가 매우 미흡하다. 양수척의 생활모습과 양수척으로 추정되는 인물의 활약상을 적극적으로 발굴해 낸다면 의외로 풍부하고 의미있는 성과를 거둘 수 있을 것이다.

고려시기 양수척은 조선초 백정을 연구하면서 부차적으로 언급하는

．．．．．．．．．．．．．．．

1 일제시기 백정의 수효는 형평사 통계에 의하면 40여만 명이었고, 조선총독부 조사에 의하면 33,712명이었다(한국민족문화대백과, 형평운동 항목 : https:// terms.naver.com/entry.naver?docId=795741&cid=46623&categoryId=46623, 2022년 2월 10일 검색).

2 『成宗實錄』권37, 成宗 4년 12월 甲戌(18일), 9-79(國史編纂委員會 影印本 9冊, 79쪽을 의미함, 이하 같음). 이것은 과도한 표현으로 보인다. 실록에는 이처럼 과도하게 수치를 확대해 표현하는 수가 많다. 재인이 1/3 혹은 1/4에는 이르지 않았지만 적은 수가 아님은 분명하다. 한편 김동진씨는 백정의 수를 조선초 5%였고, 성종대 29.2%로 늘었으며, 16세기 전반에는 10%대로 낮아졌다고 추정했다(金東珍, 2009,「朝鮮前期 白丁에 대한 齊民化 政策의 成果」『역사민속학』29).

수가 많았다. 양수척이 떠돌이 생활을 한다는 것, 사냥을 주업으로 한다는 것, 유기의 제조에 종사했다는 것, 상업에 참여했다는 것, 그리고 기생을 공급하는 원천이었다는 것 등을 사실로 제시했다. 풍부한 내용은 아니지만 기본적인 사실에 대한 개략적인 정리가 이루어졌다. 그리고 최하의 낮은 신분이라는 점에 대해서 이견(異見)이 없다. 그리고 조선초 국가에서 일반 백성과 같은 농민으로 동화시켜 제민화(齊民化)하려고 노력한 점에 대해서도 의견이 일치하고 있다.[3]

초기에는 양수척의 어의(語義)를 구명하려는 시도가 있었으며,[4] 이후 양수척의 연원에 대한 연구가 이루어졌다. 그렇지만 양수척의 출자 및 계통에 대해서는 견해의 차이가 크다. 북방계 인종설과 인종화설이 대립하고 있다. 초기의 연구에서는 양수척이 북방계 유목민족에서 연원하는 것으로 이해했다.[5] 이준구씨는 양수척의 출자에 대해 동호계(東胡系) 유목민족인 거란의 유종(遺種)으로 보았다. 양수척은 고종대 재인(才人)으로 분화되어 갔으며, 원 간섭기에 양수척이 화척(禾尺)으로 개명되었다는 것, 달단(韃靼)은 원 간섭기부터 몽골의 유종으로 도우(屠牛)를 생업으로 했다는 것, 따라서 조선초의 백정은 재인·화척·달단의 세 부류를 포함하고 있다는 것 등을 주장했다. 백정들의 기질과 생활 습속의 밑바탕에는 한민족(韓民族)과 다른 동호계 유목민족의 기질과 습속이 면면히 흐르고 있다고 보았다.[6] 결국 이들을 한족(韓族)과 다른 종족 출신으로

. . . . . . . . . . . . . . . .

3 조선초기 양수척·재인·화척의 제민화 정책에 대해서는 다음의 성과가 주목된다. 姜萬吉, 1964, 「鮮初白丁考」『史學研究』 18 ; 李俊九, 1998a, 「朝鮮前期 白丁의 犯罪相과 齊民化 施策」『大丘史學』 56 ; 한희숙, 1999, 「朝鮮 太宗·世宗代 白丁의 생활상과 도적 활동」『한국사학보』 6 ; 金東珍, 2009, 앞의 논문.

4 鮎貝房之進, 1932, 「楊水尺條 水尺條 禾尺條」『雜攷』 5.

5 姜萬吉, 1964, 앞의 논문.

보는 것이다.

이와 다른 견해를 김중섭씨가 제기했다. 백정의 선조인 양수척·재인·화척은 떠돌아다니며 생계 유지를 위하여 사냥이나 고리버들 그릇[柳器]을 제작 판매하는 빈민 집단이라는 것, 생활 습속이나 직업 탓으로 일반 농민들과 동떨어져 살게 되고 다른 집단 사람과 교류하지 않아 일반 백성으로부터 천대당하고 차별과 억압을 받았다는 것, 이들을 사회적으로 배제해 다른 종류의 사람으로 간주하는 인종화(人種化)가 자행되었다는 것 등을 주장했다. 15세기 중반 이후부터 백정을 이종(異種), 이류(異類), 별종(別種) 심지어 오랑캐 종족[胡種]이라고 낙인을 붙이며 외래이민족으로 간주했다고 보았다.[7] 결국 외래이주민설은 근거가 없다고 주장했다.

양수척의 활동 내용이나 비중에 비춰 볼 때 관련 연구는 이처럼 미미한 수준이다.[8] 그것은 관련 자료의 부족에 기인한 것이지만, 다른 한편으로 양수척의 생업에 대한 이해가 부족했기 때문이다. 대부분의 연구자는 양수척이 사냥꾼이라는 점을 주목하지 못했으며, 사냥꾼으로서 수행한 다방면의 역할을 이해하지 못했다. 양수척이 사냥꾼으로서 고려사회 전반에 걸쳐 큰 영향을 주었으며 고려사회의 성격이나 운영과 깊은 관련을 맺었음을 드러내지 못했다. 고려시기 자료에는 양수척·화척·

· · · · · · · · · · · · · ·

6 李俊九, 2000, 「조선시대 白丁의 前身 楊水尺, 才人·禾尺, 韃靼 - 그 내력과 삶의 모습을 중심으로 - 」『朝鮮史研究』 9.

7 김중섭, 2013, 「'조선시대 백정'의 기원에 대한 역사사회학적 고찰」『東方學志』 164 ; 김중섭, 2014, 「조선 전기 백정 정책과 사회적 지위 - 통합, 배제, 통제의 삼중주 - 」『조선시대사학보』 68.

8 고려시기 양수척에 관한 간략한 개관은 홍승기, 1995, 「양수척」『한국사』 15(고려전기의 사회와 대외관계), 국사편찬위원회, 66~68쪽에서 확인할 수 있다. 소략한 기술에서 알 수 있듯이 양수척에 관한 본격적인 연구가 이루어지지 않았다.

재인으로 지칭되는 구체적 인물을 찾기 어렵지만, 실제로는 숫자도 상당했고 활동 내용도 매우 풍부했다.

이 글에서는 양수척의 특징적인 생활방식을 설정하고, 그러한 생활방식을 보이는 이들이 양수척과 깊은 관련을 가질 것이라고 판단해 접근하고자 한다. 양수척이라고 지칭함이 없어도 활동 내용이 양수척과 비슷한 인물이나 집단을 양수척으로 추정했다.

여기서는 일차적으로 양수척을 사냥꾼[獵徒]으로 이해하는 데서 출발하고자 한다.[9] 양수척은 사냥을 생업으로 하고 있었기 때문에 말타고 활쏘는 데 탁월한 솜씨를 발휘했으며, 용감성과 민첩성을 보유하고 있었고 또 살생에 대해 꺼리지 않는 태도를 지닐 수 있었다. 이들은 사냥꾼이기 때문에 후삼국시기 전투에서 맹활약할 수 있었으며, 이른바 제압하기 어려운 존재일 수 있었다. 고려가 통일한 이후에도 이들이 떠돌이 생활을 하는 것은 사냥꾼 출신이므로 정주할 농지가 없기 때문이었다. 야생동물의 사냥에서 익힌 솜씨를 바탕으로 가축인 우마의 도축을 능숙하게 할 수 있으며, 탁월한 무재(武才)를 보유했다. 또 기예인(技藝人)으로서 각종 공연이나 놀이에서 크게 활약할 수 있었다. 사냥꾼 출신 여성은 기마 능력과 예능 실력을 보유한 기생으로 활약할 수 있었다.

이 글에서는 양수척이 사냥을 중요한 생업으로 하는 사냥꾼이었다는

............

9 사냥은 인류의 초기 단계에서부터 생존을 위한 중요한 일이었다. 농업이 시작된 뒤에도 사냥은 계속해서 매우 중요한 생업으로 자리잡고 있었다. 인간이 필요로 하는 단백질 식료를 사냥을 통해 확보할 수 있었기 때문이다. 사냥을 경제활동의 측면에서 거시적으로 접근하는 것이 필요하다. 한반도 및 그 주변은 사냥을 하기 좋은 환경이기 때문에 조선후기까지도 사냥은 큰 의미를 갖고 있었다. 시기에 따라 경제활동에서 사냥이 차지하는 비중의 차이가 컸음은 당연한 일이겠다. 크게 보면 그 비중이 줄어들고 농업의 비중이 증가하는 양상을 띤다.

점, 인구 증가와 농지 개간으로 야생동물이 감소하면서 사냥을 생업으로 하는 것이 어려워졌다는 점을 강조할 것이다. 양수척이 화척·재인에서 다시 백정으로 전화되는 데는 야생동물의 감소라는 생태환경 변화가 전제되어 있었음을 주목하고자 한다. 이들의 위축은 곧 이들이 담당한 사냥문화, 나아가 상무성을 띤 문화의 퇴조를 의미한다는 점도 지적할 것이다. 양수척이 사냥꾼이라는 것이 핵심 논리이며, 이 글의 출발점이 된다.

양수척은 사회 전체의 분업체계에서 매우 중요한 몫을 담당했다. 경제적인 측면에서 이들이야말로 고려사회에 단백질(육류)을 공급하는 중요한 존재였다. 양수척으로 추정되는 인물을 살펴보면 이들이 곳곳에서 중요한 역할을 담당했음을 확인할 수 있다.

양수척은 초기에는 떠돌이 생활을 주로 했지만 점차 사회가 안정됨에 따라 정주 사회와 접촉하면서 그곳으로 진출했다. 끊임없이 정주 사회와 접촉하고 또 정주 사회 내에 편입되는 존재였다. 양수척이 도축과 기예 분야에서 독점적·우월적 지위를 형성함에 따라 그 종사자인 화척과 재인이 양수척과 동일시되었다. 양수척은 두 분야 이외에도 정주 사회 내의 다양한 영역에서 두드러진 활약을 펼쳤다.

현재의 학문 성과 수준에서는 관련 주제에 대한 연구가 극히 미진하므로,[10] 양수척의 실체를 구체적이고 풍부하게 제시하는 것은 뒷날의 과제로 미루고자 한다. 이 글에서는 양수척에 대한 전체상을 소묘하는 데 그치도록 하겠다.

· · · · · · · · · · · · · · · ·

10 후삼국시기 후백제와 고려의 병력 구성, 고려시기 가축의 사육과 도축, 야생동물의 공납 및 유통, 무인집권기와 원 간섭기 무사의 모집과 대두, 기예인과 기생의 활동, 胡風의 성행 등의 연구가 진척될 때 본 글의 내용은 더욱 충실하고 풍부해질 수 있을 것이다.

<표 1> 양수척의 기본 특징

| 순번 | 특징 내용 | 비고 |
|:---:|---|---|
| 1 | 사냥을 주업(主業)으로 함 | 생업 |
| 2 | 천예(賤隷)로 표현되는 신분 | 신분 |
| 3 | 떠돌이 생활을 함(無籍), 상호 혼인 | 습속 |
| 4 | 기사(騎射, 射御) 능력이 탁월, 용감성과 민첩성 보유 | 무재(武才) |
| 5 | 도축 담당 | 도살(禾尺) |
| 6 | 상업에 참여 | 상업 |
| 7 | 기예(技藝)의 보유 | 재인(才人) |
| 8 | 기생의 배출 | 기생 |
| 9 | 유기(柳器)의 제작 | 수공업 |

# 제2장 양수척 관련 기초 사실

## 1. 양수척 관련 핵심 자료

양수척에 대한 기초 사실은 『고려사(高麗史)』 및 『고려사절요(高麗史節要)』를 통해 파악할 수 있다. 두 사서에는 양수척에 관해 종합적으로 서술한 부분이 있는데 내용이 거의 같다. 그 사료를 통해 양수척에 대해 접근해 보고자 한다.

> 양수척은 태조(太祖)가 백제(百濟)를 공격할 때 제압하기 어려웠던 사람들의 후손[遺種]들로서, 본래 관적(貫籍)과 부역이 없었으며, 물과 풀[水草]을 따르기를 좋아하고, 일정한 거처가 없이 옮겨 다녔으며, 오직 사냥을 일삼았고, 유기(柳器)를 만들었으며, 파는 것으로 생업을 삼았다. 기생 무리는 본래 유기장(柳器匠) 집안에서 나왔다.[11]

위 자료를 통해서 양수척에 관한 기본적인 몇 가지 중요한 사실을 알 수 있다. 첫째, 양수척은 태조가 백제를 공격할 때 제압하기 어려웠던 이들의 후손이라는 것이다. 후삼국시기 치열한 전투가 전개되었을 때 고려와 후백제는 곳곳에서 충돌했는데, 마지막으로 일리천(一利川) 전

. . . . . . . . . . . . .

11 『高麗史』 권129, 列傳42, 叛逆3, 崔忠獻 ; 『高麗史節要』 권14, 高宗 3년 9월.

투가 있었고 이어서 마성(馬城)에서 후백제가 항복함으로써 고려에 의해 통일이 되었다. 이러한 일련의 전투에서 후백제의 최정예로서 앞장섰던 부류가 양수척이 되었다는 것이다. 후백제의 최정예 부대로 활약한 이들은 일반 농민으로 구성되지는 않았을 것이다. 아마도 사냥꾼으로 편성된 부대였을 것이다. 사냥꾼이 전투에서 맹활약하는 것은 조선전기에도 확인되고 조선말기에도 찾아진다.[12]

둘째, 관적이 없고 부역이 없었으며 물과 풀을 따르기를 좋아했고 무시로 이동했다는 것이다. 결국 국가에서 이들의 호구를 파악하지 못했으며 따라서 이들에게 부세를 부담시킬 수 없었다는 것이다. 물과 풀을 따라 수시로 이동했으며, 국가에서 제대로 파악하지 못한 부류였던 것이다. 국가의 공권력 밖에 존재했으며 국가에서 제대로 파악하거나 통제하지 못하는 존재였다. 떠돌이의 생활을 하고 있었으므로 농사를 짓지 않았다. 정주성이 결여된 생활을 했으며, 유사시에는 통제를 벗어난 행동을 하는 수가 적지 않았던 것이다.

셋째, 이들이 사냥에 종사했다는 것이다. 사냥에 종사함으로써 생활을 꾸려갔던 것이다. 노루와 사슴, 멧돼지, 토끼 및 꿩의 사냥에 종사했으며 호랑이나 다른 맹수의 사냥에도 참여했을 것이다. 그 사냥을 통해 그들은 생계를 유지해 갈 수 있었던 것이다. 사냥에 종사하기 위해서는 말타기와 활쏘기 능력, 즉 기사(騎射) 능력을 보유하고 있어야 했으며, 용감한 기질을 보유하지 않으면 안 되었다. 민첩성도 중요했다. 무사로서의 기본 소양을 갖추고 있었다고 할 수 있겠다. 무인집권기나 원 간섭기에 활약한 다수의 무사 가운데에는 사냥꾼 출신이 적지 않았다. 이들은 또한 사냥의 과정에서 터득한 무예를 발휘함으로써 각종 공연이나

----

12 이희근, 2016, 『산척, 조선의 사냥꾼』, 따비 참조.

놀이에서 크게 활약할 수 있었다. 사냥을 업으로 하고 있었기 때문에, 우마의 도축 분야에서도 중요한 역할을 할 수 있었다.

넷째, 유기를 제작했으며 판매를 업으로 하고 있었다는 것이다. 버드나무 가지를 엮어 각종 그릇을 만들었으며 그것을 판매한 것이다. 유기만을 판매한 것으로 볼 수는 없을 것이다. 이들은 사냥꾼으로서 확보한 각종 야생동물 및 그 가공품을 세속사회에 공급했을 것이다. 당시 단백질 공급원으로서 야생동물이 매우 중요했는데 그것을 공급하는 일을 맡았다. 또 야생동물의 가죽이 귀한 의류로 사용되는 수가 많았는데 이들이 그것을 조달하는 중요한 주체였던 것이다. 이들이 상업의 분야에서도 매우 의미있는 역할을 담당했음을 미루어 알 수 있다.

다섯째, 기생이 본래 유기장(柳器匠)의 가문에서 배출되었다는 것이다. 고려사회에서 기생의 활약은 곳곳에서 확인할 수 있는데, 그 기생이 유기장의 가문과 깊은 관련을 갖는다는 것이다. 물론 모든 기생이 유기장의 집안에서 나오지는 않았겠지만, 기생의 중요한 기반이 유기장 가문에 있었던 것은 분명해 보인다. 그런데 양수척의 중요한 특징이 유기제작에 있었으므로 양수척의 대부분은 유기를 제작한 것으로 이해된다. 따라서 양수척에서 기생을 배출했다고 볼 수 있다. 결국 양수척은 기생을 공급하는 중요한 기반이 되었다는 것이다. 기마(騎馬) 능력을 보유한 기생은 양수척 출신으로 확정할 수 있을 것이다.

위의 자료에서 다섯 가지의 중요 사실을 확인할 수 있는데 이것은 대체로 정확한 지적으로 보인다. 다음 장부터 그들의 구체적인 활동을 추적해 보면 양수척의 다섯 가지 특징을 확인할 수 있기 때문이다.

## 2. 양수척 관련 기타 자료

앞에 제시한 자료 이외에도 『고려사』와 『고려사절요』에서 양수척 관련한 여러 자료를 확인할 수 있다. 그리고 양수척과 깊은 관계를 갖는 재인·화척에 관해서도 몇 사례를 찾을 수 있다(〈표 2〉참조). 양수척은 고려중기부터 언급되고 있으며 고려말기에 가면 주로 화척과 재인으로 지칭하고 있다. 이것은 큰 변화를 암시하는 것으로 보인다. 화척은 도축업을 하는 이들을 지칭하고, 재인은 예능인, 주로 기예인(技藝人)을 가리키고 있다. 양수척이 두 분야에서 독보적인 위치를 차지했음을 뜻한다.

양수척은 정주 사회로부터 격리되어 사냥을 하면서 떠돌이 삶을 꾸려가는 것이 특징인데 비해 화척이나 재인은 정주 사회에서 활동하는 것이다. 도축업은 정주 사회 속에서 가능한 것이며, 기예인의 연희(演戲) 활동 역시 정주민을 대상으로 전개하는 것이다. 양수척이 정주 사회와 깊은 관련을 맺으면서 생활하는 존재로 변화한 것이다.

고종 3년(1216)과 4년에는 양수척으로 표현하고 있다(〈표 2〉의 ①~⑤, 이하 같음). 고종대에는 대체로 양수척으로 일컫고 있다. 그런데 고종 5년의 기사에 재인(才人)이 보이는데(⑥) 이 재인은 기예를 갖춘 이들을 칭하는 것으로 보인다. 이들이 침입한 거란적 앞에서 잡희를 연출하고 있기 때문이다. 이들이 양수척일 가능성은 매우 높다. 고종 32년 최우가 연회를 베풀고 기악(伎樂)과 백희(百戲)를 연출했는데 여기에서 수고한 기녀(伎女)와 재인에게 금백(金帛)을 지급했다(⑦). 여기의 재인은 양수척에서 연원하는 부류일 수도 있고 그렇지 않을 수도 있을 것 같다.

원 간섭기인 충렬왕대에 관현방(管絃坊)·대악(大樂) 소속 재인이 언급되고 있다(⑧). 국왕 가까이에서 음악을 연출하는 이들 가운데 재인이 보이는 것이다. 양수척에서 연원한 부류로 보아도 문제는 없을 것 같다.

고종대 이후 기예를 갖춘 이들을 이처럼 재인으로 칭하는 것이 보이는데 이들이 양수척과 관련될 소지가 큰 것으로 보인다.

공민왕대에는 화척(禾尺)과 재인으로 구분해 표현하고 있다(⑨). 화척이 처음으로 보이며 이후에는 좀 더 빈번하게 나타난다. 우왕 2년(1376) 7월(⑩), 우왕 4년 12월에는 재인과 화척으로 표현하고 있다(⑪). 우왕 9년 7월에도 재인과 화척으로 표현하고 있다(⑮). 양수척이 분화되어 화척과 재인으로 구분해 불리는 일이 많았음을 알 수 있다.

우왕 8년의 기록에서는 동일 주체를 가리키는 표현으로 화척과 양수척을 함께 사용하고 있다(⑫). 화척이 양수척임을 알 수 있다. 또 같은 대상이 화척 혹은 수척으로 불리고 있어 화척과 수척이 동일한 존재임을 알 수 있다(⑬). 우왕 9년 6월 왜적(倭賊)을 사칭한 이들이 각각 화척·재인과 수척·재인으로 표현되고 있다(⑭). 여기서도 화척을 수척으로 불렀음을 확인할 수 있다. 수척은 양수척의 약칭으로 볼 수 있다.

조준의 상소문에서는 화척·재인·수척이 언급되고 있는데(⑯), 화척과 수척이 동일한 부류를 가리킴을 알 수 있다. 또한 달단화척·달단수척이 보이는데(⑰), 이들은 소 도살로 농사짓는 것을 대신하며, 서북면 지역에서 소 도살이 특히 심하다고 했다.

처음에 양수척으로 불리던 이들이 재인, 화척으로 분화되어 따로 불린 예가 많이 보인다. 그러나 이후에도 화척이 양수척으로 칭해지는 일이 있고, 또 화척은 수척으로 불린 경우도 종종 확인할 수 있다. 달단화척·달단수척은 조준의 상소문에 처음으로 찾아진다. 결국 양수척이 재인과 화척으로 분화되어 별도로 일컬어지는 일이 많았지만 여전히 양수척(수척)으로 일컫는 경우가 적지 않았다.

<표 2> 『高麗史』 및 『高麗史節要』에 보이는 양수척·재인·화척 관련 자료

| 순번 | 연도(용어) | 내용 |
|------|-----------|------|
| ① | 고종 3년 9월<br>(楊水尺) | 3군(三軍)이 각기 별초(別抄) 100명과 신기(神騎) 40인을 내어 행군하여 조양(朝陽)의 아이천(阿爾川) 가에 도착하여 거란병(契丹兵)과 싸웠는데, 우리 병사들이 조금 물러났다. 후군낭장(後軍郎將) 정순우(丁純祐)가 적진으로 돌입하여 둑 깃발[纛]을 든 자의 목을 베니 거란병이 달아나며 무너졌다. 승세를 타고 82명의 목을 베고 10인을 포로로 잡았다. 아울러 **양수척(楊水尺)** 1인을 잡고, 소와 말 수백 필과 절부(節符)·관인(官印)·무기·의장(儀仗)을 얻은 것이 매우 많았다. 이에 정순우를 장군(將軍)에 임명했다.<br>이전에 이의민(李義旼)의 아들 이지영(李至榮)이 삭주분도장군(朔州分道將軍)이 되었을 때, **양수척**들이 홍화도(興化道)와 운중도(雲中道)에 많이 살았다. 이지영이 말하기를, "너희들은 본래 부역(賦役)이 없으니, 내 기생 자운선(紫雲仙)에게 예속시키겠다."라고 하면서, 마침내 그들의 이름을 등록한 후 끊임없이 공물을 징수했다. 이지영이 죽자 최충헌이 또 자운선을 첩으로 삼았는데, 사람 수를 계산하여 공물을 징수하기를 더욱 심하게 했다. **양수척**들이 크게 원망했다. 거란병이 이르자 (양수척이) 맞이해 항복하고 향도가 되었으므로, 산천의 요해처와 도로의 멀고 가까움을 모두 알게 되었다.(절요) |
| ② | 고종 3년<br>(楊水尺) | 이전에 이지영이 삭주분도장군이었을 때, **양수척**이 홍화도와 운중도에 많이 살았다. 이지영이 말하기를, "너희들은 본래 부역이 없으니, 내 기생 자운선에게 예속시키겠다."라고 하면서, 마침내 그들의 이름을 등록한 후 끊임없이 공물을 징수했다. 이지영이 죽자 최충헌이 또 자운선을 첩으로 삼았는데 사람 수를 계산하여 공물을 징수하기를 더욱 심하게 했다. **양수척**들이 크게 원망했다. 거란군이 이르자 (양수척이) 맞이해 항복하고 향도가 되었으므로, 거란군은 산천의 요해처와 도로의 멀고 가까움을 모두 알게 되었다. … 뒤에 **양수척**들이 익명서를 써서 붙이기를, "우리들은 고의로 반역한 것이 아니다. 기생 집안의 침탈을 견딜 수가 없었기 때문에 거란적에 투항하여 향도가 된 것이다. 만약 조정에서 기생들과 순천사(順天寺)의 주지를 죽인다면 창을 거꾸로 돌려서 나라를 도울 것이다."라고 했다. 최충헌이 이 말을 듣고 마침내 기생 자운선과 상림홍(上林紅)을 고향으로 돌려보냈다. 순천사 주지는 세력을 믿고 제멋대로 행동하고 기생과 함께 문란한 짓을 했는데, 이 말을 듣자 |

| 순번 | 연도(용어) | 내 용 |
|---|---|---|
| | | 도망가 버렸다.(최충헌 열전) |
| ③ | 고종 3년<br>(楊水尺) | 거란(契丹)의 후예[遺種]인 금산왕자(金山王子)와 금시왕자(金始王子)가 하삭(河朔)의 민을 위협하여 자칭 대요수국왕(大遼收國王)이라 하고 천성(天成)이라 건원(建元)했다. 몽골이 크게 군사를 일으켜 그들을 정벌하자 두 왕자는 휩쓸 듯이 동쪽으로 밀려와 금(金)의 군사 30,000명과 개주관(開州館)에서 싸웠다. 금의 군사가 이기지 못하고 퇴각하여 대부영(大夫營)을 지키자 두 왕자는 그곳으로 진격했다. … 장수 아아걸노(鵝兒乞奴)로 하여금 병사 수만 명을 거느리고 압록강을 건너 영삭(寧朔) 등의 진(鎭)을 공격하고 성 밖의 재물과 곡식 및 가축 등의 재산을 노략질하여 갔다. 또 다음날에는 의주(義州)·정주(靜州)·삭주(朔州)·창주(昌州)·운주(雲州)·연주(燕州) 등과 선덕(宣德)·정융(定戎)·영삭 등 여러 진에 난입했다. 모두 처자를 데리고 와 산야에 두루 흩어져 살면서 곡식과 소와 말을 빼앗아 식량으로 했다. 한 달 남짓 지나 먹을 것이 떨어지니 옮겨 운중도(雲中道)로 들어갔다. 이에 상장군(上將軍) 노원순(盧元純)을 중군병마사(中軍兵馬使)로, … 상장군 오응부(吳應夫)를 우군병마사(右軍兵馬使)로, … 김취려(金就礪)를 후군병마사(後軍兵馬使)로, … 삼고는 13령(領)의 군사와 신기군(神騎軍)을 속하게 했다.<br>3군(三軍)이 행군을 아뢰고는 조양진(朝陽鎭)에 이르자 조양 사람들이 적이 이미 가까이 있다고 알려왔다. 3군은 각각 별초(別抄) 100인과 신기군 40인을 보내 아이천 변에 이르러 적과 싸웠다. 관군이 약간 밀리자 신기군 낭장 정순우가 적진으로 돌진하여 둑 기발를 든 자의 목을 베니 적들은 달아나며 무너졌다. 승세를 타고 80여 명의 목을 베고 20여 인을 포로로 잡았다. 아울러 **양수척** 1인을 잡고, 소와 말 수백 필과 절부·관인·무기·의장을 얻은 것이 매우 많았다. 이에 정순우를 장군(將軍)으로 임명했다. 3군이 다시 적과 연주(連州)의 동동(東洞)에서 싸워 100여 급을 베었다. … (김취려 열전) |
| ④ | 고종 4년 3월<br>(楊水尺) | 거란적[丹賊] 6명이 국청사(國淸寺)에 들어왔다. 승려가 1명을 잡아 죽였더니 나머지는 모두 흩어져 달아났다. 또 (거란의) 첩자 3명이 선의문(宣義門)에 들어왔다. 문을 지키는 군졸이 사로잡아서 신문하니 바로 **양수척**과 적에게 항복한 우리 군졸이었다. 거란군 5,6명이 와서 문을 지키는 군졸 3명을 죽이고 성문 밖에 사는 양가 |

| 순번 | 연도(용어) | 내 용 |
|---|---|---|
| | | (良家)의 여자 1명을 잡아갔다.(세가) |
| | | 거란군[丹兵] 6인이 국청사에 들어왔다. 승려가 1명을 잡아 죽였더니 나머지는 모두 흩어져 달아났다. 또 (거란의) 첩자 3인이 선의문으로 들어왔다. 문을 지키는 군졸이 사로잡아서 신문하니 바로 **양수척**과 적에게 항복한 우리 군졸이었다. 적 5, 6인이 또 와서 문을 지키는 군졸 3인을 죽이고 1명을 사로잡아 갔다.(절요) |
| ⑤ | 고종 4년 3월 (楊水尺) | **양수척** 등이 익명서를 써서 붙이기를, "우리가 고의로 반역한 것이 아니다. 기생들 집안의 침탈을 견딜 수가 없었기 때문에 거란적에게 투항하여 향도가 된 것이다. 만약 조정에서 이 기생들과 순천사의 주지를 죽인다면 창을 거꾸로 돌려서 나라를 도울 것이다."라고 했다. 최충헌이 이 말을 듣고 마침내 기생 자운선과 상림홍을 고향으로 돌려보냈다. 순천사 주지는 세력을 믿고 제멋대로 행동하고 기생과 함께 문란한 짓을 했는데, 이 말을 듣자 도망가 버렸다.(절요) |
| ⑥ | 고종 5년 12월 (才人) | 몽골 원수 합진(哈眞, 카치운)과 찰랄(扎剌, 차라)이 군사 10,000명을 거느리고 동진국(東眞國)의 포선만노(浦鮮萬奴)가 보낸 완안자연(完顔子淵)의 군사 20,000명과 함께 거란적을 토벌한다고 성언(聲言)하며, 화주(和州)·맹주(猛州)·순주(順州)·덕주(德州)의 4성을 공격하여 깨뜨렸다. 곧바로 강동성으로 향했는데 마침 큰 눈이 내려 군량길이 이어지지 못했다. … 몽골과 동진의 두 원수는 대주(岱州)에서 거란병을 공격하고자 성의 서쪽 독산(禿山)에 주둔했다. 김양경(金良鏡, 金仁鏡)이 군사를 거느리고 가서 보았다. 두 원수는 풍악을 벌이고 잔치를 열어 위로했다. 매우 즐거워하다가 파하였다. 김양경은 대주의 서문 밖으로 가서 방진(方陣)을 치자, 두 원수가 높은 곳에 올라 바라보았으며, 몽골 병사 46인은 갑옷을 입고 칼을 차고 마주해 서 있었다. 김양경이 **재인(才人)**을 군사들 앞에 도열시켜 북을 치고 고함지르며 잡희(雜戱)를 하게 했다. 또 활 잘 쏘는 자 20여 인에게 일시에 함께 활을 쏘게 했다. 화살이 대주성으로 날아 들어가니, 성에 올라 망을 보던 적이 모두 달아나 피했다. 두 원수가 군용(軍容)의 정숙함에 탄복하면서 다시 김양경을 맞이해 윗 자리에 앉히고, 다시 잔치를 베풀고 풍악을 울리며 위로해 말하기를 … (절요) |

| 순번 | 연도(용어) | 내 용 |
|---|---|---|
| | | 고종 초 조충(趙沖)이 강동성(江東城)에서 거란병(契丹兵)을 토벌하면서, 김인경(金仁鏡, 金良鏡)을 불러 판관(判官)으로 삼았다. …마침 합진과 완안자연은 거란병을 대주에서 공격하고자 주의 서쪽 독산에 주둔하고 있었다. 김인경이 군사를 거느리고 가서 그들을 만나자, 두 원수는 풍악을 벌이고 잔치를 열어 위로하면서 매우 즐거워하다가 파했다. 김인경이 대주의 서문 밖에 나가 방진을 치자, 두 원수는 높은 곳에 올라 바라보았으며, 몽골 병사 46명이 갑옷을 입고 칼을 차고 마주하여 서 있었다. 김인경이 **재인**을 군사들 앞에 도열시켜 북을 치고 고함지르며, 잡희를 하게 했다. 한편 또 활을 잘 쏘는 자 20여 인에게 일시에 활을 함께 쏘게 했다. 화살이 대주성으로 날아 들어가니 성에 올라 망을 보던 거란적들이 모두 달아나 피했다. 두 원수가 군용(軍容)의 정숙함에 감탄하면서 다시 김인경을 맞이해 윗 자리에 앉히고 다시 잔치를 베풀어 위로했다. (김인경 열전) |
| ⑦ | 고종 32년 5월 (才人) | 최이가 종실의 사공(司空) 이상 및 재추들을 위해 연회를 베풀었는데, 채붕을 산처럼 높게 치고 비단 장막과 능라 휘장을 둘러친 후, 그 가운데에 그네를 매달아놓고 수놓은 비단과 화려한 조화로 장식했다. 큰 화분 4개를 설치하여 그 안에 산봉우리처럼 얼음을 담았으며, 화분에다 은테를 두르고 나전으로 장식했다. 큰 항아리 4개에는 이름난 꽃 10여 종류를 꽂아서, 보는 사람들의 눈을 현혹시켰다. 기악(伎樂)과 온갖 놀이[百戱]가 벌어지자, 팔방상(八坊廂) 공인(工人) 1,350여 명이 모두 옷을 차려입고 정원으로 들어와서 음악을 연주하니, 타고 노래하고 두드리고 부는 소리가 천지를 진동했다. 최이는 팔방상들에게 각기 백금(白金) 3근씩을 주었으며, 또 영관(伶官)들과 양부(兩部)의 기녀(伎女) 및 **재인**들에게 금백(金帛)을 주었는데, 그 비용이 엄청났다.(최이 열전 / 절요) |
| ⑧ | 충렬왕 25년 5월 (才人) | 수강궁(壽康宮)에 행차했다. 왕이 군소(群小)를 가까이 하고 연회의 즐거움에 빠졌으므로 행신(倖臣) 오기(吳祁)·김원상(金元祥)과 내료 석천보(石天補)·석천경(石天卿) 등이 음악과 여색으로 환심을 얻었다. 관현방(管絃坊)과 대악(大樂)의 **재인**이 오히려 부족하다고 여겨 행신들을 여러 도에 나눠 파견하여 관기로서 미모과 기예[色藝]가 있는 자를 선발했다. 또 성 안의 관비와 무당 가운데 노래와 춤에 능한 자를 선발하여 궁중에 소속시켰으며[籍置宮中], 비단옷을 입히고 말총갯[馬尾笠]을 씌워 별도로 한 무리를 만들어 남 |

| 순번 | 연도(용어) | 내 용 |
|---|---|---|
| | | 장(男粧)이라 칭하고 새로운 노래를 가르쳤다. … (절요) |
| | | … 왕이 소인배들과 어울려 음주가무 하는 것을 좋아하니, 오잠은 김원상, 내료 석천보·석천경 등과 함께 왕의 폐행(嬖倖)이 되어 음악과 여색으로 힘써 왕을 기쁘게 하려고 했다. 이들은 관현방과 대악서(大樂署)에 **재인**이 부족하다고 여겨 행신을 나누어 파견하여 각 도의 기생 가운데 미모와 기예[色藝]가 있는 자를 선발했다. 또 개경의 무당과 관비 가운데 노래와 춤을 잘하는 자를 뽑아 궁중에 소속시켰으며, 비단옷을 입히고 말총갓을 씌워 따로 한 무리를 만들어 남장이라 칭하고 새로운 노래를 가르쳤다. … (오잠 열전) |
| | | (삼장(三藏)과 사룡(蛇龍)) 두 노래는 충렬왕 시대에 지어진 것이다. 왕이 군소를 가까이 하고 연회 즐기기를 좋아하니, 행신 오기·김원상과 내료 석천보·석천경 등이 음악과 여색으로 아첨하기에만 힘써서 관현방과 태악의 **재인**이 부족하다고 여겨 여러 도에 행신을 보내서 관기 가운데 미모와 기예[姿色伎藝]가 있는 자를 선발했다. 또 도성 안에서 관비와 무당 가운데 노래와 춤을 잘하는 자를 뽑아서 궁중에 소속시켰으며, 비단옷을 입히고 말총갓을 씌워 특별히 한 무리를 만들어 남장이라 부르면서, 이 노래들을 교육하고 검열하여 군소들과 더불어 밤낮으로 노래하고 춤추면서 무례하고 방자히 굴어 군신의 예의를 회복하지 못했으며, 접대하고 내려 주는 비용을 이루 기록할 수 없었다. (악지2) |
| ⑨ | 공민왕 5년 9월 庚辰 (禾尺·才人) | 양광도(楊廣道)·전라도(全羅道)에 사신을 보내 제주(濟州) 사람 및 **화척(禾尺)**과 **재인**을 추쇄하여 서북면의 수졸(戍卒)에 충당했다. (세가) |
| ⑩ | 우왕 2년 7월 (才人·禾尺) | 우왕이 말하기를, "사방에 도적이 아직 그치지 않으니 군정(軍政)이 현재의 급한 일이다. 지금부터는 매양 군사를 동원할 때마다 각 도(道)의 도순문사(都巡問使)로 하여금 원수(元帥)를 겸직하게 하고, 군목도(軍目道)의 관원은 병마사(兵馬使)와 지병마(知兵馬)를 겸직하게 해서, 각 도의 원수와 각 군목도의 병마사·지병마와 함께 각 도에서 일찍이 품관(品官)에 속했던 군인을 거느리고 서울로 올라오게 하라. 대소품관(大小品官)과 아울러 그 자제(子弟)와 한산 양반(閑散兩班)·백성(百姓)·여러 궁사(宮司)·창고(倉庫)의 사노한 |

| 순번 | 연도(용어) | 내 용 |
|---|---|---|
|  |  | (私奴漢)과 **재인·화척**·승인(僧人)·향리(鄕吏) 중에서 궁마(弓馬)에 익숙한 자를 가려서 각기 병기(兵器)와 겨울 옷, 갑옷[戎衣], 두 달 분의 거친 가루 건반(乾飯)을 준비하여 기다리게 했다가, 만약 급한 일이 생기면 원수와 각 군목도의 병마사는 기일 내에 와서 모이라."라고 했다.(병지) |
| ⑪ | 우왕 4년 12월 (才人·禾尺) | 도당(都堂)에서 익군(翼軍)을 설치하고 각 도(道)에 계점원수(計點元帥)를 파견하는 것을 의논했다. 교지(敎旨)를 내리기를, "왜구(倭寇)가 그칠 때까지 서북면(西北面)의 예(例)에 의하여 각 도(道)에 모두 익군을 설치하되 청렴하고 활쏘기와 말타기에 능한 자를 택하여 봉익(奉翊)으로부터 4품까지는 천호(千戶)로 삼고, 5·6품은 백호(百戶)로 삼고, 참외(參外)는 통주(統主)로 삼는다. 천호는 1,000명을 통솔하고, 백호는 100명을, 통주는 10명을 통솔하게 하여 군적(軍籍)에 등록하라. 그 나머지 3품에서 6품까지는 각 익군에 나누어 소속하게 하되 무기와 갑옷을 갖추게 하라. 양반(兩班)·백성(百姓)·**재인·화척**으로 군인을 삼고, 인리(人吏)·역자(驛子)·관시(官寺)·창고(倉庫)·궁사(宮司)의 노예와 사노(私奴)는 연호군(煙戶軍)을 삼아 두목(頭目)을 정하되 스스로 원하는 바를 들어 활과 화살·창(槍)·검(劍) 중에서 1가지를 갖추게 하고, 5인마다 노구(爐臼) 1개, 도끼 3개, 낫 2개를 갖추게 하라. 각기 그 관(官)이 인솔하여 전투를 익히게 하되, 원수부(元帥府)와 군목도(軍目道)의 장관(長官)으로 하여금 점검하게 하고, 일이 없으면 돌아가 농사를 짓게 하고, 변란이 있으면 인솔하여 싸움에 나아가게 하라. 어긴 자는 군법(軍法)으로 논죄하되 도망한 재[流移]의 괴수(魁首)와 이를 유인하여 받아들이는 사람도 아울러 모두 군법으로 단죄(斷罪)한다."라고 했다.(병지) |
| ⑫ | 우왕 8년 4월 (禾尺· 楊水尺) | **화척**들이 무리를 지어 왜구를 사칭하면서 영해군(寧海郡)을 침략하여 관아와 민가를 불태웠다. 판밀직(判密直) 임성미(林成味), 동지밀직(同知密直) 안소(安沼), 밀직부사(密直副使) 황보림(皇甫琳), 전 밀직부사(密直副使) 강서(姜筮) 등을 보내 그들을 추격해 사로잡았다. 임성미 등은 포로로 잡은 남녀 50여 인과 말 200여 필을 바쳤다. **화척**은 **양수척**을 말한다.(신우 열전) <br><br> **양수척**이 무리를 이루어 왜적이라고 거짓 행세를 하며 영월군(寧越郡)을 침범해 관아와 민가를 불태웠다. 판밀직 임성미 등을 보내 |

| 순번 | 연도(용어) | 내 용 |
|---|---|---|
| | | 어 이들을 추격해 사로잡고, 남녀 50여 인과 말 200여 필을 노획했다.(절요) |
| ⑬ | 우왕 8년 4월<br>(禾尺·水尺) | 서해도안렴사(西海道按廉使) 이무(李茂)가 포로가 된 **화척** 30여 인과 말 100필을 바쳤다. 여러 도의 안렴사와 수령들이 각각 사로잡은 **화척**을 바쳤다. 순군(巡軍)에 가두고 국문하여, 주모자는 참형에 처하고 처자식과 말은 몰수했으며 나머지는 모두 풀어주었다. 도평의사사(都評議使司)에서 여러 도의 안렴사들에게 공문을 보내 **화척**을 여러 주에 나누어 안치하고, 평민에 견주어 역(役)을 부과했는데, 명령에 따르지 않는 자는 참형에 처하도록 했다.(신우 열전)<br><br>서해도안렴사 이무가 사로잡은 **수척(水尺)** 30여 인과 말 100필을 바쳤다. 여러 도의 안렴사과 수령들이 각각 사로잡은 **수척** 및 말을 바쳤다. 순군에 가두고 국문하여, 주모자는 참형에 처하고 처자식과 말은 몰수했으며 나머지는 모두 풀어주었다. **수척**을 여러 주에 나누어 안치하고 평민에 견주어 역을 부과했는데, 명령에 따르지 않는 자는 참형에 처하도록 했다.(절요) |
| ⑭ | 우왕 9년 6월<br>(禾尺·才人·<br>水尺) | 교주강릉도(交州江陵道)의 **화척·재인** 등이 왜적(倭賊)을 사칭하고 평창(平昌)·원주(原州)·영주(榮州)·순흥(順興)·횡천(橫川) 등에 침입하여 약탈했다. 원수(元帥) 김입견(金立堅)과 체찰사(體察使) 최공철(崔公哲)이 50여 인을 붙잡아 목을 베었고 그들의 처자는 주군(州郡)에 나누어 배속했다.(신우 열전)<br><br>교주강릉도(交州江陵道)의 **수척·재인**들이 왜적을 사칭하고 평창·원주·영주·순흥 등에 침입하여 약탈했다. 원수 김입견, 체찰사 최공철이 50여 인을 붙잡아 목을 베었고, 그들의 처자는 주군에 나누어 배속했다.(절요) |
| ⑮ | 우왕 9년 7월<br>(才人·禾尺) | 방리인(方里人)을 징발하여 4문(門)을 지키게 했다. 그 때 **재인**과 **화척** 등이 무리를 지어 노략질을 했으므로 이 영(令)이 있었다.(병지) |
| ⑯ | 창왕 즉위년<br>8월<br>(水尺·<br>才人·禾尺) | 대사헌(大司憲) 조준(趙浚)이 시무(時務)를 아뢰어 이르기를, "… 수척과 재인은 농사를 짓지 않고 민(民)의 조(租)를 앉아서 먹는데, 일정한 생업[恒産]이 없으니 항심(恒心)도 없기에 산골짜기에 서로 모여 살면서 왜적(倭賊)이라고 사칭하고 있습니다. 그 형세가 가히 두려워할 만하여 빨리 도모하지 않을 수 없습니다. 원하건대 지금 |

| 순번 | 연도(용어) | 내 용 |
|---|---|---|
| | | 부터는 (그들이) 살고 있는 주·군에서 그 인구(生口)를 헤아리고 그들의 호적을 작성하여 떠돌지 못하게 하며, 빈 땅을 주어서 그들로 하여금 평민과 같이 부지런히 농사짓도록 만들고, 어기는 자가 있다면 소재지의 관사에서 법으로 다스리십시오."라고 했다. 창왕이 그 글을 도당(都堂)에 내려 보냈다.(절요) |
| | | 헌사(憲司)가 상소(上疏)하여 이르기를, "**화척**과 **재인**은 농사를 일삼지 않고 산골짜기에 모여살고 있으면서 왜적을 사칭하니, 빨리 도모하지 않을 수 없습니다. …"라고 했다.(형법지 호혼) |
| | | 조준이 또 동료들을 이끌고 시무책(時務策)을 조목별로 아뢰기를, "… **화척·재인**은 농사를 짓지 않고 민의 조를 앉아서 먹는데, 일정한 생업이 없으니 항심도 없기에 산골짜기에 모여 살면서 왜적이라 사칭하고 있습니다. 그 형세가 가히 두려워할 만하여 빨리 도모하지 않을 수 없습니다. …"라고 하니, 창왕이 그 글을 도당에 내려 보냈다.(조준 열전) |
| ⑰ | 공양왕 원년 12월 (韃靼禾尺·韃靼水尺) | (조준이) 또 상소(上疏)하여 말하기를, "… 먹는 것은 민에게 하늘과 같은 것이고, 그 곡식은 소의 힘에서 나옵니다. 이 때문에 본국(本國)에서 금살도감(禁殺都監)을 두었는데 (이것은) 농사를 중하게 여기고 민생(民生)을 넉넉하게 하기 위한 것입니다. **달단화척(韃靼禾尺)**은 소를 도살하는 것으로 농사를 대신하는데, 서북면이 특히 심합니다. 주군의 각 참(站)에서 모두 소를 잡아 손님을 대접해도 이것을 금지하지 않습니다. 마땅히 금살도감 및 주군의 수령에게 명령하여 금령(禁令)을 지키도록 해야 합니다. 어긴 사람을 포획하여 관에 고발한 자가 있으면, 금령을 어긴 사람의 가산(家産)을 상으로 충당하고 범법자는 살인죄로 논하기 바랍니다. …"(조준 열전) |
| | | 대사헌(大司憲) 조준 등이 상소하여 이르기를, "… 먹는 것은 민에게 하늘과 같은 것이고 그 곡식은 소의 힘에서 나옵니다. 이 때문에 본국에서 금살도감을 두었는데, (이것은) 농사를 중하게 여기고 민생을 넉넉하게 하기 위한 것입니다. **달단수척(韃靼水尺)**은 소를 도살하는 것으로 농사를 대신하는데, 서북면이 특히 심합니다. …"(절요) |

# 제3장 후백제 유민(遺民)의 가능성

　양수척의 기원은 태조 왕건이 제압하기 어려웠던 후백제 후예였다. 양수척이 모두 그런 것은 아니었지만 중심 부류는 후백제 유민이었다는 것이다. 그 점에 대해 살펴보고자 한다.

　후삼국시기 고려와 후백제는 치열한 전투를 전개했다. 전쟁에서의 승리 여부는 통일의 성패와 직결되었다. 많은 병력을 모았으며, 최정예 부대를 확보했다. 고려의 경우 '제번경기(諸蕃勁騎)'로 표현되는 최정예 부대를 유금필(庾黔弼)이 거느리고 있었다. 제번경기는 말갈족 출신으로 사냥을 업으로 하는 이른바 사냥꾼 부대였다. 후백제의 경우에도 최정예 부대를 갖추었을 것이며 그 중심에 사냥꾼 출신으로 구성된 부대가 있었을 것이다. 다수의 병력끼리 상호 전투하는 것이었지만 양국의 핵심 정예부대는 사냥꾼으로 구성된 부대였을 것이다.

　사냥꾼으로 구성된 부대의 전투력은 말갈족 병력의 그것에서 확인할 수 있다. 고구려와 당의 전쟁에서 이들이 맹활약했으며, 고구려가 패배하자 고구려 병사는 살려두었지만, 말갈 병사는 생매장했다.[13] 사냥꾼으

.............
13 『三國史記』 권21, 高句麗本紀9, 寶藏王 4년. 안시성을 구원하기 위해 왔다가 패배한 뒤 포위되었을 때 고구려의 高延壽와 高惠眞이 군사 36,800명을 거느리고 당에 항복을 청했는데(645), 고구려 병사는 살려주었지만, 靺鞨의 군사 3,300명은 잡아다 모두 구덩이에 묻어 죽였다. 이것은 말갈 병사의 전투 능력을 압살하기 위한 조치였다. 그만큼 말갈 병사의 전투 능력이 탁월해 후환을

로 구성된 말갈 병사가 큰 위협이 되었기 때문이다. 사냥꾼은 한반도 및 그 주변에 다수 분포해 살고 있었는데, 그들이 후삼국시기에 크게 주목 받은 것이다.

왕건은 일찍부터 사냥꾼으로 편성된 부대가 훌륭한 전투능력을 보유 하고 있음을 알고 있었다. 북방의 사냥하는 무리에서 이들을 확보할 수 있다고 판단해, 국경 밖의 말갈족으로 표현되는 고구려 후예를 주목했 다. 왕건은 이들을 대거 끌어들이고자 노력했고 그것이 상당한 성과를 거두었으며, 결과적으로 전쟁에서 승리해 통일의 위업을 달성할 수 있 었다. 통일신라 영역 내에도 사냥꾼이 상당수 있었지만, 왕건은 신라 국 경 밖의 사냥꾼에 깊은 관심을 기울였다.

왕건의 선계(先系)가 백두산 출신으로 송악에 근거하게 되었는데,[14] 송악에 이르는 과정에서 지금의 함경도·평안도 지역에 산재하고 있던 사냥꾼들의 기사(騎射) 능력과 용감성을 익히 알고 있었을 것이다. 이들 을 끌어들여 주 병력으로 삼으면 우수한 전투력을 확보하겠다고 판단 하고서, 이들을 적극 끌어들이기 위해 국호를 고려로 고친 것으로 여겨 진다.

왕건은 918년 쿠데타로 왕위에 오르자마자 궁예가 사용한 국호를 폐 기했다. 궁예는 국호를 처음에 고려로 했다가 마진(摩震, 904), 태봉(泰封, 911)으로 바꾸게 되는데 이것은 국가 경영의 지향점이 크게 변화함을 의미한다. 고려를 표방한 것은 고구려를 계승하겠다는 의지를 내외에

..............

막으려는 것이었다. 말갈 병사는 사냥꾼 출신이 다수였을 것이다.

14 朴漢卨, 1965,「王建世系의 貿易活動에 대하여 - 그들의 出身究明을 중심으로
    - 」『史叢』10 ; 朴漢卨, 1977,「高麗 王室의 起源 - 高麗의 高句麗繼承理念과
    關聯하여 - 」『史叢』21 ; 김갑동, 2021,『고려 태조 왕건 정권 연구』, 혜안,
    21~22쪽, 429~430쪽.

강력하게 표출한 것이다. 이것은 신라·백제와 대립하는 자세를 보여주는 것이다. 이 국호는 백제와 신라에 대해서 대결 내지 정복의 방향을 택하겠다는 것이지, 타협이나 포용을 의미하는 것이 아니었다. 후백제와 신라를 아우르려면 제3의 국호가 필요했다. 고구려가 아닌 다른 국호를 사용해 백제와 신라를 함께 주체로 하는 신국가를 건설하겠다는 의미이다. 이른바 제3지대를 만들어 통합하겠다는 의지인 것이다. 그 때문에 국호를 마진, 다시 태봉으로 바꾸는 것이다.[15]

그러나 왕건은 즉위하자마자 다시 국호를 고려로 변경했다.[16] 이것은 통일신라 영역만을 고려한 것이 아니라 통일신라 밖의 고구려 후예를 적극 끌어들이려는 의지의 표현이었다. 통일신라 밖에 고구려 후예인

........

15 최규성씨는 궁예의 처음 국호 고려는 신라에 대항해 고구려를 부흥시킨다는 의미를 가진 것으로 궁예와 浿西 세력 연합의 산물로 이해했고, 마진은 궁예의 독자세력을 기반으로 장차 신라와 후백제를 통합하려는 의지가 담긴 것으로 보았으며, 그리고 태봉은 장차 후삼국을 통일해 全人民이 화합과 단결된 대국토를 건설할 것을 지향해 지은 것으로 풀이했다(최규성, 2005, 『高麗 太祖 王建 研究』, 주류성, 27~41쪽). 또한 이재범씨는 摩震은 大東方國의 의미를 갖는 것이고, 泰封은 화정의 뜻을 갖는 것으로 풀이했다. 궁예는 분열된 삼국의 어느 한쪽을 복구하려는 것이 아니라 통일된 대동방국의 건설과 그 안에서 조화롭게 사는 이상적인 낙원을 실현하고자 하는 의지를 담아 국호를 제정했다는 것이다. 궁예는 고려는 고구려의 회귀에 머무는 한계를 갖는 국호로 보았다(李在範, 2007, 『後三國時代 弓裔政權 研究』, 혜안, 87~105쪽). 최근 이재범씨는 궁예의 국호 마진은 동방정토의 염원을 담은 국호로 재해석했다(이재범, 2020, 「국호 '摩震'에 관하여」 『新羅史學報』 48). 마진과 태봉이란 국호는 통일신라 구성원을 통합하는 데 의미를 갖는 것이기는 하지만 고구려 유민들의 호응을 얻는 어려운 것이었다. 특히 통일신라에 편입되지 않은 국경 밖의 고구려 후예, 말갈족에게는 더욱 그러했을 것이다.

16 왕건이 국호를 고려로 환원한 것이 갖는 의미에 대해서는 다음의 글이 참고된다. 박용운, 2004, 「국호 고구려·고려에 대한 일고찰」 『북방사논총』 1 ; 朴漢卨, 2004, 「高麗의 高句麗 繼承 意識」 『고구려연구』 18.

다수의 말갈족이 분포하고 있었으며, 이들을 적극 포섭하기 위해서는 신라의 공간에 안주하는 태봉은 곤란했을 것이고, 다시 고려를 표방하는 것이 바람직했을 것이다. 결국 고려라는 국호는 통일신라 영역 밖의 고구려 후예를 적극 끌어들이고자 하는 의미를 가졌다. 고구려 계통의 말갈족을 적극 포섭할 수 있는 국호였다. 그리고 동아시아에 고구려를 계승하는 국가를 건설하겠다는 의지를 표방한 것이기도 했다. 고려의 국호는 뒷날 발해의 유민을 적극 끌어들이는 효과도 가질 수 있었다. 반면 신라와 후백제에 대해서는 타협보다는 전쟁을 통해서라도 고려의 입장에서 통합하겠다는 표방인 것이다. 그것은 후백제와 신라에 대해, 고려에 자발적으로 들어오던지 아니면 전쟁을 통해서라도 복속시키겠다는 의지를 표현한 것이다.

왕건은 즉위하자마자 서경(西京)의 개척에 나섰다. 918년 6월 철원에서 왕위에 올라 아직 송악으로 천도하기 이전부터 서경을 확보하려는 노력을 했다. 태조 왕건이 즉위한 그해 9월 서경을 개척했다.

> 여러 신하들에게 유시(諭示)하기를, "평양(平壤)은 옛 도읍으로 황폐한 지 비록 오래지만 터는 그대로 남아 있다. 그러나 가시덤불이 무성한데 번인(蕃人)이 그 사이에서 뛰놀며 사냥하고 있으며 이로 인하여 변경 고을을 침략하니 그 피해가 매우 크다. 마땅히 민(民)을 이주시켜 그곳을 채워 변방을 튼튼하게 함으로써 백세(百世)의 이익이 되도록 할 것이다."라고 말했다. 드디어 (평양을) 대도호(大都護)로 삼고 사촌 동생[堂弟] 왕식렴(王式廉)과 광평시랑(廣評侍郎) 열평(列評)을 보내어 수비하게 했다.[17]

....................

17 『高麗史』 권1, 世家1, 太祖 1년 9월 丙申.

왕식렴(王式廉)은 삼중대광(三重大匡) 왕평달(王平達)의 아들이고, 태조의 사촌동생[從弟]이다. 사람됨이 충성스럽고 용맹하고 부지런하고 조심스러웠다. 처음에 군부서사(軍部書史)가 되었고, 여러 번 승진했다. 태조는 평양(平壤)이 황폐하다고 여겨 백성을 옮겨 채웠고, 왕식렴에게 가서 진정시키게 했으며, 또 안수진(安水鎭)·흥덕진(興德鎭) 등에 성을 쌓게 했다. 공이 있어 여러 번 옮겨 좌승(佐丞)이 되었다. 왕식렴은 오래도록 평양을 다스렸고, 항상 사직(社稷)을 지켰으며, 영토[封疆]를 개척하는 것을 자신의 임무로 여겼다.[18]

평양은 가시덤불이 무성해 번인이 그곳에서 사냥하고 있으며, 그 번인이 변경 고을을 침략해 피해가 컸음을 알 수 있다. 이에 백성을 이주시켜 변방을 튼튼히 하겠다고 하면서 왕식렴과 열평을 보내 수비하게 했고, 서경을 대도호로 삼았다. 그리하여 서경은 고려의 권역 내에 편입되었다. 사민시켜 안정화시키는 한편 이곳을 기지로 삼아 번인을 끌어들이고자 했던 것이다. 왕식렴이 서경의 개척에 가장 중요한 몫을 담당했음을 알 수 있다. 이후 서경에서 사냥하던 번인들이 고려군으로 대거 편입된 것으로 추정된다.[19] 나아가 서경을 기반으로 해서 북쪽의 말갈족을 대거 끌어들여 전투병력을 극대화시키고자 한 것이다.

서경을 개척한 이후에도 왕건은 북방에 대해 지속적으로 깊은 관심을 기울였다. 유금필은 그 때 중요한 역할을 수행했다. 태조 3년(920) 3

. . . . . . . . . . . . . .

18 『高麗史』 권92, 列傳5, 王式廉.
19 고려 초기에 서경의 병력은 매우 중요했다. 유금필의 사후(941) 그 병력은 주로 왕식렴이 관장했던 것으로 보인다. 왕식렴이 거느린 병력은 정종과 광종의 왕위 계승에서 중요한 역할을 담당했다. 고려초 왕위 계승에서 왕식렴이 수행한 역할에 관해서는 다음의 글이 참고된다. 沈載錫, 1994, 「高麗 惠宗代 王規의 廣州院君 옹립모의와 定宗 즉위」, 『배달문화』 13, 민족사바로찾기국민회의 ; 임영희, 2019, 「고려 혜종의 죽음과 정종의 왕위계승」, 『歷史學硏究』 75, 湖南史學會.

월 북계 골암진(鵑岩鎭)에 자주 북적(北狄)이 침입하자 여러 장수와 더불어 회의를 한 뒤에 유금필을 보냈다. 유금필에게 개정군(開定軍) 3,000명을 거느리고 대성(大城)을 축조해 지키도록 했다.[20] 이때 유금필은 북번의 추장 300여 인을 불러모아 풍성하게 주식(酒食)을 베풀어 대접한 뒤취한 틈을 타서 위협하자 추장들이 모두 복종했다. 마침내 여러 부(部)에서 내부(來附)하는 자가 1,500인이었다. 또 피로인(被虜人) 3,000여 인을 고려에 되돌려주었다. 이로 말미암아 북방이 평안해졌다.[21] 북번의 지지를 끌어들이는 데 유금필이 크게 활약하고 있는 것이다. 북번은 사냥을 주된 생업으로 하는 종족이었다.

이후 북방의 여러 종족들이 고려에 귀부했다. 태조 4년 2월 흑수(黑水) 추장(酋長) 고자라(高子羅)가 170인을 거느리고 내투했다.[22] 이들은 고려의 중요한 병력이 되었을 것이다. 고자라는 이름에서도 고구려 계통 인물임을 추측할 수 있다. 뒷날 흑수 출신의 번인들이 일리천 전투에서 중군을 구성했다.

태조 4년 2월 달고적(達姑狄) 171명이 신라를 공격하러 가다가 등주를 통과하던 중 고려 장군 견권(堅權)의 공격을 받고 모두 패배해 말 한필도 돌아가지 못했다.[23] 고려의 영토를 경유해 신라를 공격하러 가던 달고적을 고려의 장군이 격퇴한 것이다. 달고적이 신라에 대한 적대감

⋯⋯⋯⋯⋯⋯

20 『高麗史節要』 권1, 太祖 3년 3월.
21 『高麗史』 권92, 列傳5, 庾黔弼.
22 『高麗史』 권1, 世家1, 太祖 4년 2월 甲子.
23 『高麗史』 권1, 世家1, 太祖 4년 2월 壬申. 아마 달고적은 고려의 지원을 기대하고, 고려 경내를 경과해 신라를 공격하려던 것으로 보인다. 그런데 달고적이 오히려 고려군의 공격을 받은 것은 달고적과 고려군 사이의 복잡한 사정에 기인한 것으로 추정된다.

이 있었음을 엿볼 수 있다. 뒷날 일리천 전투에서 달고도 유금필 부대의 일원으로 활약하고 있다.

왕식렴을 시켜 서경을 개척하기에 앞서 918년 8월 골암성(鶻巖城)의 장수인 윤선(尹瑄)이 내부했다.

> 삭방(朔方)의 골암성 장수 윤선이 내부(來附)했다. 윤선은 침착하고 용맹스러웠으며, 병법[韜鈐]에 뛰어났다. 궁예(弓裔) 말년에 화를 피하여 북쪽 변방으로 달아나 2,000여 명의 무리를 거느리고 골암성에 살면서 흑수말갈[黑水蕃]을 불러 들여 변방의 고을들을 침해했다. 이 때에 이르러 왕이 사신을 보내어 초유(招諭)한다는 말을 듣고 드디어 항복하여 오니, 북쪽 변방이 편안해졌다.[24]

> 윤선은 염주(鹽州) 사람이다. 사람됨이 침착하고 용맹했고, 병법에 뛰어났다. 과거에 궁예가 거리낌없이 사람을 죽이자 화가 자신에게 미칠까 염려하여, 마침내 무리를 이끌고 북쪽 변방으로 달아났다. 2,000여 명의 무리를 모아 골암성에 주둔하면서 흑수말갈[黑水蕃]의 무리들을 불러 오래도록 변방 군(郡)들에 해를 끼쳤다. 태조가 즉위하자 무리를 이끌고 와서 귀부하여 북쪽 변방이 안정되었다.[25]

윤선은 궁예의 말년에 화를 피해 북쪽 변방으로 달아나 2,000여 명의 무리를 거느리고 골암성에 살면서 흑수번을 불러들여 변방의 고을을 침범했다. 왕건이 즉위한 직후 사신을 보내 초유한다는 말을 듣고 드디어 항복해 왔다. 궁예에 반발해 달아났던 윤선이 흑수번을 이끌고 왕건에게 귀부한 것이다. 왕건이 고려라는 국호를 표방한 것은 윤선의 귀부를

....................

24 『高麗史節要』 권1, 太祖 1년 8월.
25 『高麗史』 권92, 列傳5, 王順式附 尹瑄.

유도하는 중요한 계기였을 것이다.[26] 윤선을 통해 흑수번이 고려의 병력에 도움을 주게 됨은 당연한 일이었을 것이다. 흑수번은 사냥을 주업으로 하고 있었을 것이므로 말타고 활쏘는 데 탁월한 능력을 갖고 있고, 용감한 기질을 보유하고 있었을 것이다. 사냥꾼을 중심으로 하는 흑수번이 윤선을 매개로 고려의 병력을 구성하게 되는 것이다. 유금필에 복종한 북번(北蕃), 고자라가 이끌고 온 흑수(黑水), 윤선이 이끄는 흑수번 등은 탁월한 전투 능력을 보유했다.

김행파(金行波)라는 인물도 사냥꾼을 끌어들이는 데 중요한 역할을 담당했다.

> 이 해(태조 5년)에 대승(大丞) 질영(質榮)과 행파(行波) 등의 가족[父兄子弟]과 여러 군현(郡縣)의 양가(良家) 자제를 이주시켜 서경(西京)을 충실하게 했다. (왕건이) 서경에 행차하여 새로 관부와 관리를 두었으며 비로소 재성(在城)을 쌓았다. 직접 아선성(牙善城) 백성의 거주지를 정했다.[27]

태조 5년 서경을 내실화하는 조치를 취했다. 질영·행파 등의 부형자제 및 여러 군현의 양가 자제를 사민시켜 서경을 채웠다. 왕건이 서경에 행차해 새로이 관부와 관리를 두었으며 재성을 축조했다. 또 아선성의 민거를 친히 정했다. 이때 김행파가 서경으로 옮겨간 것이다.

김행파는 사어(射御)를 잘 했으며 태조가 김씨 성(姓)을 내려 주었다.

················

26 왕건과 궁예는 통일의 방법, 지향하는 체제에서 큰 차이가 있었다. 궁예가 고려라는 국호를 버리고 마진·태봉을 택했을 때 고구려 계통의 인물들은 크게 동요했을 것이다. 윤선이 궁예에서 벗어나 북쪽 변방으로 달아나 흑수번과 함께 한 것은 그 동요를 상징하는 것이다.
27 『高麗史』권1, 世家1, 太祖 5년.

태조가 서경에 행차할 때 김행파는 엽도(獵徒, 사냥꾼)를 거느리고 길에서 배알했으며 자신의 집에 올 것을 청했다. 자신의 두 딸로 시침하도록 했다. 뒤에 다시 왕건이 행차하지 않았는데 두 딸은 모두 출가해 비구니가 되었다.

> 소서원부인(小西院夫人) 김씨(金氏)도 또한 김행파(金行波)의 딸이다. 김행파는 활쏘기와 말타기[射御]를 잘했으며 태조가 성(姓)을 하사하여 김(金)이라 했다. 태조가 서경에 행차하자 김행파는 사냥꾼들[獵徒]을 거느리고 길에서 알현하고서 그 집에 이르기를 요청했다. (태조가) 이틀 밤[信宿]을 머무는 동안 두 딸을 각각 하룻밤씩 모시게 했다. 훗날 다시 행차하지 않자 두 딸은 모두 출가(出家)하여 비구니[尼]가 되었다. 태조가 불쌍히 여겨 불러서 만나보고 말하기를, "그대들이 이미 출가했으니 뜻을 뺏을 수 없다."라고 하면서 서경에 명을 내려 성 안에 대서원(大西院)과 소서원(小西院) 두 절을 짓게 하고 전민(田民)을 두어 각각 살게 했으므로, 대서원부인(大西院夫人)·소서원부인이라 일컬었다.[28]

위의 내용에서 김행파가 사냥꾼을 거느리고 있었음을 알 수 있다. 태조 왕건에게 배알토록 한 것은 이들의 전투 능력을 과시하고자 함이었을 것이다. 아마 사냥꾼은 번 출신일 가능성이 높아 보인다. 김행파가 거느린 사냥꾼은 이후 고려의 중요한 병력을 구성했을 가능성이 있다.

왕건은 태조 9년 12월, 평양성과 북방의 주진(州鎭)을 순찰하고 돌아왔다.[29] 서경 이북 지역에 대한 관심의 표현이었다. 관심에 그치는 것이 아니고 그 지역민을 끌어들이기 위해 적극적인 노력을 기울였다.[30]

---

28 『高麗史』 권88, 列傳1, 后妃1, 太祖 后妃 小西院夫人 金氏.
29 『高麗史節要』 권1, 太祖 9년 12월.

태조가 왕위에 오른 뒤 이처럼 서경을 중시하고 북부 지방의 번 출신 사냥꾼을 적극 포섭한 것을 알 수 있다. 이들 번 출신 사냥꾼은 고구려 후예라는 의식을 강하게 보유하고 있어, 왕건의 고려에서 크게 활약한 것으로 보인다. 이들은 상당한 전투 능력을 보유하고서 후백제와의 전투에서 빼어난 활약을 펼칠 수 있었다.

안소광(安紹光)이라는 인물의 선조도 고려초 병력 구성에 기여한 것으로 보인다. 현종대 인물 안소광은 매와 말을 좋아했다. 그는 동주(洞州) 토산현(土山縣) 사람이며 대대로 장수를 지낸 집안 출신이었다.

> 안소광은 동주 토산현 사람이며 대대로 장수를 지냈다. 외형이 크고 훤칠했으며 힘이 있었고 매와 말을 좋아했다. 목종(穆宗)이 즉위하자 추대한 공로로 숙위(宿衛)의 임무를 맡겼고, 총애하여 대우함이 견줄 바가 없었다. 현종(顯宗) 때 여러 관직을 거쳐 상서우복야(尚書右僕射)로 죽으니, 3일 동안 조회를 정지했고 경강(敬剛)이라는 시호를 내렸다.[31]

안소광은 출신 지방으로 보거나 대대로 장수를 역임한 것으로 보아 사냥꾼 계통과 연결될 소지가 많은 사람이다. 안소광의 조상은 고려초에 고려의 장수로서 크게 활약했을 것이고, 아마도 후삼국 통일 전쟁에서도 공훈을 세웠을 가능성이 높다. 기사(騎射) 능력을 갖는 구고구려계

. . . . . . . . . . . . . .

30 고려초 서경 개척에 관해서는 많은 연구 성과가 있다. 河炫綱, 1967, 「高麗 西京考」『歷史學報』35·36합집 ; 李惠玉, 1982, 「高麗初期 西京勢力에 대한 一考察」『韓國學報』26 ; 姜玉葉, 1995, 「麗初 西京經營과 西京勢力의 推移」『同大史學』1, 同德女大 國史學科 ; 김창현, 2005, 「고려초기 정국과 서경」『사학연구』 80.

31 『高麗史』 권94, 列傳7, 安紹光.

계통의 인물로 추정할 수 있다. 북방의 전통, 구고구려의 전통을 잇는 이들이 매와 말을 좋아했음을 읽을 수 있다.

번인으로 구성된 병사는 주로 유금필이 거느린 것으로 보인다. 유금 필은 북번의 추장을 포함한 상당한 병력을 자신의 휘하에 두고서 후백 제와의 전투에서 크게 활약했다. 번인의 지원을 받은 유금필은 태조 8년 (925) 후백제의 연산진(燕山鎭)을 공격해 장군 길환(吉奐)을 죽였으며 임 존군(任存郡)을 공격해 300여 인을 죽이거나 사로잡았다.[32] 유금필이 혁 혁한 공을 세우고 있는 것이다. 그러나 태조 10년 유금필이 참전하지 않 은 공산성(公山城) 전투에서 왕건은 참담한 패배를 당했다.

태조 11년 후백제 장군 김훤(金萱)·애식(哀式)·한장(漢丈) 등이 무리 3,000여 명을 거느리고 와서 청주(靑州)를 침략했을 때, 탕정군(湯井郡)에 있던 유금필이 달려가 싸워 후백제군을 무찔렀다.[33] 후백제와의 전투에 서 유금필이 거느린 병력이 큰 공을 세운 것이다.

태조 13년 견훤이 고창군(古昌郡)을 포위했을 때 유금필은 왕건을 도 와 힘을 다해 공격해 견훤군을 크게 격파했다. 고창 전투에서 견훤이 크 게 패했는데, 시랑(侍郎) 김악(金渥)이 포로가 되었으며 죽은 자가 8,000 여 인이었다.

> (태조) 12년 견훤이 고창군을 포위하니, 유금필은 태조를 쫓아가 구 하고자 예안진(禮安鎭)에 이르렀다. 태조가 여러 장수와 의논하기를, "전세가 만약 불리하면 앞으로 어떻게 해야 하겠는가?"라고 했다. 대상(大相) 공훤(公萱)·홍유(洪儒)가 말하기를, "만약 상황이 좋지 않 다면 죽령(竹嶺)을 경유해 돌아갈 수 없을 것이니, 미리 사잇길을 닦

..............

32 『高麗史』 권92, 列傳5, 庚黔弼.
33 『高麗史』 권92, 列傳5, 庚黔弼.

아야 할 것입니다."라고 했다. 유금필이 말하기를, "신은 '무기는 흉기이고 전투는 위험한 일'이라고 들었습니다. 죽고자 하는 마음이 있고 살려는 궁리가 없게 된 후에야 승리를 결정할 수 있는 것입니다. 지금 적과 대면하고서 싸워보지도 않고 먼저 패배를 걱정하는 것은 어째서입니까? 만약 구원이 미치지 않아 고창군의 3,000여의 무리를 팔짱을 낀 채 적에게 준다면 어찌 통탄스럽지 않겠습니까? 신은 군대를 진격해 서둘러 공격하기를 바랍니다."라고 하니, 태조가 허락했다. 이에 유금필은 저수봉(猪首峯)에서부터 힘을 다해 공격하여 크게 격파했다. 태조가 고창군에 들어와 유금필에게 말하기를, "오늘의 승리는 경의 힘이오."라고 했다.[34]

왕이 스스로 군사를 거느리고 고창군의 병산(甁山)에 진을 치고 견훤은 석산(石山)에 진을 치니 서로의 거리가 500보 남짓이었다. 드디어 더불어 싸웠는데 저녁이 되자 견훤이 패하여 달아났다. 시랑 김악을 사로잡았으며, 죽은 자가 8,000여 인이었다.[35]

8,000명에 달하는 엄청난 수의 후백제군이 고창 전투에서 전사한 것이다.[36] 유금필이 거느린 군사가 후백제와의 전투에서 혁혁한 공을 세

· · · · · · · · · · · · · ·

34 『高麗史』 권92, 列傳5, 庚黔弼.
35 『高麗史』 권1, 世家1, 太祖 13년 1월.
36 고창 전투는 후백제에 대한 고려의 우위를 확정하는 중요한 전쟁이었다. 이 전쟁의 경과와 의의에 관해서는 여러 연구가 언급하고 있다. 류영철, 2005, 『高麗의 後三國 統一過程 硏究』, 景仁文化社 ; 문안식, 2008, 『후백제 전쟁사 연구』, 혜안 ; 김명진, 2014, 『고려 태조 왕건의 통일전쟁 연구』, 혜안 ; 이도학, 2015, 『후삼국시대 전쟁 연구』, 주류성 ; 신성재, 2018, 『후삼국 통일전쟁사 연구』, 혜안 ; 李炯佑, 1985, 「古昌地方을 둘러싼 麗濟兩國의 각축양상」, 『嶠南史學』 1(東峰金成俊先生停年紀念 史學論叢), 영남대 국사학회 ; 한기문, 2016, 「고려시대 安東府의 성립과 '太師廟'의 기능」, 『歷史敎育論集』 61.

웠다. 고창 전투 승리의 일등공신은 왕건이 인정하고 있듯이 유금필이었다.

태조 15년 유금필이 정남대장군(征南大將軍)이 되어 의성부(義城府)를 지키고 있었을 때 후백제군이 신라의 국도를 침략할까 걱정해 왕건이 유금필을 경주에 보낸 일이 있다. 이때 왕건의 명을 받아 유금필은 장사(壯士) 80인을 선발하여 달려가다가, 사탄(槎灘)을 건넜을 때 후백제의 신검(神劍)을 만났다. 유금필이 맞서 싸우려 하니 후백제군이 유금필의 정예 부대를 보고서 싸우지 않고 스스로 무너져 달아났다. 유금필은 경주에 7일을 머물다 돌아왔는데, 자도(子道)에서 신검 등을 만나 맞서 싸워크게 이겼다. 후백제의 장수 금달(今達)·환궁(奐弓) 등 7인을 포로로 잡았고, 죽이거나 사로잡은 자들도 매우 많았다.[37] 유금필이 후백제의 신검군과 전투를 벌여 승리한 것이다. 유금필이 거느린 군사는 탁월한 전투능력을 보였는데, 사냥꾼으로 구성된 이들이 많았기 때문일 것이다.[38]

유금필이 거느리는 병력은 후백제와의 운주성(運州城, 홍성) 전투에서도 크게 활약했다. 태조 17년 태조가 장차 운주를 공격하고자 유금필을 우장군(右將軍)으로 삼았다. 유금필이 거느린 병력이 견훤의 군대를 크게 격파했다.

· · · · · · · · · · · · · ·

37 『高麗史』 권92, 列傳5, 庾黔弼.

38 후삼국시기 유금필의 전투 공적에 관해서는 다음의 글이 크게 참고된다. 기왕의 연구에서는 유금필이 거느린 병력에 말갈족이 포함되었음을 지적하기는 했지만, 그들이 사냥꾼 출신으로서 탁월한 전투 능력을 보유했음을 언급하지는 않았다. 김갑동, 2008, 「고려의 후삼국 통일과 유금필」『軍史』 69 ; 김갑동, 2009, 「고려 태조 왕건과 유금필 장군」『대전대 인문과학논문집』 46, 대전대 ; 신성재, 2017, 「고려 태조대 명장 충절공(忠節公) 유금필(庾黔弼)」『軍史』 102.

왕이 직접 (군사를) 거느리고 운주로 원정했다. 견훤이 그 소식을 듣고 무장한 군사[甲士] 5,000명을 선발해 이르러 말하기를, "양쪽의 군사들이 서로 싸우면, 그 형세가 양쪽 모두 온전하지 못할 것이오. 무지한 병졸들이 많이 죽고 다칠까 염려되니, 마땅히 화친을 맺어서 각자 영토의 경계를 보전합시다."라고 했다. 왕이 여러 장수들을 모아놓고 이 일을 의논했다. 우장군(右將軍) 유금필이 말하기를, "오늘의 형세는 싸우지 않을 수가 없습니다. 왕께서는 신들이 적을 쳐부수는 것을 보십시오. 걱정하지 마십시오."라고 했다. 상대가 아직 진(陣)을 치지 못했을 때 날랜 기병[勁騎] 수천 명을 이끌고 돌격하여 3,000여 명의 머리를 베거나 사로잡았다. 술사(術士) 종훈(宗訓)과 의사(醫師) 훈겸(訓謙), 용장(勇將) 상달(尙達)과 최필(崔弼)을 사로잡았다. 웅진(熊津) 북쪽의 30여 성(城)이 그 소문을 듣고 스스로 항복했다.[39]

견훤이 거느린 갑사를 격파하는 데 유금필이 거느린 경기(勁騎)가 중요한 역할을 한 것이다. 이 경기는 북번 출신이 중심이었을 것이다. 운주성 전투에서 유금필이 거느린 경기는 제번경기와 통하는 것으로 사냥꾼 출신의 말갈병으로 구성되었을 것으로 보인다. 이들의 전투 능력은 견훤이 거느린 갑사를 무너뜨릴 수 있는 엄청난 수준이었던 것이다.[40]

이때 견훤이 선발해 온 갑사 5,000명은 견훤이 동원할 수 있는 정예병이었을 것이며, 이들 가운데에는 사냥꾼 출신도 상당수 포함되었을

............

39 『高麗史』 권92, 列傳5, 庾黔弼 ; 『高麗史節要』 권1, 太祖 17년 9월.
40 934년 운주성(홍성) 전투에 관해서 많은 연구가 진행되어 전후 상황이 상세히 해명되었다. 류영철, 2005, 앞의 책 ; 문안식, 2008 앞의 책 ; 김명진, 2014, 앞의 책 ; 이도학, 2015, 앞의 책 ; 김갑동, 2004, 「고려초기 홍성지역의 동향과 지역세력」 『史學研究』 74 ; 윤용혁, 2007, 「나말여초 洪州의 등장과 運州城主 兢俊」 『한국중세사연구』 22 ; 김명진, 2015, 「고려 태조 왕건의 운주전투와 긍준의 역할」 『軍史』 96 ; 신성재, 2019, 「후삼국 통일전쟁과 운주전투」 『軍史』 110.

것이다. 용장으로 표현된 상달과 최필이 그 가능성이 크다. 유금필이 갑자기 공격해 후백제군이 제대로 대응하지 못하고 패배했지만, 견훤이 지휘하는 갑사의 전투 능력은 대단했을 것으로 보인다.

태조 18년 나주가 백제의 침략을 받아 6년 동안 바닷길이 통하지 않자 위무할 사람으로 유금필을 파견했다. 유금필을 도통대장군(都統大將軍)으로 삼고서 예성강(禮成江)에 가서 전송했는데, 어선(御船)을 하사하여 보냈다. 유금필은 나주에 가서 잘 경략(經略)하고 돌아왔고, 왕건은 또 예성강으로 행차하여 그를 맞으며 위로했다.[41]

유금필이 여러 전투에서 승리할 수 있었던 중요 요인은 그가 사냥꾼 출신인 여러 번의 경기를 거느리고 있었기 때문으로 보인다. 유금필에 귀부한 북번, 윤선과 밀접한 흑수번, 김행파가 거느린 사냥꾼 등 이들은 고려의 중요 병력을 구성한 것으로 보인다. 고려의 모든 병력이 사냥꾼으로 구성된 것은 아니었지만, 번의 경기는 왕건의 최정예 부대로서 실제의 전투에서 큰 공을 세웠을 것이다.

고려와 후백제의 최후 격전이 벌어지는 일리천에서 고려의 병력은 3군으로 편제되었으며, 핵심이 되는 중군 가운데 유금필이 거느린 흑수·달고·철륵(鐵勒) 제번(諸番)의 경기 9,500명이 있었다.[42] 제번경기 9,500명은 고려의 최정예 부대로서 대부분 사냥꾼 출신으로 구성되었을 것이다. 그렇기 때문에 중군의 핵심이 될 수 있었던 것이다. 이들은 다른 마군(馬軍)·기병(騎兵)과 구분되는 경기로 표현되고 있다.

..............

41 『高麗史』 권92, 列傳5, 庚黔弼.
42 제번경기의 중요성을 지적한 연구가 있다. 군세고 날랜 공격력을 가진 최정예 기병으로 보았다. 김명진, 2014, 앞의 책, 5장 한강이북지역 공략과 諸蕃勁騎 ; 김명진, 2018,『통일과 전쟁, 고려 태조 왕건』, 혜안, 3장 군마의 수습과 기병 운영.

| 지휘관 | 인솔 병력 | |
|---|---|---|
| 견훤(甄萱), 견권(堅權), 술희(述希), 황보금산(皇甫金山), 강유영(康柔英) 등 | 마군(馬軍) 10,000 | 좌강(左綱) (20,000) |
| 능달(能達), 기언(奇言), 한순명(韓順明), 흔악(昕岳), 영직(英直), 광세(廣世) 등 | 보군(步軍) 10,000 | |
| 김철(金鐵), 홍유(洪儒), 박수경(朴守卿), 연주(連珠), 훤량(萱良) 등 | 마군 10,000 | 우강(右綱) (20,000) |
| 삼순(三順), 준량(俊良), 영유(英儒), 길강충(吉康忠), 흔계(昕繼) 등 | 보군 10,000 | |
| 왕순식(王順式), 긍준(兢俊), 왕렴(王廉), 왕예(王乂), 인일(仁一) 등 | 마군 20,000 | 중군(中軍) (32,500) |
| 유금필(庾黔弼), 관무(官茂), 관헌(官憲) 등 | 흑수(黑水)·달고(達姑)·철륵(鐵勒) 제번경기(諸蕃勁騎) 9,500 | |
| 정순(貞順), 애진(哀珍) 등 | 보군 1,000 | |
| 종희(宗熙), 견훤(見萱) 등 | 보군 1,000 | |
| 김극종(金克宗), 조간(助杆) 등 | 보군 1,000 | |
| 공훤(公萱), 능필(能弼), 왕함윤(王含允) 등 | 기병(騎兵) 300 | 삼군원병 (三軍援兵) (15,000) |
| 제성군(諸城軍) 14,700 | | |
| 전체 합계 | 87,500 | |

유금필이 거느린 제번경기가 고려의 주력 부대로 중군에 배치된 것이다. 고려가 후백제에 비해 군사력 면에 우위에 설 수 있었던 것은 제번경기 덕분이었다. 제번경기는 곧 말갈로 구성된 날랜 병사였다. 여기에서 큰 승리를 거둬 통일을 완수할 수 있었다.[44]

. . . . . . . . . . . . . . .

43 『高麗史節要』 권1, 太祖 19년 9월.

일리천 전투에 임하는 후백제의 내부 사정은 복잡했다. 견훤은 신라의 서남해 비장(裨將) 출신이었는데, 후계자 승계 문제로 갈등을 겪었다. 그는 많은 아내를 취하여 아들이 10여 명이었다. 넷째 아들 금강(金剛)은 몸이 크고 지략이 많았다. 견훤이 특별히 그를 총애하여 왕위를 전해주려고 했다. 그의 형 신검(神劍), 양검(良劍), 용검(龍劍) 등이 이를 알고서 걱정하고 번민했다. 당시 양검은 강주(康州)도독이었고, 용검은 무주(武州)도독이었으며, 신검만이 왕의 옆에 있었다. 이찬 능환(能奐)이 사람을 강주, 무주에 보내 양검 등과 더불어 몰래 모의했다. 결국 견훤을 몰아내고 금강을 제거한 뒤 신검이 왕위에 올랐다(935). 최후의 일리천 전투는 신검이 이끌었다.

일리천 전투에서 후백제 장군 효봉(孝奉), 덕술(德述), 명길(明吉) 등이 고려의 군세가 대단하고 정비된 것을 바라보고는 갑옷을 버리고 고려의 진영 앞으로 나와 항복했다. 왕건이 그들을 위로하고 후백제 장수가 있는 곳을 물으니 효봉 등이 말하기를, "원수(元帥) 신검은 중군에 있습니다."라고 했다. 왕건은 장군 공훤(公萱)에게 명하여 곧바로 중군을 공격하게 하고, 전군이 일제히 진격하여 협공하니 후백제군이 패하여 무너졌다.

일리천 전투에서 후백제의 장군 다수가 항복했으며, 후백제군 3,200

..............

44 936년 일리천 전투가 매우 중요한 의미를 갖기 때문에 관련 연구가 풍부하다. 류영철, 2005, 앞의 책 ; 문안식, 2008, 앞의 책 ; 김명진, 2014, 앞의 책 ; 이도학, 2015, 앞의 책 ; 신성재, 2018, 앞의 책 ; 鄭景鉉, 1990, 「高麗 太祖의 一利川 戰役」『韓國史研究』 68 ; 金甲童, 1994, 「高麗太祖 王建과 後百濟 神劍의 전투」『滄海朴秉國教授停年紀念 史學論叢』, 간행위원회 ; 柳永哲, 2001, 「一利川 戰鬪와 後百濟의 敗亡」『大丘史學』 63 ; 김명진, 2008, 「太祖王建의 一利川戰 鬪와 諸蕃勁騎」『한국중세사연구』 25 ; 신성재, 2011, 「일리천전투와 고려태조 왕건의 전략전술」『한국고대사연구』 61.

여 명이 포로가 되었고, 5,700여 명이 베임을 당했다. 이후 후백제군이
도주하자, 고려군이 추격해 황산군(黃山郡)에 이르러 탄령(炭嶺)을 넘어
마성(馬城)에 주둔했다. 이때 신검이 두 동생과 문무관료들과 함께 항복
해 오자 왕건이 그를 위로했다.[45] 사로잡은 후백제의 장수와 병졸 3,200
명은 본토로 돌아가라고 명하였으나, 다만 흔강·부달·우봉·견달 등 40
명은 그 처자들과 함께 개경으로 보냈다. 능환은 불러 꾸짖은 뒤 처형했
다. 이후 후백제의 수도에 들어가 장사들을 위문하고 재주를 헤아려 임
용했으며 군령을 엄격히 해 추호도 범함이 없도록 했다. 그리하여 후백
제의 주현이 안도하고 노유(老幼)가 모두 만세를 불렀다.[46]

　　고려의 사냥꾼으로 구성된 최정예 부대와 대결하는 후백제 부대 역
시 비슷한 편제를 보였을 가능성이 크다. 후백제 지역에도 다수의 사냥
꾼이 생활하고 있었을 것이다. 후백제의 경우에도 일반 농민병으로 구
성된 병력도 중요했지만 실제의 전투에서 승리하기 위해서는 사냥꾼으
로 구성된 정예 병력이 필요했다.

　　후백제의 병력 구성의 구체적 내용은 알기 어렵다. 후백제의 병력에
관해 혹자는 견훤 성립 초기의 군사적 기반을 상주 출신의 가병(家兵),
서남해의 방수군(防戍軍), 해도(海島) 출신의 해상세력, 광주 일대의 토착
세력 등으로 보기도 하고,[47] 혹자는 신라의 공병을 재편한 것으로 이해

· · · · · · · · · · · · · ·

45 후백제군은 일리천 전투에서 패배한 뒤 퇴각했는데, 이후 고려군과 제대로 된
　　전투를 하지 않고 마성에서 고려에게 항복했다. 아마 후백제군은 일리천 전투
　　에서 큰 손실을 입고 많은 병사가 이탈했으며, 그 결과 거의 재기하지 못하고
　　결국 추격해온 고려군에게 마성에서 항복한 것으로 보인다. 아마 후백제의 사
　　냥꾼으로 구성된 주력부대도 많은 피해를 입었고, 대거 이탈한 것으로 볼 수
　　있을 것이다. 이들이 양수척으로 지칭되는 핵심 무리였을 것이다.
46 『高麗史』 권2, 世家2, 太祖 19년 9월 ; 『高麗史節要』 권1, 太祖 19년 9월.
47 신호철, 1993, 『후백제 견훤정권연구』, 一潮閣, 25~35쪽.

하기도 한다. 후자에 따르면, 서남해 방수군은 견훤의 친위군으로, 무주정(武州停)·완산정(完山停)과 조금 늦은 시기의 강주정(康州停) 등 주정(州停)의 군사력은 견훤정권의 정규 상비군으로, 미다부리정(未多夫里停)과 거사물정(居斯勿停)의 기병 조직은 견훤정권의 기병부대로 전환된 것으로 보았다.[48] 기존의 신라 병력이 견훤의 중요한 군사 기반이 되었다는 것이다. 이런 다수의 병력 이외에 사냥꾼 출신으로 구성된 최정예 부대를 보유하고 있었을 것이다. 견훤이 운주성 전투에서 거느린 갑사의 경우 상당수가 사냥꾼으로 구성되었을 것으로 보인다. 후백제는 유금필의 병력과 직접 전투하면서 사냥꾼으로 구성된 병사의 전투능력을 재확인했을 것이다. 그리하여 후백제에서도 사냥꾼을 적극 끌어들이는 노력을 펼쳤을 것으로 추정할 수 있다.

고창 전투, 운주성 전투, 일리천 전투 등 세 전투에서 후백제의 주력 병력은 크게 손상을 입었다. 고창 전투에서 8,000여 명이 전사하고, 운주성 전투에서 3,000여 명이 전사하거나 포로가 되었으며, 일리천 전투에서 5,700여 명이 전사한 것이다. 후백제의 핵심 병력 가운데 1만 수천 명이라는 다수가 전사한 것으로 보인다. 전사자 가운데에는 사냥꾼 출신도 적지 않았을 것이다.

견훤이 거느린 기병 가운데에는 사냥꾼 출신이 상당수 포함될 것이다. 910년 금성을 공격할 때 기병을 거느렸고, 920년 대야성(大耶城)을 공격할 때에도 기병이 활용되었다. 925년 조물성(曹物城) 전투에서도 견훤은 기병 3,000명을 거느렸는데, 이때 '훤병심예 미결승부(萱兵銳甚 未決勝否)'했다. 견훤의 군사가 매우 날랬다는 것인데, 이 군사에 사냥꾼 출

48 李文基, 2000, 「甄萱政權의 軍事的 基盤 - 특히 新羅 公兵組織의 再編과 關聯하여 - 」 『후백제와 견훤』(백제연구소편), 서경문화사.

신이 포함되었을 가능성이 크다. 928년 견훤이 부곡성(缶谷城)을 공격해 함락시켰을 때 '훤선경졸(萱選勁卒)'했다고 한다. 날랜 군사를 선발했다는 것인데, 경졸에는 사냥꾼 출신이 포함되었을 것으로 보인다. 929년 견훤이 의성부(義城府)를 공격할 때 군사 5,000명을 동원했는데 다른 기록에는 갑졸(甲卒) 5,000명을 거느리고 공격한 것으로 나온다.[49] 견훤이 거느린 갑졸은 갑옷을 입은 병사, 무장을 한 우수한 병사로 읽히는 데 거기에는 탁월한 전투력을 보유한 사냥꾼 출신이 포함되었을 것이다. 930년 고창 전투에서 견훤이 패배했을 때 전사자가 8,000명이 달했다. 이 전투에도 사냥꾼으로 구성된 병력이 참전했을 것이며 큰 피해를 입었을 것이다. 이때 후백제는 정예 병사를 상당수 상실했을 것이다. 934년 운주성 전투에서도 견훤이 군사 5,000명을 거느렸는데, 다른 자료에는 이때 갑사 5,000명을 선발해 출정했다.[50] 이들 가운데에도 사냥꾼이 적지 않았을 것이다. 이 전투에서 패배함으로써 견훤의 사냥꾼으로 구성된 핵심 병력이 심각하게 손실을 입은 것으로 보인다. 그리고 이어진 일리천 전투에서도 큰 피해를 입었을 것으로 추정된다(〈표 4〉 참조).

〈표 4〉 후백제군의 전투 상황[51]

| 연도 | 전투 상황 |
|---|---|
| 901 | 견훤이 대야성(大耶城)을 공격했으나 함락시키지 못했다. |
| 910 | 견훤은 금성(錦城)이 궁예에게 투항한 것에 노하여 **보병과 기병 3,000명**으로써 그곳을 포위 공격하여 10일이 지나도록 풀지 않았다. |
| 912 | 견훤이 궁예와 덕진포(德津浦)에서 싸웠다. |
| 920 | 견훤이 **보병과 기병 10,000명**을 거느리고 대야성을 공격하여 함락시키고, 진례성 |

· · · · · · · · · · · · · ·

49 『高麗史』 권1, 世家1, 太祖 12년 7월.
50 『高麗史節要』 권1, 太祖 17년 9월.

| | |
|---|---|
| | (進禮城)으로 군대를 이동시켰다. 신라 왕이 아찬 김률(金律)을 보내 왕건에게 구원을 요청하니 왕건이 군대를 출동시켰다. 견훤이 이를 듣고 물러났다. 견훤은 왕건과 겉으로는 화친을 맺었으나 속으로는 상극이었다. |
| 924 | 7월에 아들 수미강(須彌强, 신검)을 보내 대야성과 문소성(聞韶城) 두 성의 군사를 일으켜 조물성(曹物城)을 공격하도록 했다. 성 사람들이 왕건을 위하여 굳게 지키고 또 싸웠으므로 수미강이 손해를 보고 돌아갔다. |
| 925 | 10월에 견훤이 **기병 3,000명**을 거느리고 조물성에 이르니 왕건도 또한 정병을 거느리고 와서 그와 더불어 겨루었다. 그때 견훤의 군사가 매우 날래서 승부를 내지 못했다. 왕건은 임시방편으로 화친하여 그 군사를 피곤하게 하려고 편지를 보내 화친을 청하면서 사촌동생 왕신(王信)을 인질로 보냈다. 견훤도 또한 인질로 사위 진호(眞虎)를 보냈다. |
| | 12월에 견훤이 거창(居昌) 등 20여 성을 공격하여 빼앗았다. |
| 927 | 9월에 견훤이 근품성(近品城)을 공격하여 빼앗아 그를 불태웠다. 진격하여 신라 고울부(高鬱府)를 습격했다. 신라 (왕도) 근교에 닥치니 신라 왕이 왕건에게 구원을 청했다. |
| | 10월에 왕건이 군사를 출동시켜 도와주려고 했는데, 견훤이 갑자기 신라 왕도에 들어갔다. 왕건은 정예의 기병 5,000명을 거느리고 견훤을 공산(公山) 아래에서 기다렸다가 크게 싸웠다. 왕건의 장수 김락(金樂)과 신숭겸(申崇謙)이 전사하고 모든 군사가 패배하여 왕건은 겨우 몸만 빠져 나왔다. 견훤은 승세를 타고 대목군(大木郡)을 빼앗았다. |
| 928 | 5월에 견훤이 몰래 군사를 내어 강주(康州)를 습격하여 300여 인을 살해했다. 장군 유문(有文)이 항복했다. |
| | 8월에 견훤이 장군 관흔(官昕)에게 명하여 무리를 거느리고 양산(陽山)에 성을 쌓게 했다. 왕건이 명지성(命旨城) 장군 왕충에게 명하여 그를 공격하게 하니 물러나 대야성을 지켰다. |
| | 11월에 견훤이 굳센 군사를 뽑아 부곡성(缶谷城)을 공격하여 함락시키고 지키던 군사 1,000여 명을 살해했다. 장군 양지(楊志)와 명식(明式) 등이 항복했다. |
| 929 | 7월에 견훤이 **군사 5,000명**으로 의성부(義城府)를 공격하니 성주인 장군 홍술(洪術)이 전사했다. 왕건이 통곡하면서 "나는 좌우의 손을 잃었다."라고 했다. |
| 930 | 견훤이 크게 군사를 일으켜 고창군(古昌郡)의 병산 아래에 가서 왕건과 싸웠으나 이기지 못했다. **전사자가 8,000여 명**이었다. 다음날 견훤이 패잔병을 모아 순주성(順州城)을 습격하여 함락시켰다. 장군 원봉(元逢)은 방어할 수 없자 성을 버리고 밤에 달아났다. 견훤이 백성들을 잡아 전주(全州)로 옮겼다. 왕건이 원봉이 이전에 공을 세웠기 때문에 그를 용서하고, 순주를 개칭하여 하지현(下枝縣)으로 |

| | 불렀다. |
|---|---|
| | 견훤의 신하 공직(龔直)은 용맹하고 지략이 있었는데 왕건에게 와서 항복했다. 견훤이 공직의 두 아들과 딸을 잡아 넓적다리 근육을 불로 지져 끊어 버렸다. |
| 932 | 9월에 견훤은 일길찬 상귀(相貴)로 하여금 수군을 이끌고 고려 예성강(禮成江)에 들어가도록 했다. 3일을 머물면서 염주(鹽州)·백주(白州)·정주(貞州) 3주(州)의 배 100척을 빼앗아 그것들을 불태우고, 저산도(猪山島)에 기르는 말 300필을 잡아서 돌아왔다. |
| 934 | 정월 견훤이 왕건이 운주(運州)에 머물고 있다는 소식을 들었다. 드디어 **군사 5,000명**을 선발하여 이르렀다. 장군 유금필이 그들이 미처 진을 치지 않았는데 굳센 기병 수천 명으로 돌격하여 **3,000명**을 베어 죽였다. |
| | 웅진(熊津) 이북 30여 성이 소문을 듣고 스스로 항복했다. 견훤 휘하의 술사(術士) 종훈(宗訓), 의사(醫師) 훈겸(訓謙), 용감한 장수 상달(尙達)과 최필(崔弼) 등이 왕건에게 항복했다. |
| 935 | 3월에 이르러 파진찬 신덕(新德)·영순(英順) 등이 신검(神劍)에게 권하여 견훤을 금산불우(金山佛宇)에 가두고, 사람을 보내 금강(金剛)을 살해하도록 했다. |
| | 신검이 대왕을 자칭했다. 국내에 크게 사면했다. |
| | 6월 견훤이 금산사(金山寺)에 있은 지 3개월만인 6월에 막내 아들 능예(能乂), 딸 애복(哀福), 총애하는 첩 고비(姑比) 등과 더불어 금성(錦城)으로 도주하여 사람을 보내 왕건에게 만나기를 청했다. 왕건이 기뻐하여 장군 유금필, 만세(萬歲) 등을 보내 수로(水路)를 경유하여 가서 그를 위로하여 따라오도록 했다. |
| 936 | 9월에 왕건이 삼군(三軍)을 이끌고 천안(天安)에 이르러 군사를 합쳐 일선(一善)에 나아갔다. 신검이 군사로 그를 막았다. |
| | 11월 일리천(一利川)을 사이에 두고 맞서 진을 쳤다. 일리천 전투에서 **후백제의 포로가 3,200여 명이었으며, 후백제군 5,700여 명이 전사**했다. 고려군이 후백제군을 추격해 황산군(黃山郡)에 이르러 탄령(炭嶺)을 넘어 마성(馬城)에 주둔했는데, 신검 등이 와서 항복했다. |

· · · · · · · · · · · · · · ·

51 김갑동, 2001 「후백제 견훤의 전략과 영역의 변천」 『후백제 견훤정권과 전주』 (전북전통문화연구소 편), 주류성 참조. 김갑동씨는 甄萱 列傳(『三國史記』 권 50, 列傳10, 甄萱) 자료를 바탕으로 제시했는데, 여기에서는 다소 수정을 더해 재정리했다. 그리고 고딕 글자 및 밑줄은 중요사항으로 판단해 필자가 표시한 것이다.

견훤이 거느린 병력 가운데 기병으로 표현되는 부대에는 사냥꾼 출신이 상당수 포함되었을 것으로 여겨진다. 최후의 일리천 전투에서 후백제의 정예부대는 중군에 있었을 것이고 아마 신검의 지휘를 받았을 것이다. 이 전투에서 그들 가운데 다수가 전사하거나 포로로 잡혔을 것으로 보인다.

신검 등은 일리천 전투에서 패배한 뒤 쫓기다가 마성에 주둔한 왕건에게 항복했다. 일리천 패배 이후 상당수의 후백제 병력이 이탈해 이후 제대로 전투하지 못하고 마성에서 항복한 것으로 보인다. 이탈한 부류에는 사냥꾼 출신의 정예병이 상당수 포함될 것으로 추측된다.[52] 이들이 흩어져 산곡간으로 도망해 들어가게 되며, 이들이 양수척의 핵심 구성원이 되는 것이다. 이들이 고려에서 제압하기 힘들었다는 후백제군으로 보인다.

통일전쟁이 끝난 뒤 고려의 사냥꾼으로 구성된 정예 부대원은 상당한 대우를 받았을 것이다. 940년 역분전(役分田)의 일부가 이들에게 제공되었을 것이다. 역분전은 통합에 공을 세운 조신(朝臣)·군사(軍士)를 대상으로 사람의 성품과 행동의 선악(善惡) 및 공로의 크고 작음을 보고 차등있게 지급한 것인데[53] 이때 고려의 사냥꾼 출신 군인은 상당한 경제적 대우를 받았을 것으로 보인다.[54] 그리하여 이들의 상당수는 정착 생

. . . . . . . . . . . . . .

52 후백제의 군 부대 내부의 조직이나 구성원 자체에 대한 정보를 알기 어렵다. 고려의 사냥꾼 출신 병력에 맞서기 위해 후백제의 주력부대도 용맹무쌍한 사냥꾼 출신을 포함하고 있었을 것으로 추정했다. 견훤이나 신검이 직접 지휘하는 騎兵에는 사냥꾼 출신이 적지 않았을 것으로 추측된다. 이 부분은 향후 심층적인 검토가 필요하다.

53 『高麗史』 권78, 志32, 食貨1, 田制, 田柴科, 太祖 23년.

54 役分田의 성격과 의의에 대해서는 다음의 글이 참고된다. 李景植, 2007, 『高麗前期의 田柴科』, 서울대 출판부 ; 黃善榮, 1997, 「高麗 初期 役分田의 成立」 『한

활을 할 수 있게 되었다. 일부는 고려 군인으로 편제되는 혜택을 누렸을 것으로 보인다. 그리하여 고려사회에서 군인으로서의 지위를 누리거나 농민으로서의 삶을 안정적으로 살아갈 수 있었다.

반면 후백제의 사냥꾼으로 구성된 최정예 부대 성원은 원래부터 안착할 토지가 없었기 때문에 전쟁 종료 뒤에도 일정한 장소에 안착하는 삶을 살아갈 수 없었다. 그리고 고려에 대한 반감이나 저항의식이 강해 노출되는 것을 기피했을 가능성이 있다. 그리하여 이전처럼 떠돌이 사냥꾼으로서의 삶으로 다시 회귀했을 것으로 보인다. 양수척이 고려에서 제압하기 어려웠던 후백제의 유종이라는 것은 타당해 보인다. 양수척이 모두 후백제의 유민만으로 구성되지는 않았을 것이다. 사냥을 주 생업으로 하는 떠돌이 집단을 총칭해서 양수척으로 지칭한 것으로 이해된다. 양수척은 고정된 것이 아니고 후대에 계속 확충되기도 했을 것이고, 일부의 양수척은 농민으로 전환되기도 했을 것이다. 그렇지만 핵심 양수척은 후백제 사냥꾼의 유종으로 볼 수 있을 것이다.

후백제 멸망 후에 후백제인들이 큰 문제 없이 고려로 흡수되거나 융화된 것은 아닌 것 같다. 후백제 멸망 직후에 견훤 혹은 신검의 아들 중의 하나로 보이는 왕자 월광이 미숭산을 근거로 전투를 벌였다. 충청도 목천과 당진의 합덕제를 중심으로 한 후백제 유민들 또한 고려에 반발해서 무력충돌을 하기도 했다.[55] 목천 지방의 5성(牛馬象豚場(獐)) 집단이 후백제 멸망 후 고려에 비협조적이어서 축성(畜姓)을 받았다는 이야기가 전한다.

..............

국중세사연구』 4 ; 이상국, 2004, 「고려 초기 役分田의 분급형태」 『사림』 22, 수선사학회.
55 허인욱, 2019, 「후백제 멸망과 그 유민」 『한국중세사연구』 56.

우(牛)·마(馬)·상(象)·돈(豚)·장(場)·심(沈)·신(申)·왕(王). 세상에 전하는 말에, "고려 태조가 나라를 세운 뒤에 목주 사람이 여러 번 배반한 것을 미워하여 그 고을 사람들에게 모두 짐승 이름으로 성(姓)을 내렸다. 뒤에 우(牛)는 우(于)로 고치고, 상(象)은 상(尙)으로 고치고, 돈(豚)은 돈(頓)으로 고치고, 장(場, 獐)은 장(張)으로 고쳤다." 한다.[56]

목천 토착 세력의 반발은 태조 23년보다 앞선 어느 시점에서 마무리되었을 것으로 추측된다.[57] 강력하게 저항한 부류이지만 이들은 농업을 기반으로 한 정주민이었다. 반면 정주할 농지가 없는 사냥꾼들은 흩어졌을 것이다. 고려에 항전한 주축 구성원은 고려에 융합되는 것을 거부하고 산곡간에 숨어 들어가 이후 떠돌이 생활을 하지 않을 수 없었을 것이다. 그들은 생존을 위해 사냥을 업으로 삼은 것으로 보인다. 이들이 고려사회에서 양수척으로 불리면서 하시당하며 천예(賤隸)로 분류된 것이다.

---

56 『新增東國輿地勝覽』 권16, 忠淸道, 木川縣, 姓氏.
57 허인욱, 2019, 앞의 논문.

# 제4장 사냥 및 다양한 생업

## 1. 사냥 활동과 피육(皮肉) 공급

양수척의 본업은 사냥이었다. 산골짜기에 살면서 이들은 사냥을 생업으로 하고 있었다. 양수척에 관한 종합적인 내용을 설명하는 가운데 '유사전렵(唯事畋獵)',[58] 혹은 '유사전렵(唯事田獵)'이라고[59] 언급하고 있다. 오로지 사냥에 종사한다는 것이다. 양수척의 핵심 생업이 사냥임을 지적한 것이다. 양수척은 곧 사냥꾼이라는 인식이 자리하고 있는 것이다. 그렇지만 고려시기에 양수척임이 명확히 확인되는 인물로서 사냥에 종사하는 사례를 찾기는 힘들다. 고려시기 사냥에는 상하 거의 전 계층이 참여하고 있었지만, 낮은 신분으로서 거의 전업적으로 사냥에 종사한 이들은 양수척이었다.

조선초 재인·화척·백정에 대한 기술을 보면 이들이 상당한 사냥 능력을 보유하고 있었음을 확인할 수 있다.[60] 태종 13년(1413) 면성군(沔城君) 한규(韓珪)에게 명해 갑사(甲士) 500인으로 광주(廣州)에 가서 사냥하

58 『高麗史』 권129, 列傳42, 叛逆3, 崔忠獻.
59 『高麗史節要』 권14, 高宗 3년 9월.
60 조선시기 백정의 사냥 능력에 관해서는 이희근, 2013, 『백정 - 외면당한 역사의 진실 -』, 책밭, 141~150쪽 참조.

도록 했는데, 이때 재인과 화척은 빠짐없이 모여 대기토록 광주에 전지(傳旨)했다.[61] 재인과 화척을 사냥꾼이나 몰이꾼으로 활용하기 위함이었다. 이들이 상당한 사냥 능력을 보유하고 있기에 이런 조치가 있었던 것이다.

세종 1년(1419) 세종이 상왕인 태종을 모시고 동쪽 교외 광진(廣津)에 행차하고 또 양근(楊根), 광주(廣州)에서 사냥하려고 하면서 경기(京畿) 각 고을의 재인·화척을 초벌리(草伐里)에 모이도록 했다.[62] 이들을 사냥에 몰이꾼으로 동원하기 위함이었다. 문종 1년(1451) 각 도의 도절제사, 각 진의 첨절제사, 수령 등이 군사와 백정을 다수 징발해 사냥함을 지적한 내용이 보인다.[63] 백정이 군인과 마찬가지로 사냥하는 능력을 보유하고 있는 것이다. 서흥(瑞興)의 재인(才人) 한복련(韓卜連)은 호랑이를 잡는 일을 업(業)으로 했는데 전후 포획한 것이 40여 마리에 달했다.[64] 고려시기 이래 양수척이 사냥을 본업으로 하고 있는 것이 조선초에도 재인·화척·백정에게 이어지고 있음을 보여준다. 양수척의 가장 중요한 생업은 사냥이었다.

야생동물의 가치가 매우 크기 때문에 고려시기 거의 전 계층이 사냥에 참여한 것으로 보인다. 취미삼아 사냥을 하는 이도 물론 있었고, 식료 확보를 위해 부차적으로 사냥에 종사하는 이도 있었다. 양수척은 사냥에 전업적으로 몰두한 부류였다.

자료상으로는 양수척으로 명확히 표현하고 있지는 않지만, 사냥에

. . . . . . . . . . . . . .

61 『太宗實錄』 권25, 太宗 13년 3월 癸未(4일), 1-664.
62 『世宗實錄』 권3, 世宗 1년 2월 乙未(20일), 2-303.
63 『文宗實錄』 권7, 文宗 1년 4월 丁亥(19일), 6-378.
64 『世祖實錄』 권22, 世祖 6년 10월 甲寅(12일), 7-424.

능숙한 모습을 보이고 신분이 천해 보이는 이들 중에는 양수척 출신이 적지 않았을 것으로 추정된다. 국왕의 사냥에 동행한 이들 가운데 미천한 인물은 대개 양수척 출신으로 보인다. 충렬왕·충숙왕·충혜왕과 우왕이 사냥에 몰두했는데, 이때 많은 양수척 출신이 사냥에 동행한 것으로 보인다.

충렬왕대 응방에서 크게 활약하는 이정(李貞)이란 인물은 양수척 출신임이 분명하다.

① 이정은 본래 천예(賤隸)로서, 평소 개를 도살하는 것이 생업이었다. 그는 용력(勇力)으로 이름이 나서 김준(金俊)의 아들인 김주(金柱)의 총애를 받았는데, 김주가 패망하자 도망쳐서 화를 피했다. 충렬왕 유모의 사위가 되었고, 마침내 왕의 총애를 받아 응방(鷹坊)을 관장하게 되었다. 무뢰한 무리들[無賴之徒]을 많이 모아 군(郡)·현(縣)에 해독을 끼치니 나라 사람들이 모두 그를 미워했다. 여러 번 승진하여 장군(將軍)까지 되었다. … 관직은 부지밀직사사(副知密直司事)에 이르렀는데, 이정이 매와 개사냥으로 왕의 총애를 받게 된 지 불과 몇 년 만에 추밀(樞密)까지 올랐으니, 천예로서 함부로 대관(大官)의 벼슬을 받은 것으로는 이정만한 자가 없었다.[65]

② 원경(元卿)이 원(元)에서 돌아왔다. 황제가 혼도(忻都, 힌두) 등이 새매[鴉子]를 함부로 잡는 것을 금지하고, 다만 윤수(尹秀)·이정·원경만이 포획하여 기른 뒤에 바치라고 했다.[66]

③ 윤수·이정·원경·박의(朴義) 등이 충렬왕에게 다시 충청도(忠淸道)

. . . . . . . . . . . . . .

65 『高麗史』 권124, 列傳37, 嬖幸2, 李貞.
66 『高麗史』 권28, 世家28, 忠烈王 1년 8월 辛亥.

에서 사냥할 것을 권했다.[67]

④ 사신(史臣)이 말하기를, "… (충렬왕이) 또한 경사(京師)에서 다시 조정에 들어가 동방의 폐해를 아뢰었으므로 황제가 윤허한 후 관군을 소환했으니, 동방의 백성들은 이로써 안정되어 갔다. 이는 진실로 왕이 업적을 낼 수 있었던 시기였는데, 어찌하여 교만한 마음이 갑자기 생겨나 사냥에 탐닉하면서 널리 응방을 설치하여 악소(惡小)인 이정의 무리로 하여금 주군(州郡)을 침탈하고 학대하도록 했으며, 연회의 즐거움에 빠져 왕궁에서 창화(唱和)하고 승려 조영(祖英) 등으로 하여금 좌우에 가까이 오게 하면서 공주와 세자가 이에 대하여 말해도 듣지 않고 재상과 대성(臺省)이 그를 논해도 좇지 않았던 것인가. …[68]

이정은 본래 천예로서 항상 개 도축을 업으로 했는데, 용력으로 알려져 김준의 아들 김주의 총애를 받았다. 김주가 패배하자 이정은 도망해 죽음을 면했다. 충렬왕의 총애를 받아 응방을 관리하면서 무뢰지도(無賴之徒)를 다수 모아 군현에 해독을 끼쳤다. 천예로서 대관을 외람되이 제수받은 이는 이정만한 이가 없었다고 했다(①). 이정은 매를 잡아 기르고 바치는 일을 맡았다(②). 또 이정은 충렬왕에게 사냥갈 것을 권유하기도 했다(③). 사냥하는 경우 이정도 함께 갔을 것이다. 이정은 악소로 표현하고 있다(④). 이정은 천예 출신인 점, 개의 도축을 업으로 한 점, 용력이 출중한 점, 매의 포획 사육에 종사한 점, 그리고 국왕에게 사냥을 권유한 점 등에서 양수척임이 분명하다. 양수척 출신 이정이 사냥을

67 『高麗史節要』 권20, 忠烈王 9년 2월.
68 『高麗史』 권32, 世家32, 忠烈王 34년 7월 己巳 ; 『高麗史節要』 권23, 忠烈王 34년 7월 己巳.

능숙하게 하고 국왕과 함께 사냥에 나서고 있는 것이다.

이병(李玶)이란 인물도 양수척 출신일 것이다.

> 이병은 용맹함을 좋아하고 말타기와 활쏘기를 잘했으며, 관직은 장
> 군(將軍)에 이르렀다. 항상 매를 길러 사냥하기를 일삼았는데, 참새
> 같은 새를 생포하여 털을 제거하고 입으로 씹어 매를 먹이거나 또는
> 생닭을 쪼개서 그 반을 남겨 매에게 먹였다. 충렬왕이 사냥을 좋아
> 하게 된 것은 모두 이병이 이끈 것이었다.[69]

이병은 용맹함을 좋아하고 말타기와 활쏘기를 잘 했으며, 충렬왕이
사냥을 좋아하게 된 것은 이병이 유도했기 때문이었다. 사냥을 업으로
삼은 것이나 말타기와 활쏘기를 능숙하게 하는 것, 용맹함을 좋아하는
것 등 모두 양수척에서 볼 수 있는 특징이다. 양수척 출신 이병은 국왕
의 측근에서 사냥에 동행하고 있는 것이다.

충렬왕 6년(1280) 국왕이 수강궁에 행차했을 때, 제국공주가 국왕에
게 말한 내용에, 왕께서 군소(群小)들과 더불어 짐승들을 쫓아다니면서
싫증내는 법이 없다는 것이 보인다.[70] 충렬왕이 사냥할 때 거느리고 다
니는 군소들은 사냥에 능숙한 인물들로 보이며 그 중에서는 사냥꾼, 양
수척 출신도 포함되어 있었을 것으로 추정된다.

국왕과 더불어 사냥에 나선 이들 가운데에는 양수척이 많았을 것이
다. 충숙왕 16년(1329) 왕이 천신산(天神山) 아래에 임시 가옥을 만들었
을 때 우안(虞人, 사냥꾼)에게 지붕을 어떤 물건으로 함이 좋은가 물은

...............

69 『高麗史』 권124, 列傳37, 嬖幸2, 李貞附 李玶 ; 『高麗史節要』 권21, 忠烈王 15년
8월.
70 『高麗史節要』 권20, 忠烈王 6년 2월.

일이 있다.[71] 충숙왕과 더불어 함께 사냥하고 있는 사냥꾼의 존재를 확인할 수 있는데 그는 바로 양수척으로 여겨진다.

충숙왕 후6년(1337) 전왕(충혜왕)이 군소배(群小輩)를 거느리고 동쪽 교외에서 사냥했다.[72] 충혜왕과 함께 사냥을 한 군소배에는 양수척이 포함되어 있었을 것으로 보인다. 양수척이 사냥에 능숙하기 때문에 국왕이 사냥할 때 함께 하는 경우가 적지 않았을 것이다. 충혜왕 후3년(1342) 국왕이 강음현에서 사냥할 때 동행한 무리가 보인다.

> 왕이 강음현(江陰縣)에서 사냥을 했다. 호종하던 악소들이 매에게 먹인다는 것을 구실로 마을의 닭과 개를 다투어 빼앗았으나, 사람들이 감히 말하지 못했다.[73]

국왕과 사냥을 함께 하고, 매에게 먹이를 주며 관리하는 악소는 사냥꾼, 양수척 출신으로 이해된다.

우왕 8년(1382) 국왕이 남교에서 사냥할 때 함께 한 무리 가운데에도 양수척이 포함될 것이다.

> 우왕이 도성 남쪽 교외에서 사냥했다. 우왕은 환관[閹竪], 내승(內乘), 악소배(惡少輩)들과 함께 민가에서 말을 달리면서 닭과 개를 때려죽이고, 다른 사람의 안마(鞍馬)를 빼앗았다.[74]

· · · · · · · · · · · · · · ·

71 『高麗史』 권35, 世家35, 忠肅王 16년 1월 ; 『高麗史節要』 권24, 忠肅王 16년 1월.
72 『高麗史』 권35, 世家35, 忠肅王 후6년 8월 丙子.
73 『高麗史節要』 권25, 忠惠王 후3년 2월.
74 『高麗史』 권134, 列傳47, 辛禑 8년 윤2월.

여기의 악소배 역시 우왕과 더불어 사냥을 하고 있는 것으로 보여, 이들 가운데 일부는 양수척 출신으로 이해된다.

우왕 10년 윤10월, 수창궁 완성 뒤 최영이 아뢴 내용에 보이는 군소(群小) 역시 양수척과 관련된 것으로 보인다.

> 지금 왜구가 잠식해오고 있고 전제(田制)는 날로 문란해지며 민생은 곤궁하고 지쳐서 언제 나라를 잃을지 알 수 없는데, 대신들과 더불어 국정을 도모하여 의논하지 않고 군소들과 어울리며 놀고 사냥하는 데에 절도가 없으니, 신이 장차 어디를 우러러보며 신하의 직분을 다하겠습니까.[75]

우왕과 함께 어울리고 놀며 사냥하는 군소 중에서는 사냥꾼 출신이 없지 않았을 것으로 보인다. 우왕의 사냥에 동행하는 많은 부류가 보이는데, 그들 중에는 사냥꾼, 양수척 출신이 적지 않게 포함되어 있었을 것으로 여겨진다. 원 간섭기 국왕의 사냥에 동행한 무리 중에는 이처럼 사냥꾼, 양수척 출신이 다수 포함되었을 것이다.

사냥은 양수척의 가장 중요한 활동이었다. 사냥에 나선 이들 가운데에는 양수척으로 명기되지 않았을 경우에도 양수척인 경우가 적지 않았던 것이다. 국왕과 함께 사냥에 나선 무뢰지도, 악소, 군소로 표현된 이들 가운데에는 양수척이 상당수 포함되어 있었을 것이다. '사냥꾼=양수척'이기 때문에 국왕의 사냥에 동행할 수 있었을 것이다. 양수척은 국왕의 사냥에 동행하는 수가 많았지만, 독자적으로 사냥하는 일이 훨씬 일반적이었을 것임은 당연하다.

양수척은 야생동물을 포획해 정주 사회에 공급하는 대표적 사냥꾼이

--------------

75 『高麗史節要』 권32, 辛禑 10년 윤10월.

었다. 고려시기 사냥의 대상이 되는 동물은 매우 다양했다. 호랑이·표범· 곰· 늑대 등 맹수류도 있었고, 노루와 사슴, 토끼, 멧돼지도 있었다. 조류로는 매와 꿩이 가장 중요했다. 사냥할 때는 한 종류의 동물만이 포획되는 것이 아니라 여러 동물이 함께 잡히기도 했다. 가장 많이 포획된 것은 토끼와 꿩, 사슴, 노루, 여우, 멧돼지로 여겨진다. 호랑이는 악수(惡獸)이기 때문에 퇴치의 대상이 되어 기록에 많이 나온다. 곰·늑대 등은 많이 포획되지 않은 것으로 보인다.[76]

야생동물 사냥은 양수척만이 수행하는 것이 아니었다. 각계각층의 사람들이 사냥에 종사하고 있었다. 그렇지만 전문적·전업적으로 사냥에 종사한 이들은 양수척이었다. 작고 온순한 야생동물은 보통의 사람도 사냥을 통해 포획할 수 있었지만, 맹수는 양수척이 주로 사냥할 수밖에 없었다.

포획된 야생동물은 구체적인 쓰임새를 갖고 있었다. 우선 가죽으로 사용되었다. 호랑이·표범·곰·담비·수달 등은 귀한 가죽을 공급하는 중요 동물이었다. 또 사슴과 노루 역시 가죽을 공급한 것으로 보인다.

그리고 사슴과 토끼, 기러기는 국가의 중요 제사에 제물로 제공되기도 했다. 야생동물이 귀한 것이었으므로 제수(祭需)에 활용된 것이다. 국가 차원의 제향에 사용한 것은 녹포(鹿脯, 사슴육포), 녹해(鹿醢, 사슴젓), 토해(兎醢, 토끼젓), 안해(雁醢, 기러기젓)가 확인된다.[77] 이것들은 아마도 오랜 연원을 갖는 제수용품이었을 것이다. 제수용품으로 활용되는 야생동물은 사슴, 토끼, 기러기로 한정되었으며, 생육(生肉)이 아닌 포(脯)·해

. . . . . . . . . . . . . .
76 이병희, 2021a, 「고려시기 사냥의 성행(盛行)과 대책」 『한국중세사연구』 67.
77 『高麗史』 권59, 志13, 禮1, 吉禮大祀 ; 『高麗史』 권60, 志14, 禮2, 吉禮大祀 ;
   『高麗史』 권61, 志15, 禮3, 吉禮大祀 ; 『高麗史』 권62, 志16, 禮4, 吉禮中祀 ; 『高麗史』 권63, 志17, 禮5, 吉禮小祀.

(醢)로 가공한 것이었다.[78]

무엇보다도 야생동물의 중요한 쓰임은 식료였다. 사슴, 노루, 토끼, 멧돼지, 꿩은 대표적인 식자재였다. 여우도 식용으로 사용된 듯하다. 식료의 확보를 위해 위험과 고통을 감내하면서 야생동물을 포획했다. 포획한 동물은 다양한 방식으로 가공되어 먹거리로 전환되었다. 단백질의 공급이 여의치 않은 상황에서 야생동물은 아주 귀한 식자재였다. 구워 먹기도 하고 삶아 먹기도 했다.[79]

야생동물을 포획해 정주 사회에 공급하는 중심층은 양수척이었다. 양수척 이외에도 사냥에 종사한 이들이 적지 않았지만 가장 활발하게 다량의 야생동물을 공급한 부류는 양수척으로 보아야 할 것이다. 일반 농민도 야생동물을 사냥했겠지만, 소량에 불과하고 대개는 스스로 소비하는 데 그칠 뿐 판매하는 일은 흔치 않았을 것이다.

야생동물 및 그 가공품은 귀중품·사치품으로서 또 식자재로서 사람과 사람 사이에서 이동했다. 그 형식은 거래도 있고, 선물 증정이나 뇌물 공여도 있었다. 그리고 상납, 공물의 형식을 띠는 수도 있었다. 원 간섭기에는 진헌(進獻)의 대상이 되기도 했다.

· · · · · · · · · · · · · ·

78 이병희, 2021a, 앞의 논문.
79 고려시기 야생동물과 가축을 포함한 고기 식품[肉食]의 다양한 종류에 대한 소개는 박용운, 2019, 『고려시대 사람들의 식음(食飮) 생활』, 경인문화사, 77~127쪽이 참고된다. 16세기에 동물성 식품 가운데 꿩고기·노루고기·닭고기의 순으로 이용 빈도가 높았다(차경희, 2007, 「『쇄미록』을 통해 본 16세기 동물성 식품의 소비 현황」 『한국식품조리과학회지』 23-5, 한국식품조리과학회). 16세기에도 가축보다 야생동물을 더 많이 식용으로 하고 있는데 이런 소비 성향은 고려시기에도 비슷했을 것이다. 결국 고려시기에 야생동물이 가축보다 단백질 공급원으로서 큰 역할을 했으며, 그 야생동물을 포획하는 사냥이 중요한 생업이었음을 알 수 있다.

야생동물이 상품으로서 저자에서 거래됨이 보인다. 구매하는 이들이 있기 때문에 가능했다. 자료상 확인되는 것은 꿩의 거래뿐이다. 명종대 추밀부사 조원정(曹元正)의 가노(家奴)가 시장에서 죽은 꿩 두 마리를 팔았다.[80] 아마 꿩이 거래되는 일은 개경 내에서 매우 흔한 일이었을 것이다. 토끼나 사슴, 노루 등도 자주 거래되는 품목의 하나였을 것으로 여겨진다.

고려초 광종대에 살생을 금하면서 왕실 부엌의 육선(肉膳)을 재부(宰夫)가 도살하지 않고 저자에서 구매해 공급하도록 한 일이 있다.[81] 국왕이 먹는 육류를 저자에서 구매하고 있는 것이다. 이것은 개경의 저자에서 구매할 수 있도록 육류가 유통되고 있음을 의미한다. 육류에는 가축도 있고 야생동물도 있었는데, 이것을 공급하는 중요한 주체는 양수척이었을 것이다.

이자겸의 집에 사방에서 선물이 모여 들어 썩은 고기가 수만 근에 달한다는 지적이 있다.[82] 육류가 널리 유통되고 있음을 알려주는 것이다. 그 육류에는 가축만이 아니라 사냥을 통해 잡은 야생동물도 있었을 것이다.

또 개경 내에 돈시(豚市)의 존재가 확인되는데, 돈육이 거래되고 있음을 알려 준다. 장륙금상을 조성한 뒤 왕륜사로 옮길 때 수만 명이 동참했다. 이때 돈시의 상인 역시 수희심(隨喜心)을 일으켜서 참여했다.[83] 돈시 상인은 양수척이거나 양수척과 연결된 부류임이 분명하다. 개경에서

--------------

80 『高麗史』 권90, 列傳3, 宗室, 肅宗 王子 帶方公 王俌 ; 『高麗史節要』 권12, 明宗 12년 12월.
81 『高麗史節要』 권2, 成宗 1년 6월.
82 『高麗史』 권127, 列傳40, 叛逆1, 李資謙.
83 李奎報, 「王輪寺丈六金像靈驗收拾記」『東國李相國集全集』 권25.

는 많은 야생동물 육류가 유통되고 있었는데, 그것을 공급하는 중심층
은 양수척이었다.

귀한 것이기에 타인에게 선물로 주거나 뇌물로 공여하는 일도 흔했
다. 꿩·노루·사슴 및 호피·초피 등이 대상이었다. 명종대에 유응규(庾應
圭)의 처가 해산하다 병을 얻었을 때 관아의 아전 하나가 몰래 꿩 한 마
리를 보낸 일이 있었다.[84] 또 고부 태수가 이규보(李奎報)에게 생치(生雉)
를 보내온 일이 있다.[85] 이규보는 자신에게 꿩을 보내준 데 사례하는 시
를 지었다.[86] 이색(李穡)은 식료로서 노루·사슴을 여러 사람으로부터 선
물 받고 있다.[87] 권근(權近)도 꿩과 노루를 선물로 받았음이 확인된다.[88]
꿩, 사슴과 노루가 당시 사람들 사이에 선물로 널리 제공되고 있었던 것
이다.

호피·표피·웅피는 매우 고가였으므로 그것을 선물하는 것은 대단한
가치를 제공하는 것이었다. 권의(權宜)는 충렬왕 13년 세자 충선왕이 원
에 갈 때 여행 경비를 돕기 위해 호피 20장을 바친 일이 있다.[89] 충혜왕
즉위년(1330) 3월, 대호군(大護軍) 최성(崔誠) 등이 호피와 표피를 가지고

---

84 『高麗史』 권99, 列傳12, 庾應圭 ; 『高麗史節要』 권12, 明宗 5년 9월.

85 李奎報, 「次韻謝古阜大守送薦枕及美酒生雉兼詩 二首」 『東國李相國集全集』 권17.

86 李奎報, 「又謝雉」 『東國李相國集後集』 권2.

87 李穡, 「謝西京林令公惠小鹿」 『牧隱詩藁』 권13 ; 李穡, 「答安州朴元帥」 『牧隱詩
藁』 권13 ; 李穡, 「得西海按廉金震陽書 云送乾鹿 然鹽州鮒魚 又所欲者 因賦一
首以寄」 『牧隱詩藁』 권24 ; 李穡, 「得門生平章安集池鱗起書 云送乾獐 因索崖蜜」
『牧隱詩藁』 권25 ; 李穡, 「奉謝全州皇甫兵馬使送鹿脯」 『牧隱詩藁』 권27 ; 李穡,
「廉東亭送獐肉曰 分呈兩老人故甚小 以小詩致謝」 『牧隱詩藁』 권30.

88 權近, 「雨亭趙安石惠雉 仍有詩 次其韻以謝」 『陽村集』 권10 ; 權近, 「謝議政府惠
生獐」 『陽村集』 권10.

89 『高麗史』 권123, 列傳36, 嬖幸1, 權宜 ; 『高麗史節要』 권21, 忠烈王 13년 10월.

가서 원에 있는 충혜왕에게 바쳤다.[90] 호피·표피가 경비에 도움이 되는 고가의 물품이었음을 알 수 있다.

충숙왕 후7년 국왕과 재추들이 원의 사신에게 호피, 표피, 웅피를 선물한 일이 있다.[91] 충렬왕 27년 경상도 안렴 주인원(朱印遠)이 뇌물로 표피 등을 받은 일이 있었다.[92] 고가인 호피·표피·웅피가 선물과 뇌물로 활용되는 것이다.

야생동물은 귀한 것이어서 국가에 공물로 납부되는 일도 적지 않았다.[93] 국가에 바치는 공물로 웅피·호피·표피가 확인된다. 다음은 명종

90 『高麗史』 권36, 世家36, 忠惠王 즉위년 3월 丁巳.
91 『高麗史』 권35, 世家35, 忠肅王 후7년 8월 乙亥.
92 『高麗史節要』 권22, 忠烈王 27년 9월.
93 사냥을 통해 획득한 야생동물 및 그 가공품이 공물로 납부되는 것에 관해서는 추후 깊이 있는 연구가 진행될 필요가 있다. 참고로 조선초 『世宗實錄』 地理志에 보이는 각도 공물을 보면, 야생동물과 관련된 것이 많다. 고려시기에도 야생동물 관련 공물이 상당했을 것이다.

〈표〉 『世宗實錄』 地理志에 보이는 각 도의 야생동물 관련 공물

| 도명 | 야생동물 관련 공물 내용 |
|---|---|
| 경기 | 乾猪, 兎醢 |
| 충청도 | 虎皮, 豹皮, 熊皮, 狐皮, 狸皮, 獐皮, 鹿皮, 山水獺皮, 豹尾, 虎尾, 熊毛, 黃毛, 猪毛, 雜羽, 雄猪, 乾鹿, 乾獐, 乾猪, 天鵝, 鹿醢, 兎醢, 班狛 |
| 경상도 | 虎皮, 豹皮, 熊皮, 鹿皮, 獐皮, 狐皮, 狸皮, 山水獺皮, 猪皮, 占察皮, 豹尾, 狐皮, 黃猪毛肋, 乾鹿, 乾猪, 乾獐, 鹿脯, 鹿尾 |
| 전라도 | 虎皮, 豹皮, 熊皮, 熟鹿皮, 熟獐皮, 狐皮, 狸皮, 山獺皮, 水獺皮, 豹尾, 狐尾, 鹿猪兎, 鄕猪, 乾鹿, 乾獐, 乾猪, 丁香, 脯, 鹿尾, 猪毛, 鹿角, 天鵝 |
| 황해도 | 乾鹿, 乾獐, 乾猪, 兎醢, 雁醢, 天鵝, 虎皮, 豹皮, 熊皮, 鹿皮, 猪皮, 獐皮, 山獺皮, 水獺皮, 狐皮, 狸皮, 黃毛, 雜羽, 鹿角肋 |
| 강원도 | 狐皮, 狸皮, 貂皮, 虎皮, 豹皮, 鹿皮, 山獺皮, 水獺皮, 海獺皮, 猪皮, 獐皮, 熊皮, 豹尾, 狐尾, 熊毛, 猪毛, 鹿脯, 乾猪, 兎醢, 生鹿, 兎 |
| 평안도 | 豹皮, 鹿皮, 獐皮, 狐皮, 狸皮, 水獺皮, 貂皮, 靑鼠皮, 猪皮, 乾鹿, 乾獐, 乾猪, 黃毛, 羚羊角, 猪膽, 猯膽 |
| 함길도 | 豹皮, 金熊皮, 阿羊鹿皮, 獐皮, 狸皮, 狐皮, 豹尾, 狐尾, 鹿角, 阿羊鹿角, 乾猪 |
| 종합 : 虎, 豹, 熊, 狐, 狸, 獐, 鹿, 兎, 水獺, 山獺, 猪, 羚羊, 雁, 天鵝 등 | |

18년(1188) 국왕의 제서(制書)에 보이는 내용이다.

> 무릇 국가에 바치는 진상품[物膳]은 각각의 토산품에 따라 곧바로 바치도록 한다. 그 외에 애호품인 곰이나 호랑이, 표범의 가죽 같은 것은 민(民)을 수고롭게 하면서 거두어 은밀하게 바치고 있는데 이러한 짓을 못하게 하라.[94]

곰·호랑이·표범의 가죽을 바치는 일이 있음을 전하고 있다. 이것의 마련을 위해 민을 수고롭게 한다고 하지만 실제로는 양수척이 동원되는 일이 많았을 것이다.

충렬왕대도 호(虎)·표(豹)·웅피(熊皮)의 공물 문제가 제기되고 있다. 충렬왕 22년 6월 중찬(中贊) 홍자번(洪子藩)의 상서(上書)에서이다.

> 여러 도의 공부는 이미 정해진 액수가 있는데, 지금 또 호랑이 가죽, 표범 가죽, 곰 가죽을 공물로 삼으니 과렴(科歛)이 무겁고 괴로울 뿐만 아니라 맹수들이 사람을 해치게 될까 두렵습니다. 진실로 마땅히 이를 금지하십시오.[95]

호피·표피·웅피의 마련을 위해 일반 민들도 수고해야 했겠지만 양수척이 가장 많이 동원되었을 것이다.

유돈(柳墩)이 합포부(合浦府)의 수령으로 갔을 때, 그곳에서는 매년 공물로 말린 사슴 1,000마리를 바쳤다고 한다.[96] 공물로 엄청난 수의 사슴을 합포부에서 바치고 있었음을 알 수 있다. 공물로 바치는 야생동물의

· · · · · · · · · · · · · ·
94 『高麗史』 권85, 志39, 刑法2, 禁令, 明宗 18년 3월.
95 『高麗史』 권78, 志32, 食貨1, 田制, 貢賦. 忠烈王 22년 6월.
96 金龍善 編著, 2012, 『高麗墓誌銘集成』, 翰林大 出版部, 「柳墩墓誌銘(1349년)」.

포획에는 민인이 동원되는 수도 없지 않았지만, 양수척이 참여하는 일이 일반적이었을 것이다.

양수척에게 공물을 부담토록 한 것은 무인집권기에 확인된다. 무인집정 이의민(李義旼)의 아들 이지영(李至榮)이 삭주분도장군이 되었을 때 양수척이 홍화도와 운중도에 많이 살고 있었다. 이지영이 이들의 명단을 적고 공물을 심히 징수했으며, 이지영이 죽자 최충헌(崔忠獻)도 인구수를 계산해 공물 징수를 심하게 했다.[97] 이지영과 최충헌이 징수한 공물의 내용은 정확히 알 수 없지만, 야생동물과 관련한 것이 중심이고 유기도 포함할 것이다. 양수척에게서 그것을 가혹하게 징수함으로써 그들의 살아갈 방도가 불안해진 것이다. 양수척이 떠돌이 생활을 하며 호적에 등재되지 않고 부세를 부담하지 않는 존재였지만, 이들에게 공물의 부담을 지우려는 시도는 늘상 있었을 것으로 보인다. 양수척은 그에 반발하고 있었지만, 부담에서 완전히 벗어나기는 어려웠을 것이다.

이규보의 글에 사냥꾼은 사슴으로 조(租)를 대신한다는 표현이 보인다. 즉 '어촌(漁村)에는 고기로 세를 내고(沙戶魚爲稅), 사냥꾼은 사슴으로 조를 대신하네(畋師鹿爲租)'가[98] 그것이다. 즉 사냥꾼은 물론 양수척에 한정된 것은 아니겠지만, 사냥을 주업으로 하는 경우 부세를 사슴으로 냈다는 의미일 것이다.

조선초 재인, 화척이 공물을 부담하고 있음이 확인된다. 세종 6년 사냥하는 부역과 버들그릇[柳器]과 피물(皮物)과 말갈기[鬣], 힘줄[筋]과 뿔[角] 등의 공물을 면제하여 그 생활을 안정되게 하자는 주장이 보인다.[99]

· · · · · · · · · · · · · · ·

97 『高麗史』 권129, 列傳42, 叛逆3, 崔忠獻 ; 『高麗史節要』 권14, 高宗 3년 9월.
98 李奎報, 「馬巖會賓友 大醉夜歸 記所見 贈鄕校諸君」 『東國李相國集全集』 권6.
99 『世宗實錄』 권22, 世宗 5년 10월 乙卯(8일), 2-559.

이 당시까지 양수척이 유기, 피물, 말갈기, 말총, 힘줄과 뿔 등을 공물로 납부하고 있음을 알 수 있다. 물론 전국의 모든 재인과 화척이 부담하지는 않았을 것이다. 고려시기에도 양수척이 이런 종류의 공물을 부담했을 가능성이 크다. 고려전기에는 양수척에 대한 파악이 이루어지지 않아 거의 공물을 부담지울 수 없었지만 무인집권기에 자운선(紫雲仙)의 사례에서 보이듯이 부분적으로 공물을 부담토록 했는데, 이후 양수척에게 공물을 부담지우는 것을 확대해 갔을 것으로 추정된다. 양수척이 사냥한 야생동물을 공물의 형식으로 국가에 바치는 일이 흔했음을 알 수 있다.

가치있는 야생동물은 원 간섭기에 원에 다량 진헌되었다.[100] 가장 대표적인 것은 매였으며, 호피·표피·웅피·초피·달피도 진헌되었다. 드물게 고니가 원에 진헌된 예도 보인다. 진헌 동물의 마련에 많은 이들이 동원되었지만 양수척이 중요한 역할을 했을 것으로 보인다.

원 간섭기 야생동물의 진헌은 원의 요구에 따른 것이었다. 몽골과 접촉하던 초기인 고종 18년(1231) 몽골의 사신 8명이 응요(鷹鷂)를 요구해왔다.[101] 아마 고려 매의 우수성이 알려져 있기 때문으로 추측된다. 이후 원 간섭기에 고려에서 여러 차례 매를 진헌했다. 한 번에 수십 마리 정도였을 것으로 보이나, 그것의 마련은 매우 힘든 일이었다.

각종 야생동물 가죽의 진헌도 엄청난 양에 달한 것으로 보인다. 호피, 표피, 초피(貂皮), 달피(獺皮)가 중심이었다. 몽골과의 관계 초기에는

. . . . . . . . . . . . . .

100 고려가 몽골·원에 바치는 朝貢과 歲貢의 성격 및 변천 전반에 대해서는 최근의 다음 글이 참고된다. 정동훈, 2020, 「고종대 고려-몽골 관계에서 '조공'의 의미」 『한국중세사연구』 61 ; 鄭東勳, 2020, 「1260-70년대 고려-몽골 관계에서 歲貢의 의미」 『震檀學報』 134.

101 『高麗史』 권23, 世家23, 高宗 18년 12월 辛酉 ; 『高麗史節要』 권16, 高宗 18년 12월.

달피가 집중적으로 보내졌다.[102] 새로 등장하는 명과의 관계에서도 호피·표피·달피 등 야생동물의 가죽이 활용되었으며,[103] 일본·유구와의 외교에서도 호피와 표피가 사용되었다.[104] 원 간섭기 이후 대외관계에 소요되는 다양한 야생동물의 대부분은 양수척이 조달했을 것으로 보인다.

고려시기 양수척은 사냥한 야생동물을 직접 소비하기도 했지만 세속사회에 공급하기도 했다. 부분적으로 국가에 공물의 형태로 제공하기도 했다. 떠돌이 생활을 했지만 생산물과 획득물을 매개로 세속사회와 깊은 관계를 맺고 있었다.


## 2. 상업 활동과 수공업 생산

양수척을 설명하는 내용에서 '편유기(編柳器) 판육위업(販鬻爲業)'이라고 언급했다.[105] 유기를 짜서 만들고, 판매하는 것을 업으로 삼는다는 것이다. 버드나무 가지를 엮어 그릇을 만들어 판매하는 것이 양수척의 생업으로 매우 중요했다. 야생동물과 관련한 피육(皮肉)도 판매했을 것이다. 양수척은 야생동물을 매개로 상업 활동에 활발하게 참여했다.

소금과 체를 팔았던 이의민의 부친 이선(李善)은 양수척임이 분명하다.

· · · · · · · · · · · · · ·

102 이병희, 2021a, 앞의 논문.
103 『高麗史』 권39, 世家39, 恭愍王 7년 7월 甲辰 ;『高麗史』 권44, 世家44, 恭愍王 23년 6월 壬子 ;『高麗史』 권46, 世家46, 恭讓王 4년 2월 辛未.
104 『高麗史』 권133, 列傳46, 辛禑 4년 10월 ;『高麗史』 권137, 列傳50, 辛昌 원년 8월.
105 『高麗史』 권129, 列傳42, 叛逆3, 崔忠獻 ;『高麗史節要』 권14, 高宗 3년 9월.

이의민(李義旼)은 경주(慶州) 사람이다. 그의 아버지 이선(李善)은 소금과 체[篩]를 팔아 생업으로 삼았으며, 어머니는 연일현(延日縣) 옥령사(玉靈寺)의 비(婢)였다. … 장성해서는 키가 8척이나 되었고 완력이 다른 사람보다 뛰어나서, 형 두 명과 함께 마을에서 횡포를 부려 사람들의 근심거리가 되었다. 안렴사(按廉使) 김자양(金子陽)이 이들을 잡아들여 고문을 했는데, 두 형은 감옥에서 야위어 죽었지만 이의민만은 죽지 않았다. 김자양이 그의 사람됨을 장하게 여겨 경군(京軍)으로 선발했다. 그리하여 이의민이 아내를 데리고 짐을 지고 개경에 도착했다. … 이의민은 수박(手搏)을 잘 했으므로, 의종이 그를 총애하여 대정(隊正)에서 별장(別將)으로 승진시켰다. 정중부(鄭仲夫)의 난에 이의민이 많은 사람을 죽였으므로 중랑장(中郎將)이 되었다가, 곧이어 장군(將軍)으로 승진했다.[106]

이의민의[107] 부친이 양수척인 것은 양수척이 다루는 물품을 판매하고 있는 점, 옥령사의 노비를 처로 두고 있는 점, 그리고 그 아들들이 횡포를 자행한 점 등을 들 수 있다. 이선이 취급한 물품은 소금과 체였다. 체는 조선시기 재인이 판매하는 물품의 하나였으므로[108] 고려시기의 양수척도 유기와 더불어 판매하는 중요한 물품이었을 것이다.

양수척의 후예인 재인·화척이 조선초에 상업에 종사하고 있음이 확인된다. 세종 24년 재인·화척 등은 으슥한 곳에 무리지어 모여있으며 농

∙∙∙∙∙∙∙∙∙∙∙∙∙∙

106 『高麗史』 권128, 列傳41, 叛逆2, 李義旼.
107 이의민은 양수척 출신의 아들로서 천예 신분이었으므로, 일반 사람과 갈등할 소지가 많았다. 체구가 건장하고 힘이 셌으므로 더욱 그러했을 것이다. 이의민이 수박을 잘 하고 살생에 거리낌 없는 모습도 양수척으로서의 특징을 보여준다.
108 전경욱, 2014, 「새 자료를 통해서 본 연희자로서의 수척과 반인」 『한국민속학』 60.

사를 짓지 않고 오로지 유기(柳器)와 피물(皮物)로 살아간다는 언급이 보인다.[109] 제작한 유기 및 포획하거나 도축한 동물의 가죽을 팔아서 살아간다는 의미이다. 양수척은 유기 및 동물의 가죽을 팔아 생계를 유지해가고 있었던 것이다.

또한 재인·백정이 경잠(耕蠶)에 종사하지 않고 사렵흥판(射獵興販)을 업으로 삼고 있다는 지적도 보인다.[110] 농사와 누에치기를 하지 않고 사냥 및 판매를 업으로 삼고 있다는 것인데, 사냥한 내용물을 판매했을 것이다. 조선초에도 재인·백정이 다양한 상업활동에 참여하고 있음을 볼 수 있다. 이런 상업활동은 고려시기의 양수척에게서도 확인할 수 있는 사실이었다.

양수척은 수공업의 영역에서도 두드러진 모습을 보였다. 가죽으로 물품을 제작하는 일도 대개 양수척이 담당했을 것이다. 가죽신[皮鞋], 가죽 띠[皮帶] 등의 제작은 양수척이 주로 담당하는 일로 보인다. 그리고 유기의 제작 역시 양수척이 전담한 영역이었다.

현종 18년(1027) 승려가 착용해서는 안 되는 여러 가지 복식을 제시하고 있다. 흰 저고리[白衫], 말두바지[鞨頭袴], 비단 허리띠[綾羅勒], 비단으로 테두리를 두른 난삼[帛旋襴衫], 가죽신[皮鞋], 채색모자[彩冒], 갓[笠子], 갓끈[冠纓] 등이 그것이었다.[111] 그 가운데 가죽신은 양수척이 제작했을 것이다. 가죽을 활용해 이런 물품을 만드는 피장(皮匠, 후대의 갓바치)은 대개 양수척 출신이었다. 양수척은 피장으로서 가죽 가공에서 두

................

109 『世宗實錄』 권97, 世宗 24년 8월 癸巳(6일), 4-427.
110 『成宗實錄』 권54, 成宗 6년 4월 庚寅(12일), 9-214.
111 『高麗史』 권85, 志39, 刑法2, 禁令, 禁令, 顯宗 18년 8월 ; 『高麗史節要』 권3, 顯宗 18년 8월.

드러진 역할을 했다.

유기를 제작하는 일 역시 양수척의 중요한 소임이었다. 조선초에도 재인·화척·신백정(新白丁)을 언급하면서 유기를 제작하거나 유기를 국가에 부담한 일을 언급한 내용이 보인다. 세종 5년 재인·화척이 부담한 유기 등의 공물을 면제할 것을 호조에서 계문했는데,[112] 여기에서 재인·화척이 유기를 공물로 부담하고 있었음을 알 수 있다. 유기를 제조하는 데 탁월했기에 유기를 공물로 부담한 것이다.

세종 6년 재인과 화척을 모두 평민과 섞여 살면서 혼인하도록 하고 전의 업을 금지했으므로 유기를 다른 공물의 예에 따라 민호에게 거둬 상납토록 했다.[113] 재인과 화척이 부담하던 유기를 일반 민호에게서 거두라는 주장이다. 재인과 화척이 농민과 섞여 살면서 농업에 종사하기 때문에 유기를 제작할 수 없게 되었으므로 유기를 그들에게 부담지워서는 안 된다는 것이다. 종전에 유기를 재인과 화척이 제작했으며 그것을 공물로 부담하고 있었음을 알 수 있다. 그러나 이후에도 재인과 화척이 '전이유기피물자생(專以柳器皮物資生)'한다는[114] 내용이 보인다. 유기의 제작에서 재인과 화척이 중요한 몫을 담당하고 있었음을 알 수 있다. 중종 5년(1510)에도 백정(=양수척)이 유기 제작을 업으로 하고 있다는 내용이 보인다.[115] 양수척이 유기 제작을 중요한 업으로 하고 있음을 알려준다.

결국 양수척, 백정, 재인, 화척은 유기를 제작하는 데 전문화되어 있

· · · · · · · · · · · · · ·

112 『世宗實錄』 권22, 世宗 5년 10월 乙卯(8일), 2-559.
113 『世宗實錄』 권23, 世宗 6년 3월 甲申(8일), 2-585.
114 『世宗實錄』 권97, 世宗 24년 8월 癸巳(6일), 4-427.
115 『中宗實錄』 권12, 中宗 5년 8월 丁亥(4일), 14-453.

으며, 유기를 공물로 납부하기도 하고, 판매해 살아간다는 것이다. 유기 제작 분야에서 특화된 양수척을 볼 수 있는 것이다. 양수척이 제작한 물품은 대부분 판매되었을 것으로 보여, 상업의 측면에서 이들의 활동이 매우 활발했음을 추정할 수 있겠다.

# 제5장 도축 활동에 종사

　양수척은 야생동물의 사냥을 주된 생업으로 하고 있었기 때문에 야생동물의 도축에도 탁월한 솜씨를 갖고 있었다. 도축해 가공하는 일은 그들이 능숙하게 수행할 수 있는 일이었다. 양수척은 야생동물만이 아니라 가축의 도살에서도 탁월한 솜씨를 발휘하고 있었다. 개와 닭의 도축은 보통의 사람도 쉽게 할 수 있는 일이지만, 우마(牛馬)의[116] 도축은 보통의 사람이 능숙하게 수행할 수 있는 것이 아니었다. 남다른 재능이 있는 양수척이 전담하는 경우가 많았다. 돼지의 도축은 보통의 사람도 가능했겠지만 양수척이 더욱 능숙하게 할 수 있었을 것이다.

　개경이 대도회로 발전하고 많은 육류가 소비됨에 따라 다수의 가축을 도살하는 것은 불가피했다. 양수척 출신이 개경에 들어와 활동할 여지가 커져 간 것으로 보인다. 외방에서도 우마의 도축은 늘 있는 일이었다. 고려후기에 가면 우마의 도축은 양수척 출신이 거의 전담한 것으로 보인다. 물론 가축의 도축에 종사한 이들은 사회적으로 천시당했다.[117]

........

116 고려시기 牛馬에 관해서는 다음의 연구가 참고된다. 南都泳, 1997, 『(개정판) 韓國馬政史』, 한국마사회 마사박물관 ; 李炳熙, 1999, 「高麗時期 僧侶와 말[馬]」 『韓國史論』 41·42합집, 서울大 國史學科 ; 洪成旭, 2004, 「高麗後期 農牛 所有階層의 變動」 『東國史學』 40, 東國史學會 ; 金日宇, 2005, 「고려시대 耽羅 지역의 牛馬飼育」 『史學研究』 78.

117 이병희, 2021b, 「高麗時期 不殺生과 不食肉」 『韓國史學報』 85.

우마의 도축을 자행한 악소, 무뢰배, 군소배 등에는 양수척이 일부 포함되었을 것이다. 가축의 도축을 담당한 이들이 많이 보이지만, 그들을 양수척이라고 명백히 언급한 경우는 거의 없다. 그러나 도축은 양수척이 거의 전담하고 있었으므로, 그 일을 수행한 이들은 양수척이라고 분명히 언급하지 않더라도 양수척으로 보고서 논지를 펼치고자 한다.

조선초에 백정이 우마를 도살하고 있음은 많은 자료에서 확인할 수 있다. 세종 7년(1425) 우마를 도살(盜殺)하는 자는 오로지 신백정(新白丁)이라는 언급이 보인다.[118] 백정이 우마를 도살하고 있음을 알려준다. 또 도성 서쪽 무악(毋岳)의 아래에 신백정이 모여 살면서 우마를 도살한다는 지적도 보인다.[119] 우마의 도축은 양수척에 계보가 이어지는 백정들이 맡고 있는 일이었다. 세종 21년에는 신백정이 없는 곳이 없으며 소를 도살하면서 경작을 대신한다고 했다.[120] 농사를 짓는 대신에 소를 도축한다는 의미이다. 신백정이 전국 곳곳에 거처하고 있음도 확인할 수 있다. 백정은 화척으로 혹은 재인으로 부르는데 서로 모여 살며, 소를 도살하는 일을 한다는 언급이 보인다.[121] 소의 도축은 백정이 담당하는 대표적인 일이었다. 예종 1년(1469) 양수척·재인·백정이 지금에 이르도록 재살(宰殺)하는 일을 고치지 않고 있다는 지적도 있다.[122] 조선초기에 재인·화척·신백정이 우마의 도축을 담당하고 있음을 확인할 수 있는 것이다. 이들과 연결되는 양수척 역시 우마의 도축을 주도했을 것은 당연한 일로 보인다.

............

118 『世宗實錄』 권27, 世宗 7년 2월 甲辰(4일), 2-652.
119 『世宗實錄』 권30, 世宗 7년 12월 庚午(5일), 2-704.
120 『世宗實錄』 권84, 世宗 21년 2월 乙丑(16일), 4-188.
121 『世祖實錄』 권3, 世祖 2년 3월 丁酉(28일), 7-121.
122 『睿宗實錄』 권6, 睿宗 1년 6월 辛巳(29일), 8-393.

고려초기 동물의 도축을 담당한 이들이 개경에 존재했음을 확인할 수 있다. 고려초 광종대에, 살생을 금지하고 국왕에게 제공하는 고기를 저자에서 구매해 바치도록 했다.[123] 도축해서 저자에 육류를 공급하는 부류가 있음을 알 수 있다. 도축을 담당한 이들에는 양수척이 포함되었을 가능성이 높다.

문종 20년(1066) 각 주현에서 상납하는 공물 중에 소의 가죽과 힘줄·뿔[牛皮筋角]이 보인다.[124] 그것을 바치려면 소의 도축이 있었을 것인데, 외방에서의 그 일은 대체로 양수척이 담당했을 것이다. 각 역(驛)을 통해 전송하는 물품 가운데 피각(皮角)이 있다. 가죽과 뿔이라는 의미이다. 나루와 역에서 피각을 전송할 때에 2월부터 7월까지는 3급(急)이면 6역(驛)을, 2급이면 5역을, 1급이면 4역을 가며, 8월부터 1월까지는 3급이면 5역을, 2급이면 4역을, 1급이면 3역을 거쳐가도록 규정되어 있었다.[125] 각 지방에서 바치는 피각은 대개 외방의 양수척이 도축한 것으로 판단된다.

군기감(軍器監)의 피갑장(皮甲匠)과[126] 장야서(掌冶署)의 피대장(皮帶匠)이[127] 찾아진다. 이들이 제작하는 피갑과 피대의 원료인 가죽은 공물의 형태로 납부받은 경우도 있었을 것이고, 저자에서 구매하는 수도 있었을 것이다. 어떤 형식이든 간에 가죽은 양수척이 도축한 결과물일 것으로 여겨진다.

최충헌 열전이나 고종대의 기록에는 양수척의 중요한 일을 사냥으로

............

123 『高麗史』 권93, 列傳6, 崔承老.
124 『高麗史』 권78, 志32, 食貨1, 田制, 貢賦, 文宗 20년 6월 ; 『高麗史節要』 권5, 文宗 21년 6월. 두 자료 사이에 1년의 시차가 있다.
125 『高麗史』 권82, 志36, 兵2, 站驛.
126 『高麗史』 권80, 志34, 食貨3, 祿俸, 諸衙門工匠別賜, 軍器監.
127 『高麗史』 권80, 志34, 食貨3, 祿俸, 諸衙門工匠別賜, 掌冶署.

보고 있고 유기 제작을 언급하고 있을 뿐 가축의 도축에 대해서는 언급하고 있지 않다.[128] 그러나 고려말에 이르면 가축의 도축을 전담한 화척을 양수척으로 보고 있다. 크게 본다면 양수척 활동의 무게 중심이 야생동물의 사냥에서 가축의 도살로 옮겨왔다고 할 수 있을 것이다. 사냥을 할 때에도 가축의 도축을 하지 않은 것은 아니며, 가축의 도축을 많이 하던 때에도 사냥을 포기한 것은 아니었다. 고려전기에는 양수척이 도축에 종사하는 일이 활발하지는 않았던 것으로 추측된다.

우마의 도축을 양수척이 독점한 것은 물론 아니었다. 고종대에 삼계현(森溪縣)의 창정(倉正) 광효(光孝)가 타인의 소를 훔쳐 도축해 현관(縣官)이 잡으려 하자 도망간 일이 있다.[129] 지방의 향리가 타인의 소를 훔쳐 도살하는 일도 있었던 것이다. 그렇지만 사회 계층 가운데 가장 두드러지게 도축을 담당한 이들은 양수척으로 보아야 할 것이다.

고려말 조준은 달단화척(韃靼禾尺)이 소 도축으로 경식(耕食)을 대신하며 그런 일은 서북면이 더욱 심하다고 지적했다.[130] 서북 지역에서 화척이 소를 도축하는 일이 가장 심했다는 것이다. 화척이 소를 도축함을 명확히 지적한 것이다.

우마의 도축을 담당한 부류는 꽤 많이 확인된다. 그들이 양수척이라고 명기되지는 않았지만, 양수척일 가능성이 매우 높다. 고려시기 우마의 도축은 주로 양수척이 담당했기 때문이다.

원 간섭기에 닭과 개의 도축에 집중적으로 종사한 다수의 사람들이 보이는데, 그들 가운데에 일부는 양수척일 것이다. 충렬왕대 응방에서

....................

128 『高麗史』 권129, 列傳42, 叛逆3, 崔忠獻 ; 『高麗史節要』 권14, 高宗 3년 9월.
129 『高麗史』 권129, 列傳42, 叛逆3, 崔忠獻附 怡.
130 『高麗史』 권118, 列傳31, 趙浚.

크게 활약하는 인물 가운데 양수척으로 보이는 이정(李貞)은 본래 천예(賤隷)로서 항상 개 도축을 업으로 했다.[131] 이정은 개의 도축을 담당했지만 우마의 도축도 했을 것으로 보인다.

충렬왕대 매 사육을 담당하면서 닭과 개를 다수 도축한 장공(張公)과 이평(李平)도[132] 양수척 출신으로 보인다. 닭과 개를 도축하고 매를 능숙하게 사육한 장공·이평은 사냥꾼, 양수척 출신으로 봄이 타당할 것이다.

원 간섭기 여러 집단에 속한 사람 가운데 우마의 도축에 종사한 이들이 많이 찾아지는데, 이들은 대개 양수척 출신으로 볼 수 있을 것 같다. 충렬왕대 응방 소속으로 우마를 도축한 이는 양수척으로 추정된다. 충렬왕 8년(1282) 제국공주의 병 때문에 응방에서 소를 도살하는 것을 금지했다.[133] 응방에서 도축하고 있었음은 그 일을 담당하는 사람이 응방에 속해 있었다는 의미이다. 응방에 양수척이 진출하고 있었음을 확인할 수 있는 것이다.

우마를 도축한 무뢰지도(無賴之徒)에도 양수척이 포함된 것으로 보인다. 충렬왕 22년 감찰사(監察司)에서 무뢰지도가 멋대로 우마를 도살하는 것을 금하라고 청하자, 국왕이 이를 따랐다.

> 감찰사에서 말하기를, "무뢰한 무리[無賴之徒]들이 마음대로 소와 말을 죽이고 아무 때나 산과 들에 불을 질러 동물의 생명을 불살라 해침으로써 살아있는 것을 아끼는 덕[好生之德]에 위배됨이 있으니, 청하건대 이를 금하기 바랍니다."라고 했다. 이를 따랐다.[134]

· · · · · · · · · · · · · · · ·

131 『高麗史』 권124, 列傳37, 嬖幸2, 李貞.
132 『高麗史』 권29, 世家29, 忠烈王 8년 5월 甲戌 ; 『高麗史』 권124, 列傳37, 嬖幸
    2, 李貞附 李玽·張公·李平 ; 『高麗史節要』 권20, 忠烈王 8년 5월.
133 『高麗史』 권29, 世家29, 忠烈王 8년 7월 ; 『高麗史節要』 권20, 忠烈王 8년 7월.

무뢰지도가 화렵(火獵, 불사냥)을 하며 멋대로 우마를 도살하고 있다는 사실에서 그는 사냥꾼(양수척)이었음을 알 수 있다. 양수척이 세속 사회에 깊숙이 들어와 우마의 도축을 활발하게 하고 있어 문제가 된 것이다.

충숙왕 12년(1325) 교서에 보이는 악소(惡小)도 우마를 도축하고 있다.

> 근래에 기강이 해이해지자 악소들이 무리를 지어 다른 사람의 재물을 빼앗고 다른 사람의 부녀자를 간음하며 소와 말을 훔쳐서 잡아먹어 사람들이 크게 원망하고 있으니, 사헌(司憲)과 순군(巡軍)은 세심하게 살펴 규명하여 다스리도록 하라. … 지금부터 닭이나 돼지, 거위나 오리 등을 길러 손님 접대나 제사의 용도에 대비하게 하고, 소와 말을 함부로 도살하는 자는 죄를 줄 것이다.[135]

악소가 무리를 이루어 우마를 훔쳐 도축한다는 것이다. 우마의 도축은 대개 양수척이 전담했기 때문에 악소의 무리 중에는 양수척이 일부일지라도 포함되어 있을 것이다. 세속 사회에 깊숙이 들어와 우마의 도축을 맡아 하는 양수척의 존재를 확인할 수 있다.

충혜왕대에 측근에 있었던 악소 가운데에도 양수척 출신이 포함되어 있었던 것으로 보인다. 충혜왕 후3년(1342) 국왕이 강음현에서 사냥할 때 호종한 악소가 매에게 먹이를 준다고 의탁하고서 민간의 닭과 개를 다투어 약탈한 일이 있다.[136] 닭과 개를 다수 약탈해 도축한 악소 중에는

· · · · · · · · · · · · · ·

134 『高麗史』 권85, 志39, 刑法2, 禁令, 忠烈王 22년 1월 ; 『高麗史節要』 권21, 忠烈王 22년 1월.
135 『高麗史』 권85, 志39, 刑法2, 禁令, 忠肅王 12년 2월.
136 『高麗史節要』 권25, 忠惠王 후3년 2월.

양수척이 포함되어 있었을 것이다. 사냥을 함께 하고, 매에게 먹이를 주며 관리하는 악소는 양수척 출신으로 이해된다.

우왕대에도 도축에 종사한 이들이 자주 보이는데, 이들 역시 대부분 양수척 출신으로 추측된다.

> 우왕은 정무를 보지 않고 날마다 군소(群少)들과 함께 민가에서 말을 달리면서 닭과 개를 때려 죽였지만, 재상과 간관 중에서 간언을 하는 사람은 없었다.[137]

우왕은 정무를 소홀히 하고 매일 군소배들과 민가에서 말 달리며 닭과 개를 때려 죽였다는 것이다. 닭과 개를 도살하는 군소 가운데는 사냥꾼, 양수척 출신도 포함되어 있었을 것으로 추정할 수 있다.

우왕 8년(1382) 국왕이 남교에서 사냥했을 때 민간 마을에서 말 달리며 닭과 개를 쳐서 죽이고 다른 이들의 안마(鞍馬)를 빼앗는 악소배(惡少輩)가 보인다.[138] 여기의 악소배 역시 우왕과 더불어 사냥을 하고 또 닭과 개를 도살하는 것으로 보여, 양수척 출신으로 이해된다.

물론 악소가 양수척으로만 구성된 것은 아니었다. 악소는 기본적으로 나이 어린 불한당, 불량배라고 할 수 있을 것이다. 악소로 불리는 인물에는 다양한 부류가 포함되어 있었다.[139] 그렇지만 그 가운데 우마를

--------------

137 『高麗史』 권134, 列傳47, 辛禑 6년 10월.
138 『高麗史』 권134, 列傳47, 辛禑 8년 윤2월.
139 악소에 대장군 李富의 甥姪, 權門의 子姪이 포함된 일이 있다(『高麗史』 권100, 列傳13, 鄭國儉 ; 『高麗史節要』 권12, 明宗 9년 3월). 또 만호 權準의 家人이 포함된 경우도 있었다(『高麗史』 권107, 列傳20, 權㫜附 準 ; 『高麗史節要』 권24, 忠肅王 3년 3월). 악소에 관해서는 다음의 연구가 참고된다. 金昌洙, 1961, 「麗代 惡少考 - 麗末의 社會相 一斑 - 」『史學硏究』 12 ; 金賢羅, 1996, 「高麗

도축한 이는 대개 양수척 출신이었을 것으로 판단된다.

양수척이 개경에 들어와 도축에 적극 종사하고 있음을 확인할 수 있는 것이다. 고려후기 개경에서의 우마 도축은 거의 양수척 출신이 전담했다고 보아도 무방할 것이다. 악소, 무뢰배, 군소배가 모두 양수척은 아니겠지만, 그들 가운데 우마의 도축에 종사한 이들은 대개 양수척 출신으로 보아도 좋을 것이다. 상당한 전문 능력을 보유해야 우마의 도축이 가능했으므로 양수척 이외의 사람으로서 그런 일을 잘 수행할 수 있는 이들은 많지 않았다. 개경이나 외방에서 우마의 도축은 양수척이 주로 담당했을 것으로 보이며, 그 결과 그것을 전담하는 화척(禾尺)이 곧 양수척이라는 인식이 자리잡게 되었다. 양수척이 정주 사회 내에 들어와 도축을 전담하는 양상을 보이는 것이다. 그렇지만 도축은 천시되는 일이었으므로 화척은 낮은 사회적 대우를 받았다.

· · · · · · · · · · · · · ·

後期 惡少의 存在形態와 그 성격 - 政治勢力化 過程을 中心으로 - 」『지역과 역사』 1, 부산경남역사연구소.

# 제6장 무사(武士)로서의 활약

## 1. 무사의 공급과 전쟁 참여

사냥은 다양한 방법을 사용하고 있지만, 야생동물을 상대로 하는 것이기에 매우 위험한 일이었다. 사냥의 방법으로 가장 고전적인 것은 활과 화살을 사용하는 것이었다. 포유류나 조류 등 대부분의 동물은 이 도구를 사용해 포획할 수 있었다. 그런데 사냥 도중에 사고를 당하는 수가 많았다. 동물의 직접적인 공격을 받아 상해를 입기도 했지만, 제일 흔한 것은 낙마(落馬)였다. 부주의로 낙마하는 수도 있었고, 동물의 돌출로 낙마하는 수도 있었다.

위험한 사냥을 능숙하게 잘 하려면 일정한 기술 능력을 소지해야 했다. 그것은 활쏘기와 말타기로 집약되었다. 활쏘기와 말타기는 꽤 긴 기간의 수련을 전제로 했다. 활쏘기와 말타기라는 무예(武藝)는 군인의 전투 능력과 깊이 연관되는 것이었다. 사냥에서 활쏘기와 말타기를 능숙하게 하는 이는 전투에서도 유능함을 발휘할 가능성이 컸다.

사냥은 기사(騎射) 능력만으로 할 수 있는 것이 아니었다. 사냥은 위험한 일이고, 또 돌발상황이 빈번하게 발생하는 일이어서 상당한 용감성을 갖춰야 했다. 그리고 동물을 주저없이 살상할 수 있는 마음을 갖지 않으면 안 되었다. 반면에 마음이 여리거나 담력이 약한 사람, 그리고

자비심이 많은 사람은 사냥을 즐기지 않았다.[140]

사냥 능력은 기사 능력과 용감성·기민함을 의미하는데 이것은 곧 전투 능력, 무재(武才)였다. 그러므로 사냥에 특화되어 있던 양수척은 무재를 갖추고 있다고 볼 수 있다. 때문에 국가나 세력가에게 무사(武士)를 공급하는 원천이 될 수 있었다. 탁월한 무재를 갖춘 양수척은 국왕이나 권세가들이 선발해 활용하려는 중요한 존재였다. 실제로 이들은 무인집권기 무인집정에 의해 다수 발탁되어서 크게 활약했다. 또 원 간섭기 국왕의 측근 호위 무사로도 이들이 대거 등용되었다. 사냥꾼인 양수척은 고려사회에서 핵심 무사를 제공하는 원천이었다. 그리고 국가 차원에서도 이들을 종종 공병(公兵)으로 편입하는 조치를 취했다.

조선초에 화척·재인·백정이 무사로서의 능력을 높이 평가받고 있었음을 확인할 수 있다. 세종 5년(1423) 재인·화척 가운데 가계(家計)가 풍실(豊實)하면서 무재가 있는 자는 시위패로 삼고, 그 다음은 수성군(守城軍)으로 삼으며, 그 가운데 무재가 특이한 자는 도절제사로 하여금 취재해 병조에 이보(移報)한 뒤 다시 갑사로 서용할 것을 병조에서 계문(啓聞)하기도 했다.[141] 재인과 화척 가운데 탁월한 무재를 지닌 이들이 적지 않았음을 알려주는 것이다. 사냥꾼 출신이기에 그런 실력자가 적지 않았던 것이다. 세종 15년 전라도의 신백정(新白丁) 가운데 무재가 있는 이를 뽑아 부방(赴防)시키자는 의논이 있었다.[142] 세종 18년 하삼도 신백정이 항상 사냥을 익히고 있어 말타고 달리며 또 능히 잘 걷는다고 언급했다.[143] 사냥을 잘하는 것이 말을 타거나 달리는 데 있어 매우 능숙했음을

· · · · · · · · · · · · ·

140 이병희, 2021c, 「고려시기 사냥의 방법과 尚武性」『동국사학』 72.
141 『世宗實錄』 권22, 世宗 5년 10월 乙卯(8일), 2-559.
142 『世宗實錄』 권61, 世宗 15년 8월 癸巳(13일), 3-499.

의미하는 것을 알 수 있다.

조선 성종 22년(1491)에도 재인·백정의 무재를 높이 평가하고 있었다.

> 우리 나라의 재인(才人)과 백정(白丁)은 그 선조가 오랑캐의 종족(種族)이다. 그래서 비단 말을 잘 타거나 활을 잘 쏠 뿐만 아니라 천성이 모두 사납고 용맹스러워 걸어다니면서 짐승을 잡는 데 익숙하여 (그것을) 예사로 여기며, 험한 곳을 넘나드는 것을 마치 평지를 다니는 것처럼 하여 주리고 추위에 떨어도 괴롭게 여기지 않으며, 바쁘게 달려도 고달프게 여기지 않는다. 만약 그들을 내보내어 선봉(先鋒)으로 삼는다면 한 사람이 100명을 당해낼 수 있을 것이다.[144]

재인·백정이 말타고 활쏘는 것을 잘 할 뿐만 아니라 날래고 용감하며, 도보로 다니면서 짐승을 잡고, 험한 곳을 밟고 건너기를 평지와 같이한다는 것이다. 또 굶주림과 추위를 병으로 여기지 않고, 달리는 것을 고통으로 삼지 않아, 그들을 몰아 외적을 막는 선봉으로 삼으면 일당백한다는 것이다. 재인·백정이 탁월한 무사로서 대단한 전투 능력을 보유하고 있는 것이다. 무사란 맹수를 만나더라도 죽음을 무릅쓰고 활을 쏘아야 하며 두려워 피해서는 안 되었다.[145] 기사 능력과 용감성은 재인과 백정의 중요한 특징이었다.

조선초기에 재인·화척·백정으로서 무재를 갖춘 이들이 자주 발탁되었다. 고려시기 양수척 역시 상당한 무재를 갖추고 있어 끊임없이 무사를 공급하는 계층이 되었다. 자료상으로는 양수척으로 명확히 지칭하고

- - - - - - - - - - - - - - -

143 『世宗實錄』 권73, 世宗 18년 윤6월 癸未(19일), 4-3.
144 『成宗實錄』 권252, 成宗 22년 4월 戊辰(23일), 12-16.
145 『燕山君日記』 권60, 燕山君 11년 11월 辛卯(10일), 14-27.

있지는 않지만, 상당한 기사 능력을 갖추고 용감함을 보이면서 신분이 천한 이들 중에는 양수척 출신이 적지 않았을 것으로 추정된다. 물론 출중한 무재를 갖춘 이들 중에는 무반(武班)이 다수 있었을 것이고, 일부의 문반관료도 있었다. 그렇지만 이들은 지배층에 속한 신분이었다. 신분이 낮으면서 빼어난 무재를 갖춘 부류의 중심에는 양수척이 있었을 것으로 여겨진다.

고려시기 출중한 기사 능력을 가진 이들이 발탁되어 신분 상승할 기회는 열려 있었던 것으로 보인다. 고려시기 무사(武士)에 대한 언급은 종종 볼 수 있다. 고려 숙종 10년(1105) 국왕이 영작원(營作院) 문에 나아가 무사가 활쏘고 말타는 것을 사열했으며,[146] 예종 9년(1114) 동지(東池)의 구령각(龜齡閣)에 거둥하여 무사를 사열했다.[147] 무사가 활쏘고 말타는 것을 사열한 것이다. 말타기와 활쏘기에서 유능한 무사들은 높은 평가를 받았을 것이다. 양수척만이 그런 능력을 보유한 것은 아니겠지만, 신분이 낮으면서 사어(射御) 능력을 갖춘 무사는 양수척 외에서는 나오기 어려웠다.

예종 10년 국왕이 동지(東池)에서 친히 무사를 선발했다.[148] 활쏘기와 말타기를 잘하는 유능한 무사를 선발했을 것이다. 이 분야에 탁월한 능력을 보유한 양수척이 선발될 여지가 컸을 것이다. 최정(崔挺)이란 인물은 문종이 무사를 선발할 때 활을 잘 쏘서 선발되었으며 여진을 정벌할 때 공이 있었다.[149] 물론 최정은 수사공(守司空) 좌복야(左僕射) 판상서병

..............

146 『高麗史』 권12, 世家12, 肅宗 10년 9월 壬子.
147 『高麗史』 권13, 世家13, 睿宗 9년 8월 丙寅 ; 『高麗史節要』 권8, 睿宗 9년 8월.
148 『高麗史』 권14, 世家14, 睿宗 10년 9월 丙戌 ; 『高麗史節要』 권8, 睿宗 10년 9월.
149 『高麗史』 권14, 世家14, 睿宗 13년 윤9월 戊寅.

부사(判尙書兵部事)를 역임했으므로 양수척 출신으로 보기 힘들지만, 말타기와 활쏘기에서 탁월한 능력을 보유한 경우 무사로 선발되어 출세할 가능성이 컸음을 알려 준다.

의종대에 왕의 총애를 받은 임종식·한뢰 등이 무사를 멸시해 그들의 분노가 더욱 심해진 것은 주지하는 사항이다.[150] 멸시를 받은 무사는 무반을 포함한 군인에 이르기까지 다양했을 것이다. 여기에 일부일지라도 양수척 출신이 포함되었을 여지가 있어 보인다.

양수척이 출중한 무재를 갖춰 무사로 발탁되는 예는 이의민(李義旼)에게서 확인할 수 있다. 양수척 출신인 이의민은 키가 8척이나 되고 완력이 다른 사람보다 뛰어났다. 안렴사 김자양에 의해 경군으로 선발되어 개경에 보내졌다. 이의민은 수박(手搏)을 잘 했으므로, 의종(毅宗)이 그를 총애하여 대정(隊正)에서 별장(別將)으로 승진시켰다. 정중부(鄭仲夫)의 난에 이의민이 많은 사람을 죽였으므로 중랑장(中郎將)이 되었다가, 곧이어 장군(將軍)으로 승진했다.[151] 경군으로 선발된 이의민은 이후 경대승의 뒤를 이어 최고 집정의 자리에까지 올랐다가 최충헌(崔忠獻) 형제에게 제거당했다. 양수척 출신으로 무인집정의 위치에 오른 인물이 이의민이었다.

무인집권기에는 이의민 이외에도 양수척이 대거 등장한 듯 하다. 명종 원년(1171) 1월 이고(李高)가 반란을 일으키려다 실패했는데, 이때 이고는 몰래 악소(惡小) 및 법운사 승려 수혜(修惠), 개국사 승려 현소(玄素) 등과 함께 밤낮으로 연회하고 술 마시면서 결속했다.[152] 이고가 결속을

· · · · · · · · · · · · · ·

150 『高麗史節要』 권11, 毅宗 24년 8월 丙子.
151 『高麗史』 권128, 列傳41, 叛逆2, 李義旼.
152 『高麗史』 권128, 列傳41, 叛逆2, 李義方 ; 『高麗史節要』 권12, 明宗 1년 1월.

도모한 악소들은 용감하고 전투 능력을 갖춘 이들이었을 것으로 보이며, 전부는 아닐지라도 양수척이 일부 포함되었을 가능성이 있다. 양수척은 매우 우수한 무사였기 때문이다.

경대승(慶大升)의 주변에도 양수척 출신이 무사로서 널리 포진한 것으로 보인다.

경대승은 정중부(鄭仲夫)를 죽인 이래로 항상 두려움을 품고서 집에 많은 장사(壯士)를 길렀고 긴 베개[長枕]와 큰 이불[大被]을 마련하고 날마다 돌아가며 숙직하게 하고, 혹은 자신이 함께 이불을 덮어 정성스러운 마음[誠款]을 보여주었다. 허승 등은 함께 공을 세운 것을 믿고 거만하여 방자하게 굴었고, 몰래 악소(惡小)를 길렀으며, 또 동궁(東宮)을 가까이 모시면서 뒷벽에 누워서 밤새도록 노래를 부르고 피리를 불어 방약무인(旁若無人) 했다.[153]

경대승이 두려워 결사대[死士] 1백 수십 명을 불러 모아 자기 집에 머물게 하고 길러 (변란에) 대비시키고는 도방(都房)이라 불렀다. 긴 베개와 큰 이불을 만들어 두고 날을 바꾸어가며 숙직하게 했으며, 더러는 그들과 같은 이불을 덮고 자면서 정성스럽게 돌보아주는 마음을 과시하기도 했는데, 얼마 후 사직하고 집에만 머물렀다.[154]

경대승이 모은 장사(壯士, 死士, 都房), 허승 등이 기른 악소에는 무재를 갖춘 양수척 출신이 포함되었을 것이다.[155] 경대승이 보유한 다수의

..............

153 『高麗史節要』 권12, 明宗 10년 12월.
154 『高麗史』 권100, 列傳13, 慶大升.
155 당시 실세 무인들은 국가의 公兵 조직에서 사사로운 병력을 조달하는 것이 쉽지 않기 때문에 무사들을 개별적으로 모집했을 것이다. 모집에 응해 무사로 발탁된 이들은 대개 전투 능력이 출중하고 용감했을 것이다. 이때 양수척이

장사는 대단한 전투 능력을 보유했을 것이며, 따라서 그들 중에는 양수척 출신도 일부나마 포함되었을 가능성이 있다. 허승 등이 몰래 기른 악소에도 양수척이 포함되어 있을 것이다. 이렇듯이 무인집권기에 무인집정들은 용감하고 전투능력을 갖춘 이들을 측근에 확보하고 있었으며, 그 무리 중에는 일부일지라도 양수척이 포함되어 있었을 것으로 여겨진다. 양수척은 당시 대단한 기사(騎射) 능력과 용감성을 갖추고 있던 부류였기 때문이다.

무인집권기에는 양수척을 비롯한 낮은 신분의 인물이 무재를 바탕으로 조정에 활발하게 진출한 것으로 여겨진다. 최충헌의 사노비인 만적(萬積)이 공사 노비를 불러 모아 발언한 내용에, "국가에서 경인년(1170)과 계사년(1173) 이래로 높은 관직[朱紫]도 천예(賤隷)에서 많이 나왔으니, 장상(將相)에 어찌 (타고난) 씨가 있겠는가? 때가 되면 (누구나) 할 수 있는 것이다."라는 것이 보인다.[156] 경인난과 계사난 이후 주자옷을 입은 높은 이들이 다수 천예 출신이라는 것이다. 과장된 표현이지만 무신란 이후 낮은 신분의 사람들이 출세한 경우가 적지 않았음은 분명해 보인다. 무재를 갖고 출세한 이들 가운데 이의민과 같은 양수척도 있었을 것이다.

최충헌 주변에도 탁월한 무재를 갖춘 이들이 널리 포진하고 있었다. 무인집권기 날래고 용감한 자[驍勇者]는 모두 최충헌 부자의 문객(門客)이었다는 언급이 보인다. 그 때문에 관군은 나약해 쓸 만하지 않았다는 것이다. 최충헌이 열병하면서 부대를 몇 겹으로 편성하고 2,3리에 걸치도록 했으며, 창 끝에 은병을 3개 혹은 4개를 달고 나라 사람들에게 과

· · · · · · · · · · · · · ·

발탁될 가능성이 매우 컸다.
156 『高麗史』 권129, 列傳42, 叛逆3, 崔忠獻 ; 『高麗史節要』 권14, 神宗 1년 5월.

시하면서 모병(募兵)했다.[157] 모병에 응해 뽑힐 수 있는 이들은 효용한 자가 아니면 안 되었다. 효용한 자는 상당수 양수척에서 얻을 수 있었을 것이다. 무인집권기 집정이 유능한 무사를 널리 뽑게 되면서 양수척 출신이 대거 발탁될 수 있었을 것으로 여겨진다. 모집하는 무사는 대개 국가의 정규군 소속이 아니었으며, 이들은 개인 차원에서 응모한 것으로 보인다. 당시 높은 수준의 무재를 갖춘 이들로서 양수척에 비견될 만한 이들은 많지 않았을 것이다.

고종 5년(1218) 최충헌이 무사의 마음을 얻기 위해 낭장 대집성(大集成) 등 5인을 차장군(借將軍)으로 삼았다. 대집성은 본령(本領)이 없었으므로 승도·노예를 막론하고 위협해 속졸(屬卒)로 삼았는데, 이에 중외가 크게 소요되었다. 집집마다 문을 닫아 초목(樵牧)을 구할 수 없는 지경에 이르렀다.[158] 무인집권기 무사가 필요한 지휘부 인물이 무재를 갖춘 양수척을 주목하는 것은 당연해 보인다.

최충헌이 김준거(金俊琚) 형제가 다른 뜻이 있다고 의심해 김준거를 황주목수(黃州牧守)로 폄출하고, 동생 김준광(金俊光)을 상주목수(尙州牧守)로 보냈다. 김준거가 거느린 무사 가운데 양수척 출신이 꽤 포함되었을 것이다.

김준거는 정사를 돌보지 않고 용사들을 모집하여 항상 사냥을 일삼았다. 박진재(朴晉材)의 문객(門客)이 무려 수백 명이나 되었는데, (김준거는) 신기지유(神騎指諭) 이적중(李勣中)과 가장 친했다. 이적중이 김준거를 몰래 불러 난을 일으키려고 했다. 마침 김준광이 안변부(安邊府)로 옮겼는데, 김준거가 은밀히 그와 공모하여 황주(黃

----

157 『高麗史』 권129, 列傳42, 叛逆3, 崔忠獻.
158 『高麗史節要』 권15, 高宗 5년 5월.

州) 사람 중에서 힘이 있고 용감한 사람들을 이끌고 개경으로 잠입
했다.[159]

　김준거가 모집한 용사, 박진재가 거느린 문객에는 상당한 무재를 갖
춘 이들이 많았을 것이다. 이들 중에는 일부일지라도 양수척이 포함되
어 있었을 것으로 추정된다. 무인집권기에 문객·사병의 명목으로 무재
를 갖춘 용감한 이들이 대거 발탁되었다.[160] 그 가운데 양수척이 적지
않은 비중을 차지했을 것이다.

　그 밖에도 무인집권기에 무사를 모집한 예는 허다하게 찾을 수 있다.

　　(명종 6년 1월) 공주(公州) 명학소(鳴鶴所) 백성 망이(亡伊)와 망소이
　　(亡所伊) 등이 당여(黨輿)를 불러 모으고 스스로 산행병마사(山行兵馬
　　使)라 칭하며 공주를 공격하여 함락시켰다. 지후(祗候) 채원부(蔡元
　　富)와 낭장(郎將) 박강수(朴剛壽) 등을 보내 타일렀으나 적이 따르지
　　않았다. 2월에 장사(壯士) 3,000명을 불러 모으고 대장군 정황재(丁黃
　　載)와 장군 장박인(張博仁) 등에게 명해 토벌하게 하였다.[161]

＊＊＊＊＊＊＊＊＊＊＊＊＊＊

159 『高麗史』 권129, 列傳42, 叛逆3, 崔忠獻.
160 무인집권기 사병 및 무사·문객에 관해서는 많은 연구가 있지만, 그들의 출신
　　을 양수척과 연관해 이해하고 있지는 않다. 鄭杜熙, 1977, 「高麗 武臣執權期의
　　武士集團」 『韓國學報』 8 ; 旗田巍, 1978, 「高麗武人の政權爭奪の形態と私兵
　　の形成」 『古代東アジア史論集』 上, 吉川弘文館 ; 柳昌圭, 1985, 「崔氏武人政
　　權下의 都房의 설치와 그 向方」 『東亞硏究』 6, 서강대 동아연구소 ; 金大中,
　　1993, 「高麗 武人執權期 私兵勢力 擡頭와 兵權의 向方」 『軍史』 26 ; 류창규,
　　1993, 「사병의 형성과 도방」 『한국사』 18(고려 무신정권), 국사편찬위원회 ;
　　오영선, 1995, 「무신정권과 사병」 『역사비평』 29 ; 오영선, 1996, 「高麗 武臣執
　　權期 私兵의 성격」 『軍史』 33 ; 전경숙, 1997, 「高麗 崔氏執權期의 都房」 『韓
　　國學硏究』 7, 숙명여대 한국학연구센터.
161 『高麗史節要』 권12, 明宗 6년 1월, 2월.

(명종) 9년, 경대승이 정중부를 죽이자 조정 신하들이 대궐에 나아가 축하를 드렸다. 경대승이 말하기를, "임금을 죽인 사람이 아직 살아 있는데, 무슨 축하인가?"라고 하였다. 이의민이 이 말을 듣고 매우 두려워, 용감한 군사[勇士]를 자신의 집에 모아서 대비하였다. 또 경대승의 도방(都房)에서 자기들이 싫어하는 사람을 죽일 것을 모의한다는 말을 듣고 더욱 두려워서, 자신이 사는 마을에 큰 문을 세우고 밤마다 경계를 하였다.[162]

처음에 최우(崔瑀)가 나라 안에 도적이 많음을 근심하여 용감한 군사들을 모아 매일 밤 순행(巡行)하면서 포악한 짓들을 금하였는데, 이로 인하여 이름을 야별초(夜別抄)라고 하였다. 도적들이 여러 도에서도 일어났으므로 별초(別抄)를 나누어 보내 이들을 잡게 하였다. 그 군사가 매우 많아 마침내 나누어 좌우(左右)로 삼았다.[163]

정규군 이외에 무사를 모집하는 내용을 알려주는 예들이다. 공주 명학소의 망이와 망소이가 난을 일으켰을 때 진압을 위해 장사 3,000명을 모았다. 국가에서 정규군 이외에 별도로 망이·망소이 난을 진압하기 위해 무사를 모집한 것이다. 경대승의 집권 이후 이의민이 두려워해 용사(勇士)를 자기 집에 모아 대비했다. 도적이 많은 것을 근심해 편제한 야별초도 용사를 모아 편제한 것이다. 이렇듯이 무인집권기에는 국가 차원에서도, 집정 차원에서도, 또 실력자 개인 차원에서도 장사·용사로 지칭되는 무사를 모집하고 있는 것이다. 이런 일을 계기로 해서 무재를 갖춘 양수척이 진출해 출세할 수 있는 길이 널려 있었던 것이다.[164]

• • • • • • • • • • • • • •

162 『高麗史』 권128, 列傳41, 叛逆2, 李義旼.
163 『高麗史』 권81, 志35, 兵1, 兵制, 五軍, 元宗 11년 5월.
164 물론 국가나 집정 차원에서, 또 실력자 개인 차원에서 모집한 무사에 양수척

원 간섭기에도 무재를 갖춘 양수척이 대거 등용된 것으로 보인다. 양수척 출신의 이정(李貞)이 대표적 인물로 보인다. 이정은 본래 천예(賤隸)인데 용력으로 알려졌으며, 충렬왕의 총애를 받으면서 응방을 관리하게 되었다.[165] 충렬왕대 출세 가도를 달린 이정은 악소(惡小)로 표현되고 있다.[166] 충렬왕 측근에는 이정과 같은 양수척 출신이 꽤 있었을 것으로 보인다. 물론 악소가 양수척으로만 구성된 것은 아니었다.

이병 역시 양수척 출신으로 보인다. 이병은 용맹함을 좋아하고 말타기와 활쏘기를 잘 했으며, 항상 매를 길러서 사냥하러 다니는 것을 업으로 삼았다. 관직은 장군(將軍)에 이르렀다.[167] 이병은 무재를 갖추고서 국왕의 측근으로 활약한 용감한 인물이었다. 탁월한 무재를 보유한 이들이 국왕의 측근에서 활약하는 예가 적지 않았다. 정규 병력이 호위하는

..............

만이 발탁된 것은 아닐 것이다. 그렇지만 무재를 갖춘 양수척이 진출하기에 매우 유리한 것은 당연했을 것이다. 구체적인 사례는 차후 발굴이 필요하다.
165 충렬왕대 응방에 속한 이들 가운데 신분이 낮은 자가 많았다. 賤隸인 양수척도 상당수 포함되었을 것이다. 응방에 속한 이들은 매의 포획·조련·사육을 맡았는데, 야생동물을 사냥한 경험이 있어야 그 일을 능숙하게 수행할 수 있었다. 응방에 관해서는 많은 연구가 진행되었다. 旗田巍, 1935,「高麗の鷹坊(1·2)」『歷史敎育』10-6·7 ; 內藤雋補, 1955,「高麗時代の鷹坊について」『朝鮮學報』8 ; 鄭鎭禹, 1979,「高麗鷹坊考」『淸大史林』3, 청주대 사학회 ; 朴洪培, 1986,「高麗鷹坊의 弊政 - 主로 忠烈王대를 중심으로 - 」『慶州史學』5, 東國大 國史學會 ; 李仁在, 2000,「高麗後期 鷹坊의 設置와 運營」『韓國史의 構造와 展開 - 河炫綱敎授定年紀念論叢 - 』, 刊行委員會 ; 이강한, 2009,「1270~80년대 고려내 鷹坊 운영 및 대외무역」『韓國史硏究』146 ; 임형수, 2020,「고려 충렬왕대 鷹坊의 구조와 기능에 대한 재검토」『역사와 담론』93.
166 『高麗史』권32, 世家32, 忠烈王 34년 7월 ; 『高麗史節要』권23, 忠烈王 34년 7월 己巳.
167 『高麗史』권124, 列傳37, 嬖幸2, 李貞附 李珢 ; 『高麗史節要』권21, 忠烈王 15년 8월.

것이 여의치 않은 사정 하에서 양수척 출신이 국왕의 측근 무사로 발탁될 소지가 컸다.

원 간섭기에 이정·이병처럼 무재를 바탕으로 출세한 이들이 많았다. 충숙왕 3년(1316)에 졸한 이인기(李人琪)는 무재로 날려 호군(護軍)이 되었다. 중방(重房)의 여러 장수들이 세(勢)를 믿고 멋대로 하자 이인기가 이에 저항해서 욕을 당하기도 했다. 그는 풍채(風彩)가 있으며 예도(禮度)가 법에 맞았고, 지용(智勇)이 다른 사람보다 뛰어났다.[168] 무재가 있을 경우 지위를 높이거나 출세할 수 있는 기회가 많았던 것이다. 무재란 활쏘기와 말타기를 의미할 것이고, 용감성도 포함할 것이다. 그런 무재는 양수척이 갖춘 경우가 많아 그들이 진출할 수 있는 여지는 넓었다고 판단된다. 이인기는 양수척이 아닐 가능성이 크지만, 무재가 있을 경우 발탁될 여지가 많은 것이 당시의 시대 상황이었다.

충혜왕의 측근에서 온갖 물의를 일으키는 악소 중에도 양수척이 포함되었을 가능성이 있다. 악소가 국왕과 함께 사냥하는 일이 있기 때문이다.[169] 무재를 갖추고 국왕의 측근에서 활동하고 있는 것이다.

공민왕 원년(1352) 조일신(趙日新)이 거사할 때 끌어들인 악소 가운데에도 양수척이 포함되었을 가능성이 있다. 조일신이 밤에 전찬성사(前贊成事) 정천기(鄭天起) 및 최화상(崔和尚)·장승량(張升亮) 등과 함께 길거리의 악소를 모아 기철(奇轍)·기륜(奇輪)·기원(奇轅)·고용보(高龍普)·박도라대(朴都羅大)·이수산(李壽山) 등을 제거하려고 모의했다.[170] 조일신이 모

---

168 『高麗史節要』 권24, 忠肅王 3년 3월.
169 『高麗史節要』 권25, 忠惠王 후3년 2월.
170 『高麗史』 권131, 列傳44, 叛逆5, 趙日新 ; 『高麗史節要』 권26, 恭愍王 1년 9월 己亥.

은 악소에는 용감성을 갖춘 양수척의 무리가 일부 포함되었을 것으로 보인다. 무재를 갖춘 양수척은 정치 변란을 도모할 때 끌어들이고자 하는 대상이 되었다.

무재를 갖춘 양수척은 무인집권기와 원 간섭기에 발탁되어 지위를 높여가는 수가 많았다. 무인집정의 사병과 문객이 되거나 국왕의 최측근 호위 무사가 되어 활약할 수 있었다.

양수척이 무재를 바탕으로 무사로 선택되어 정주민으로 전환하는 경우, 그들은 천예의 신분에서 벗어나는 수가 많았다. 때로는 무반직을 제수받고 또 고위 무신으로 승진하는 수도 있었는데, 이 경우 천예의 신분에서 벗어나 관원으로 출세하는 것이다. 이렇게 신분을 상승시켜 가는 양수척이 적지 않았을 것이지만 대부분의 양수척이 이 길을 걸은 것은 물론 아니었다.

초적(草賊)도 양수척과 연관성을 가진 집단으로 볼 수 있겠다. 고종 18년(1231) 몽골이 대거 침입해 들어오자 국왕이 삼군을 보내 방어토록 했다. 마산 초적의 우두머리가 스스로 항복해 최이에게 정병 5,000명으로 도와 몽골병을 격퇴할 것을 청했다. 최우가 크게 기뻐하고 심히 두텁게 상을 사여했다.[171] 또 최우가 광주 관악산 초적의 둔소에 사람을 보내 우두머리 5인, 정예병 50인을 유치해 후하게 상을 주어 우군에 충당했다.[172] 초적은 국가의 통제에서 벗어난 존재로 산곡간에 모여 있었던 것으로 보인다. 이들이 몽골의 침입을 맞아 관군을 지원하고자 한 것이다. 마산 초적과 관악산 초적에는 탁월한 전투 능력을 보유한 양수척도 상

..............

171 『高麗史』 권129, 列傳42, 叛逆3, 崔忠獻附 怡 ; 『高麗史節要』 권16, 高宗 18년 9월.
172 『高麗史』 권129, 列傳42, 叛逆3, 崔忠獻附 怡 ; 『高麗史節要』 권16, 高宗 18년 9월.

당수 포함되어 있었을 것으로 보인다. 몽골의 침입을 맞아 양수척을 포함한 초적이 자발적으로 참전하고 있는 것이다. 이들은 실제의 전투에서 몽골병에 용감하게 맞설 수 있었던 것으로 여겨진다.

양수척이 무재를 바탕으로 고려 국가와 사회에 큰 도움을 준 경우는 매우 많다. 군사적인 측면에서도 유능한 무사로 인정받아 양수척이 군인에 충원되는 일도 있고, 직접 전투에서 크게 활약한 일도 적지 않았다.

거란 유종이 침략한 고종 5년 12월 김양경(金良鏡, 金仁鏡)이 재인(才人)에게 군(軍) 앞에서 잡희(雜戲)를 하도록 했으며, 활 잘 쏘는 이 20여 인으로 하여금 일시에 함께 활을 쏘게 하자, 성에 올라 망을 보던 적들이 모두 달아났다.[173] 잡희를 연출하던 재인은 양수척으로 보이며, 또 활 잘 쏘는 20여 인 역시 양수척으로 보인다. 양수척 출신으로 보이는 이들이 거란적을 물리치는 데서 활약하고 있는 것이다.

양수척이 군사 능력을 갖고 있었으므로 국가에서 군인으로 차출하기도 했다. 공민왕 5년(1356) 9월 양광도와 전라도에 사신을 보내 제주 사람 및 화척(禾尺)·재인(才人)을 추쇄해 서북면의 수졸(戍卒)에 충당토록 했다.[174] 양광도·전라도의 화척과 재인을 추쇄해 서북면의 수졸에 충당하고 있는 것이다. 이들의 전투 능력을 높이 평가하고 있었기 때문이었다. 위기의 상황에서 이들을 통해서 병력 충원을 하는 것이다.

우왕 2년(1376) 7월, 사방의 도적이 그치지 않아 군정(軍政)이 급하자 각계 각층에서 군인을 차출했다. 이때 재인·화척 가운데 궁마(弓馬)에 능숙한 자를 택해 병기를 갖추고 겨울옷과 갑옷[戎衣] 및 2개월 분의 식량

· · · · · · · · · · · · · ·

173 『高麗史』 권102, 列傳15, 金仁鏡 ; 『高麗史節要』 권15, 高宗 5년 12월.
174 『高麗史』 권39, 世家39, 恭愍王 5년 9월 庚辰 ; 『高麗史』 권82, 志36, 兵2, 鎭戍, 恭愍王 5년 9월.

을 갖추고 대기토록 했다.[175] 궁마를 잘 다루는 재인과 화척을 뽑아 전투 준비를 하도록 한 것이다.

우왕 4년 12월 왜구의 침입에 대비해 도당에서 익군의 설립과 각 도 계점원수의 파견을 논의했는데, 이때 양반·백성·재인·화척을 군인으로 삼고, 인리(人吏)·역자(驛子)·관시(官寺)·창고(倉庫)·궁사노(宮司奴)·사노(私奴)를 연호군으로 삼았다. 두목을 정하고, 무기를 갖추어 전투 연습을 시키고 원수부 및 군목장관으로 하여금 점검하되, 무사할 경우 귀농토록 했다.[176] 왜구 침입의 위기 상황에서 재인·화척을 군인으로 삼는 조치를 취하고 있다.


## 2. 반체제 행위

양수척이 탁월한 무재를 보유하고 있어 외침이 있을 때 활약하는 수가 많았지만 반체제적인 활동을 하는 수도 없지 않았다. 양수척이 천예의 신분으로서 사회적으로 낮은 대우를 받는 존재였기 때문에, 이들은 국가·사회에 대한 불만이 매우 많았다. 시간이 흘렀지만 후백제 후예라는 반(反)고려적인 정서도 일부일지라도 지니고 있었을 것이다. 이 때문에 이들이 국가와 사회가 동요할 때 반체제적인 행동을 하기도 했다.

고종대 거란 유종이 침입해 들어왔을 때 일부의 양수척이 향도(嚮導)의 구실을 하고 있음이 확인된다. 거란군 첩자(諜者)로서 활동하기도 하고[177] 거란군의 길 안내 역할을 하기도 했다.[178]

. . . . . . . . . . . . . . .

175 『高麗史』 권81, 志35, 兵1, 兵制, 五軍, 辛禑 2년 7월.
176 『高麗史』 권81, 志35, 兵1, 兵制, 五軍, 辛禑 4년 12월.

고종 19년 7월 국왕이 개경을 떠나 강화로 천도했을 때 어사대(御史臺) 조예(皂隷)인 이통(李通)이 경기초적(京畿草賊)과 성중노예(城中奴隷)를 불러 모아 반란을 일으켰다. 유수병마사를 쫓아버리고 삼군을 편성했으며, 여러 사원에 이첩해 승려들을 불러 모았다. 또 공사의 전곡을 약탈했다. 이때 정부에서는 관군을 보내 토벌했다.[179] 이통의 부름에 응한 경기의 초적에는 여러 부류의 사람이 포함되어 있겠지만 그 중에 양수척도 포함되어 있었을 가능성이 크다. 조예, 노예와의 신분적 동질성을 갖고 있었기 때문이다. 일반 백성을 중심으로 하지 않고 노비가 주도하고 있으므로 비슷한 처지의 양수척이 동참하는 것은 당연해 보인다. 강화천도에 반발한 조예·노예가 초적과 더불어 빈란을 일으킨 것이다. 여기에 일부의 양수척이 동참했을 가능성이 있다.

고려말 왜구가 극성을 부릴 때 왜구에 가탁해 주변을 공격하는 일도 있었다. 우왕 8년 4월 화척·양수척이 무리를 이루어 왜적(倭賊)이라 사칭하고서 영해군(寧海郡, 혹은 영월군)을 침략해 관아와 민가를 불태웠다. 임성미(林成味), 안소(安沼), 황보림(皇甫琳), 강서(姜筮) 등을 보내 추격해 잡도록 했다. 이에 임성미 등이 잡은 남녀 50여 인과 말 200여 필을 바쳤다.[180] 왜구 침입의 혼란 시기에 양수척이 왜구라 사칭하면서 주변을 공격하고 있는데, 그 규모가 상당했던 것이다. 또 같은 달에 서해도 안렴사 이무(李茂)가 잡은 수척(水尺)·화척(禾尺) 30여 인과 말 100필을 바쳤다. 그리고 여러 도의 안렴과 수령이 각각 잡은 수척과 마필을 바치

. . . . . . . . . . . . . .

177 『高麗史』 권22, 世家22, 高宗 4년 3월 丙戌 ; 『高麗史節要』 권15, 高宗 4년 3월.
178 『高麗史節要』 권14, 高宗 3년 9월 ; 『高麗史節要』 권15, 高宗 4년 3월.
179 『高麗史節要』 권16, 高宗 19년 7월 乙酉.
180 『高麗史』 권134, 列傳47, 辛禑 8년 4월 ; 『高麗史節要』 권31, 辛禑 8년 4월.

자 순군옥에 가두고 국문해 주모자는 참형에 처하고 처자식과 말을 몰
수했으며 나머지는 모두 풀어주었다. 화척·수척을 여러 주에 안치하고
평민에 견주어 동일하게 역을 부과했는데, 명을 따르지 않는 자는 참형
에 처했다.[181] 수척은 양수척을 의미하고, 이들이 잡힌 것은 왜구를 가탁
했기 때문으로 보인다. 왜구 침입을 맞아 양수척의 일부가 체제에 반하
여 결집한 뒤 주변 고을을 공격하는 일을 감행하고 있었던 것이다.

우왕 9년 6월에도 교주강릉도의 화척(수척)·재인 등이 왜적이라 사
칭하고 평창(平昌)·원주(原州)·영주(榮州)·순흥(順興)·횡천(橫川) 등을 약
탈했다. 원수 김입견(金立堅), 체찰사 최공철(崔公哲)이 50여 인을 잡아 목
을 베었으며, 처자를 주군에 나누어 배속시켰다.[182] 화척과 재인이 왜구
에 가탁해 여러 고을을 침략해 약탈하고 있는 것이다.

우왕 9년 7월 방리인을 징발해 사문(四門)을 지키게 했는데, 당시 재
인과 화척 등이 무리를 이루어 표략(摽掠)하기 때문이었다.[183] 혼란한 시
기 재인과 화척이 무리를 이루어 약탈 행위를 하고 있어, 도성의 네 문
을 지키도록 한 것이다. 재인과 화척이 도성에 위협이 되고 있던 것이다.

그리하여 창왕 즉위년(1388) 8월 조준은 다음과 같은 내용의 상소를
올렸다.

> 수척(水尺)과 재인(才人)은 농사를 짓지 않고 민(民)의 조(租)를 앉아
> 서 먹는데, 일정한 생업[恒産]이 없으니 일정한 마음[恒心]도 없기에
> 산골짜기에 서로 모여 살면서 왜적이라고 사칭하고 있습니다. 그 형
> 세가 가히 두려워할 만하여 빨리 도모하지 않을 수 없습니다. 원하

---

181 『高麗史』 권134, 列傳47, 辛禑 8년 4월 ; 『高麗史節要』 권31, 辛禑 8년 4월.
182 『高麗史』 권135, 列傳48, 辛禑 9년 6월.
183 『高麗史』 권81, 志35, 兵1, 兵制. 辛禑 9년 7월.

건대 지금부터는 (그들이) 살고 있는 주·군에서 그 인구[生口]를 헤아리고 그들의 호적을 작성하여 떠돌지 못하게 하며, 빈 땅을 주어서 그들로 하여금 평민과 같이 부지런히 농사짓도록 만들고, 어기는 자가 있다면 소재지의 관사에서 법으로 다스리십시오.[184]

화척(수척)과 재인이 농경에 종사하지 않고 산골짜기에 서로 모여 살면서 왜적을 사칭하고 있으니 서둘러 도모하지 않으면 안 된다고 했다. 양수척이 체제에 상당한 부담을 안기고 있음을 알 수 있다. 이후 조선초 양수척(화척·재인)에 대한 국가의 대책은 조준의 주장을 따르고 있다.

고려시기 양수척은 사냥꾼이기 때문에 탁월한 기사 능력, 용감성과 민첩성을 보유하고 있었다. 이런 점으로 인해 무사를 공급하는 중요한 기반이 되었다. 양수척은 무인집권기와 원 간섭기에 무사로서 활발하게 진출했다. 무인집권기 집정 무인의 호위 군사력으로 이들이 발탁되었으며, 원 간섭기 국왕의 최측근 호위 무사로서 중용되었다. 무사로 진출한 이들은 대부분 신분을 상승시켜 간 것으로 보인다. 적어도 천예의 신분에 머무르지는 않았을 것이다.

양수척의 탁월한 무재는 주목되어 비상시에 국가의 공병으로 차출되는 일도 있었다. 한편 반체제 성향을 띠고 초적으로 활약하거나 왜구에 가탁해 주변을 공격하는 일도 있었다. 양수척이 탁월한 무재를 보유했기 때문에 있을 수 있는 일이었다.

---

184 『高麗史』 권84, 志38, 刑法1, 戶婚, 辛禑 14년 8월 ; 『高麗史』 권118, 列傳31, 趙浚 ; 『高麗史節要』 권33, 辛禑 14년 8월.

# 제7장 재인(才人)과 기생(妓生)의 배출

## 1. 재인의 배출

재인(才人)은 기예인(技藝人)을 뜻한다. 노래와 춤, 악기 연주 및 곡예 (曲藝)로 표현되는 기예에서 능력을 보이는 이들을 가리킨다.[185] 고려시 기에는 큰 행사가 대규모로 열리는 경우가 많았으므로 그런 능력을 가 진 이들의 활동 공간이나 기회가 널려 있었다. 다양한 연희(演戲)에서 기 예인들이 활약할 수 있었다.[186] 그런 기예 가운데 일부는 상당히 긴 기간 의 수련을 필요로 하고 또 위험성을 내포하고 있어 보통의 사람이 쉽게 접근할 수 없는 경우가 많았다. 양수척은 그런 기예인을 공급하는 중요 계층이었다. 물론 모든 기예인이 양수척 출신은 아니었다. 그렇지만 상 당한 수련이 필요하고 위험성을 동반한 기예는 양수척이 보유한 경우가 많았다. 보통 사람보다 체력이나 담력을 요하는 분야에서도 양수척 출 신이 활약하는 수가 적지 않았다.[187] 수박희, 격구희, 각저희, 석전(石戰)

...............

185 재인은 곡예·음악·춤 등에서 능력을 발휘하였는데, 음악과 춤은 여성이 담당 하는 수가 많아, 이 節에서는 주로 곡예와 관련된 측면을 중심으로 언급하고 자 한다.
186 고려시기 연희에 관해서는 민속학 분야에서 연구가 진행되었다. 전경욱, 2020, 『한국전통연희사』, 학고재 ; 장정룡, 1999, 「고려시대의 연희 고찰」, 『역 사민속학』 9 ; 윤광봉, 2000, 「14·5세기의 演戲樣相」, 『비교민속학』 19.

등 겨루기 놀이에서도 양수척 출신이 활약할 여지가 매우 컸다. 양수척이 보유한 기예는 무예(武藝)로 표현할 수 있는 영역인 경우가 많았다. 양수척이 기예의 분야에서 두드러진 활약을 하고 있는 점이 사회적으로 인정되어 재인이 곧 양수척을 가리키게 되었다.

조선초 재인·백정이 기예를 보유했다고 언급하는 경우가 여럿 확인된다. 성종 3년(1472)에 여러 도의 각 고을에서 재인·백정이 구걸을 하면서 군행작희(群行作戲)한다고 언급하고 있다.[188] 구걸의 일환으로 무리지어 다니면서 놀이를 보인다는 것이다. 무리지어 놀이판을 벌이고 구경온 이들로부터 도움을 받는다는 것이다. 구경거리 제공은 많은 사람이 모인 곳에서 이루어졌을 것이다. 여기에서 언급한 놀이에는 다양한 것이 포함되었을 것이다. 음악(노래·악기)과 무용은 물론, 지금의 서커스에 해당하는 곡예도 포함하고 있었을 것이다. 음악과 무용은 주로 여성이 담당했을 것이며, 남성은 각종 곡예를 연출했을 것이다.

연산군대의 기록에서도 재인이 항상 숭례문(崇禮門) 밖 복덕가(福德家)에 모여서 '불식산업 유희위사(不殖産業 遊戲爲事)'한다고 지적했다.[189] 생산활동을 하지 않고 유희를 일로 삼는다는 것이다. 이들이 제공하는 놀이는 단순한 놀이가 아니라 구경꾼을 부르는 놀이이며, 그 구경꾼으

. . . . . . . . . . . . . .

187 각종 연희에서 다양한 공연이 행해졌다. 예컨대 방울을 여러 개 던졌다 받기, 칼을 여러 개 공중에 던졌다 받기, 물구나무서서 재주부리기, 솟대 타고 올라가 재주부리기, 긴 나무를 양쪽 다리에 묶고 그 위에서 걷기, 줄타기, 쌍칼 재주부리기, 바퀴 던져 올리며 재주부리기, 무거운 솥 들기, 타오르는 불 밟기, 칼 꽂힌 좁고 긴 원통으로 몸을 날려 빠져나가기, 씨름, 오늘날의 태권도와 유사한 수박희, 말 타면서 재주 부리기, 동물을 훈련시켜 재주부리게 하는 동물회 등이 있었다(전경욱, 2020, 앞의 책, 14쪽).

188 『成宗實錄』 권14, 成宗 3년 1월 丁卯(30일), 8-629.

189 『燕山君日記』 권34, 燕山君 5년 7월 庚申(2일), 13-365.

로부터 경제적 지원을 받기 위한 것이다. 재인들이 놀이에서 탁월한 기예를 발휘하고 있어 구경거리가 될 수 있었던 것이다.

중종대에도 정재인(呈才人)·백정이 우희(優戱)를 전업으로 해서 여염을 횡행하며 구걸한다고 언급했다.[190] 거지로서 단순히 구걸하는 것이 아니라 마을의 거리에서 연희를 제공하면서 먹을 것을 구하는 것이다. 연희의 내용에는 노래와 춤, 그리고 곡예가 모두 포함되어 있었을 것이다. 즐거움을 제공하는 기예를 펼치고 있는 것을 지적한 것이다.

재인·백정이 유희(遊戱)·우희(優戱)를 연출함으로써 사람을 모으고 그들로부터 경제적 후원을 받고 있는 것이다. 유희의 영역에서 재인·백정이 두드러진 모습을 보이고 있다. 이것은 고려시기 양수척(재인)에게서도 확인할 수 있는 사항일 것이다.

고려시기 각종 기예를 발휘하는 이들이 보이는데, 그들 가운데 일부는 양수척 출신으로 추정된다. 신분이 낮은 기예인일수록 그 가능성이 크다. 고려시기에는 백희·잡희로 표현되는 연희가 풍성하게 연출되었다. 이러한 연희에는 온갖 기예를 보유한 이들이 참여해 활약했다. 그러한 기예인에는 양수척 출신이 적지 않았던 것으로 보인다.

의종 6년(1155) 3월, 상춘정(賞春亭)에서 잔치를 열고 영인(伶人)으로 하여금 잡희(雜戱)를 하게 했다.[191] 잡희를 공연하는 전문 영인의 존재를 확인할 수 있다. 영인은 악공(樂工)과 광대를 통틀어 이르는 말이다.[192] 영인은 탁월한 기예를 갖춘 이로서 국가에 소속되어 있었을 가능성이

. . . . . . . . . . . . . . .

190 『中宗實錄』 권95, 中宗 36년 5월 己亥(14일), 18-465.
191 『高麗史節要』 권11, 毅宗 6년 3월.
192 네이버 국어 사전(https://ko.dict.naver.com/#/search?query=%EC%98%81%EC%9D%B8, 2022년 2월 10일 검색).

크다. 이들이 양수척 출신인지 여부는 알기 어렵다. 그럴 가능성도 있지만 그렇지 않을 가능성도 있다. 양수척은 영인으로 진출할 수 있는 소양을 갖춘 부류였다.

물 위에서 펼쳐지는 수희(水戲)의 공연은 뱃사공과 어부들이 담당한 것으로 보인다. 다음은 의종 19년 4월 수희의 모습이다.

> 예성강(禮成江)의 뱃사공과 어부들[篙工漁者]을 불러 수희를 벌이고 구경한 다음 물품을 차등을 두어 내렸다.[193]

수희를 공연하는 이들은 예성강의 뱃사공과 어부들이었다. 수희에 양수척이 개입할 여지는 거의 없어 보인다.

거란 유종이 침입할 때 공연을 펼친 재인은 양수척 출신으로 보인다. 고려 고종대 거란의 침입으로 조충(趙冲)이 강동성에서 거란병을 토벌할 때 김인경(金仁鏡)이 병사를 거느리고 가서 보니 몽골·동진의 두 원수는 음악을 벌리고 연회를 하고 있었다. 김인경이 재인(才人)으로 하여금 군대의 앞에 도열시켜 북을 치고 잡희를 공연하게 했다.[194] 이때의 재인은 기예를 보유한 이들로 양수척 출신일 가능성이 크다.

각종 행사 및 연회에는 온갖 놀이가 벌어지므로 기예를 갖춘 이가 활약할 소지가 컸다. 고종 32년(1245) 최우가 연등회와 연회를 베풀었을 때의 모습이 상세히 전한다.

> 4월 8일, 최이가 연등회를 개최하여 채붕(彩棚)을 설치하고 기악(伎

......

193 『高麗史』 권18, 世家18, 毅宗 19년 4월 戊申 ;『高麗史節要』 권11, 毅宗 19년 3월. 두 자료는 한 달의 차이가 있다.
194 『高麗史』 권102, 列傳15, 金仁鏡 ;『高麗史節要』 권15, 高宗 5년 12월.

樂)과 온갖 놀이[百戲]를 벌이게 하여 밤새도록 즐기니, 수도의 사녀(士女)가 구경하는데 담을 세워 놓은 듯했다. 5월, 최이가 종실의 사공(司空) 이상 및 재추들을 위해 연회를 베풀었는데, 채붕을 산처럼 높게 치고 비단 장막과 능라 휘장을 둘러친 후, 그 가운데에 그네를 매달아놓고 수놓은 비단과 화려한 조화로 장식했다. … 기악(伎樂)과 온갖 놀이[百戲]가 벌어지자, 팔방상(八坊廂) 공인(工人) 1,350여 명이 모두 옷을 차려입고 정원으로 들어와서 음악을 연주하니, 각종 악기와 노랫소리가 천지를 진동했다. 최이는 팔방상들에게 각기 백금(白金) 3근씩을 주었으며, 또 영관(伶官)들과 양부(兩部)의 기녀(伎女) 및 재인(才人)들에게 금백(金帛)을 주었는데, 그 비용이 엄청났다.[195]

연등회 행사에서 기악과 온갖 놀이에서 공연한 이들 중에는 양수척 출신이 있을 것 같다. 기악과 백희는 기예와 음악을 포함하기 때문에 기예인이 활약할 공간이 제공되는 것이다. 종실의 사공 이상 및 재추들을 위한 연회에서도 기악과 백희가 베풀어졌다. 팔상방의 공인 1,350여 명이 음악을 연주했다. 최우는 팔상방의 공인, 영관, 관현방·대악의 양부(兩部) 기녀 및 재인에게 물품을 사여했다. 재인은 기예를 연출한 이들을 가리키는데 양수척 출신이 포함된 것으로 보인다. 연등회와 연회만이 아니라 팔관회에서 베풀어지는 온갖 놀이와[196] 그밖의 각종 연희에서도 기예 능력을 보유한 양수척이 활약할 수 있었다.

우왕 2년(1376) 8월, 우왕이 개선하는 최영을 성대하게 맞이했다. 우

.............

195 『高麗史』권129, 列傳42, 叛逆3, 崔忠獻附 怡.
196 연등회와 팔관회의 의식 전반에 대해서는 안지원, 2011, 『고려의 국가불교 의례와 문화 - 연등·팔관회와 제석도량을 중심으로 - 』, 서울대 출판부 참조. 팔관회·연등회와 관련된 伎樂과 雜技는 국가 음악기관의 樂工과 女妓보다 민간 예능인으로 알려진 창우에 의해 공연되었다(宋芳松, 1996, 「음악」 『한국사』 21(고려 후기의 사상과 문화), 국사편찬위원회).

왕이 재추(宰樞)에게 명하여 천수사(天水寺)에서 연회를 마련하도록 하고 순위부(巡衛府)에서는 여러 놀이[雜戲]를 갖추도록 하여 임진(臨津)에서 맞이하니, 조서를 가지고 오는 사신을 맞이하는 예와 같았다.[197] 잡희를 설행하는 주체가 순위부였다는 점이 주목된다. 양수척이 순위부에 소속되어 있으면서 잡희를 연출했을 가능성이 있다.

우왕 시기에는 각종 공연이 열려 기예인들이 활약할 공간이 크게 확대되었다.

> (13년 7월) 우왕이 호곶(壺串)에 있으면서 잡희를 관람한 뒤, 잡희를 한 광대들[雜戲人]에게 오종포(五綜布) 500필을 하사했다.[198]

> (13년 8월) 우왕이 중추절을 맞이하여 6도(道)의 창우(倡優)를 불러 들여 동강(東江)에서 백희를 벌였는데, 국고를 털어서 그 비용으로 사용했다.[199]

> (14년 5월) 우왕이 방탕하게 대동강(大同江)에서 즐기다가 밤이 되어서야 돌아왔다. 우왕이 나가 놀 때마다 호악(胡樂)을 연주하고 창우가 백희를 벌이게 했으며, 최영(崔瑩)이 날마다 군사를 거느리고 드나들며 피리를 불었고 임금과 신하가 황음하니 백성들의 원망이 자자했다.[200]

잡희·백희를 공연한 이로 잡희인·창우가 언급되고 있다. 잡희인 역

••••••••••••••

197 『高麗史節要』 권30, 辛禑 2년 8월.
198 『高麗史』 권136, 列傳49, 辛禑 13년 7월.
199 『高麗史』 권136, 列傳49, 辛禑 13년 8월 ; 『高麗史節要』 권32, 辛禑 13년 8월.
200 『高麗史』 권137, 列傳50, 辛禑 14년 5월.

시 창우로 볼 수 있는데, 창우는 통상 가면극, 인형극, 줄타기, 땅재주, 판소리 따위를 하던 직업적 예능인을 통틀어 이르던 말이다.[201] 위 인용문에 언급한 창우는 각종 기예를 보유하고 있었을 것이다. 아마도 동강의 백희에서 공연을 담당한 창우는 각 도에서 선발해 보낸 기예인이었을 것이다. 잡희인·창우 가운데에는 기예 능력을 가진 양수척도 상당수 포함되었을 것으로 여겨진다.

고려시기 각종 행사에서 기예를 발휘하는 이들이 적지 않았다. 그들 모두가 양수척은 아니었지만, 양수척 출신이 적지 않았음은 분명해 보인다. 천예 출신 간유지(簡有之)는 양수척 출신임이 분명하다.

> 충렬왕 즉위년 11월, 왕이 공주와 함께 개경에 도착하여 죽판궁(竹坂宮)에 들어갔다. … 간유지는 천예(賤隷)였지만 배우[優]로서 왕의 사랑을 받아서 낭장(郎將)에 임명되었다. …[202]

우(優)는 연기자, 광대, 배우의 의미이므로[203] 간유지는 재인·창우로 볼 수 있다. 간유지는 천예 출신이고 배우로서 일종의 기예를 갖추고 있으므로 양수척임이 분명하다.

우인(優人, 광대)이었던 군만(君萬) 역시 양수척 출신으로 보인다.

. . . . . . . . . . . . . .

201 네이버 국어사전(https://ko.dict.naver.com/#/search?query=%E5%80%A1%E5%84%AA, 2022년 2월 10일 검색). 고려시기 倡優·優人·廣大·才人은 같은 의미로 사용되었다(李杜鉉, 1996, 「무용과 연극」『한국사』 21(고려 후기의 사상과 문화), 국사편찬위원회).

202 『高麗史』 권28, 世家28, 忠烈王 즉위년 11월 丁丑.

203 네이버 한자사전(https://hanja.dict.naver.com/#/entry/ccko/efdd831645054810b2966 a20ce 3259b1, 2022년 2월 6일 검색).

군만은 우인이었다. 공양왕 원년(1389)에 부친이 밤에 호랑이에게 물려가자, 군만이 하늘을 우러러 통곡한 후에 활과 화살을 지니고 산으로 들어갔다. 호랑이가 그 부친을 거의 다 먹고서 산모퉁이를 지고 숨어 있다가 군만을 보더니 포효하며 앞으로 와서 먹었던 사지를 다 토해내었다. 군만이 화살로 단번에 죽인 다음 칼을 빼어 그 배를 가르고 남아있던 유해를 모두 거두어 화장했다.[204]

군만은 진주(晉州)의 광대[伶優] 군자(君子)의 아들이다. 홍무(洪武) 기사년(1389) 겨울에 군자가 밤에 호랑이에게 물려가자, 군만은 울부짖으며 날이 새기를 기다려 활과 화살을 메고 산으로 들어가니, 호랑이는 아버지를 다 먹고 산굽이를 등지고 있다가 군만을 보고는 으르렁대면서 앞으로 달려드는 바람에 뜯어 먹었던 팔다리의 마디가 입에서 튀어나왔다. 군만은 활을 쏘아 단번에 죽이고 칼을 뽑아 배를 가르고 남은 뼈를 모두 거두어 가지고 와서 불태워 장사지냈다.[205]

군만은 아버지의 대를 이어 광대였다. 우인(優人, 伶優) 군만이 부친이 호환을 당하자 활과 화살을 지니고 산에 들어가 부친을 잡아 먹은 호랑이를 만나 화살로 단번에 쏴 죽였다. 호랑이를 단번에 화살로 쏴서 죽일 수 있는 능력을 보유한 그는 탁월한 사냥꾼이었을 것이다. 결국 사냥꾼 출신인 군만이 우인(광대, 배우)의 역할을 하고 있음을 알 수 있는 것이다. 군만은 사냥꾼 양수척 출신으로서 배우의 역할을 한 기예인이었던 것이다.

고려시기 기예를 자랑하는 양수척의 구체적인 예는 매우 드물다. 정

204 『高麗史』 권121, 列傳34, 孝友, 君萬.
205 權近, 「優人孝子君萬傳(優人諺稱才人)」 『陽村集』 권21.

황상으로 보면 양수척으로 볼 수 있는 기예인이 적지 않다. 격구, 수박, 각저, 석전 등 겨루기 놀이에서 활약한 기예인 가운데 양수척 출신이 있는지 살펴보고자 한다.

격구는 말을 탄 채 숟가락처럼 생긴 막대기로 공을 쳐서 상대방 문에 쳐넣는 놀이이다. 고려 의종 이후에는 차차 국가적인 오락 행사가 되었으며, 특히 궁중에서는 단오절에 이를 성대하게 벌였다. 경기장에 좌우편 선수들이 줄지어선 가운데 한 사람이 들어가 공을 공중으로 쳐올리는 것으로 시작되며, 선수들은 제각기 말을 타고 달려나와 공을 빼앗아 가지고 상대방 문전을 향해 공채로 몰고 간다.[206]

격구는 말타기에 능숙해야 즐길 수 있는 놀이이다. 격구를 능숙하게 하는 인물은 다수 찾을 수 있다. 그들 가운데 신분이 낮은 이는 양수척일 가능성이 높다. 제안공(齊安公) 왕서(王偦)의 아들 왕장(王璋)은 활쏘기와 말타기를 좋아하며, 이구수(李龜壽)와 더불어 격구를 벌였다고 한다.[207] 예종대에 신기군사(神騎軍士)가 격구하는 것을 국왕이 관람했다.[208] 말을 타는 기사가 격구하는 것이다. 격구의 전제는 말타기임을 알 수 있다. 격구를 능숙하게 하는 이들은 기본적으로 기마 능력이 출중했다.

......................

206 한국민족문화대백과(https://terms.naver.com/entry.naver?docId=566235&cid=46667 &categoryId=46667, 2022년 2월 6일 검색). 격구 및 다음에 언급하는 수박·각저·석전에 대한 기본적인 설명은 다음의 글이 도움된다. 林榮茂, 1996, 「체육」 『한국사』 21(고려 후기의 사상과 문화), 국사편찬위원회 ; 張正龍, 1996, 「민속」 『한국사』 21(고려 후기의 사상과 문화) ; 송기호, 2009, 「격구와 석전」 『대한토목학회지』 57-1, 대한토목학회.
207 『高麗史』 권90, 列傳3, 宗室, 肅宗 王子 齊安侯 王偦 ; 『高麗史節要』 권11, 毅宗 9년 12월.
208 『高麗史節要』 권7, 睿宗 5년 1월.

인종 5년(1127) 양경(兩京)의 신기(神騎)에게 명해 격구하게 했다.[209] 의종 4년 내시지후(內侍祗候) 이하에게 명해 격구를 하도록 명했다.[210] 의종 5년 국왕이 북원(北園)에 놀러나가 기사(騎士)에게 격구하도록 명했다.[211] 격구는 신기, 기사 또는 내시지후 이하가 수행하는 놀이 겸 경기였다.

명종 9년(1179) 졸(卒)한 문하시랑평장사 기탁성(奇卓誠)은 활쏘기와 말타기를 잘 했는데, 격구를 좋아한 국왕이 발탁해 견룡으로 삼았다.[212] 기탁성이 격구에 상당한 능력이 있었음을 알 수 있다. 격구는 기마 능력이 출중해야 잘 할 수 있었다. 탁월한 격구 능력을 보유한 이들은 출세할 수 있었다. 미천한 신분으로 격구를 능숙하게 하는 경우, 그는 양수척 출신일 가능성이 컸다.

고종 12년(1225) 무사가 격구를 했는데, 국왕이 이를 관람했다.[213] 고종 16년 최우가 구정(毬庭)에 나아가 도방(都房)과 마별초(馬別抄)가 격구하고 창을 놀리며 말 타고 활 쏘는 것을 구경했다.

겨울 10월. 최우(崔瑀)가 자기 집에서 재추(宰樞)에게 잔치를 베풀고, 구정에 나아가 도방과 마별초가 격구하고 창을 놀리며 말타고 활쏘는 것을 구경했다. … 최우가 또 기로(耆老)와 재추를 맞이하여 연회를 베풀고서, 격구하고 창을 놀리며 말타고 활쏘는 것을 구경했다. 뛰어난 자에게 바로 관작과 상을 주니, 도성 안의 자제들이 안마(鞍馬)와 의복을 다투어 마련하므로, 처가(妻家)가 가난하다고 버림받는

209 『高麗史節要』 권9, 仁宗 5년 5월.
210 『高麗史節要』 권11, 毅宗 4년 11월.
211 『高麗史』 권17, 世家17, 毅宗 5년 8월 丁亥.
212 『高麗史節要』 권12, 明宗 9년 2월.
213 『高麗史』 권22, 世家22, 高宗 12년 4월 壬子.

일이 많았다.[214]

　… 최이는 날마다 도방과 마별초를 소집하여 격구를 하거나 창을 자유자재로 다루게 하거나 말을 타고 활을 쏘게 했다. 최이가 재추와 기로들을 불러 연회를 베풀면서 구정으로 가서 격구를 관람하고는 했는데, 어떤 때는 5~6일간 계속하기도 하고, 재능이 있는 사람들에게는 그 자리에서 관작과 상을 주었다.[215]

　도방과 마별초가 격구를 하고 있다. 격구에서 탁월한 능력을 발휘한 이들에게는 관작과 상을 더해 주었다. 말을 잘 부리면서 격구에 재능이 있는 경우, 출세할 기회를 갖게 되는 것이다. 양수척 출신이 이런 격구의 기회를 활용해 처지를 향상시켜 가는 일이 적지 않았을 것이다. 고종 17년 최우의 가병(家兵)이 격구를 했다.[216] 가병에는 무재를 갖춘 양수척 출신이 포함되었을 것으로 추측된다.

　송화(宋和)란 인물은 송의(宋義)의 아들인데 어려서부터 기마격구(騎馬擊毬)를 익혔다. 격구 막대기를 다루는 솜씨가 유례가 없을 정도로 절묘했다. 원의 황제가 매우 감탄하며 상을 주면서 그의 재주에 대해 "귀신이 돕는 것이 아니라면, 이것은 환술(幻術)이다."라고 칭찬했다.[217] 고려로 돌아오자 원종이 어견룡행수(御牽龍行首)로 발탁했다. 중금지유(中禁指諭)까지 승진했으나 어머니가 천(賤)해서 3품에 한직되었다. 기마와 격구, 농장(弄杖) 등의 재능을 갖추고 있으며 모친이 천하다고 하므로 송화는 양수척과 계보가 이어지는 것으로 추정된다.

∙∙∙∙∙∙∙∙∙∙∙∙∙∙∙

214 『高麗史節要』 권15, 高宗 16년 10월.
215 『高麗史』 권129, 列傳42, 叛逆3, 崔忠獻附 怡.
216 『高麗史節要』 권16, 高宗 17년 7월.
217 『高麗史』 권124, 列傳37, 嬖幸2, 尹秀附 宋和.

충렬왕 6년(1280) 홀적(忽赤, 홀치)이 격구를 하자, 국왕과 공주가 관람했다.[218] 충렬왕 8년 왕과 공주가 양루(凉樓)에 행차해 홀적·응방에게 무리를 나눠 격구하게 했다.[219] 홀적과 응방에 속한 이들이 격구를 하는 것인데, 이들 중에 양수척 출신이 일부 포함되었을 것이다.

충혜왕 후4년(1343) 국왕이 고용보와 함께 시가루(市街樓)에 가서 격구를 관람하고서 용사(勇士)에게 포를 무수히 사여했다.[220] 격구를 하는 용사를 확인할 수 있다. 용사 가운데에는 양수척 출신이 일부 있었을 것이다. 우왕 12년(1386) 우왕이 군소(群小)를 거느리고 시가에서 격구를 했다.[221] 군소가 격구를 한 것이다. 격구를 통해 능력을 보인 이들이 관작이나 물품, 상을 받는 일이 많았다. 기마 능력이 출중한 양수척이 격구를 매개로 출세하는 일이 적지 않았을 것이다.

수박희(手搏戲)에서도 양수척 출신이 능력을 발휘할 여지가 컸다. 수박희는 기본적으로 힘이 세야 했다. 체구가 크면 당연히 유리했다. 두경승(杜景升)은 용력(勇力)이 있었으나 수박을 꺼려 했다. 수박은 천한 기술이므로 장사가 할 일이 아니라는 지적도 보인다.[222] 가문이 좋거나 신분이 높은 이들보다는 그렇지 않은 부류들이 즐겨하는 기예였다고 할 수 있다.

양수척 출신 이의민은 수박을 잘해서 의종으로부터 총애를 받았다.

. . . . . . . . . . . . . . .

218 『高麗史』 권29, 世家29, 忠烈王 6년 5월 乙巳.
219 『高麗史』 권29, 世家29, 忠烈王 8년 5월 辛酉 ;『高麗史節要』 권20, 忠烈王 8년 5월.
220 『高麗史』 권36, 世家36, 忠惠王 후4년 11월 丙寅 ;『高麗史節要』 권25, 忠惠王 후4년 11월.
221 『高麗史』 권136, 列傳49, 辛禑 12년 5월 癸亥.
222 『高麗史』 권100, 列傳13, 杜景升.

이의민은 두경승과 달리 낮은 신분이기 때문에 꺼리지 않고 수박을 한 것으로 보인다. 이의민은 능숙한 수박 솜씨로 인해 의종의 총애를 받아, 대정에서 별장으로 승진했다.[223] 양수척 계통의 사람이 수박을 잘해 무반으로 승진하고 있음을 볼 수 있다.

의종 24년(1170) 무신에게 명해 오병수박희(五兵手搏戲)를 하게 했다.

> 왕이 보현원으로 행차하는 길에 오문(五門) 앞에 이르자 시신(侍臣)들을 불러 잔을 돌리고 술을 마셨다. 술자리가 흥겨워지자 좌우를 돌아보면서 말하기를 "훌륭하구나! 이곳은 군사들을 훈련시키기에 좋겠구나!"라고 했다. 무신(武臣)들에게 명령하여 오병수박희를 시행하도록 했다. 대개 무신들이 원망하는 줄을 알고, 후하게 베풀어 그들을 위로하기 위해서였다. 한뢰(韓賴)는 무신들이 왕의 총애를 얻을까 두려워했는데 마침내 시기심을 품었다. 대장군(大將軍) 이소응(李紹膺)은 비록 무인(武人)이었으나 야위고 힘이 약하여, 다른 사람과 수박희를 하다가 이기지 못하자 도망갔다. 한뢰가 갑자기 앞으로 나가서 이소응의 뺨을 때리니 (이소응이) 계단 아래로 떨어졌다. 왕과 여러 신하들이 손뼉을 치고 크게 웃었으며, 임종식(林宗植)과 이복기(李復基)도 이소응을 욕했다.[224]

이때 대장군 이소응은 무인이었지만 몸이 야위고 힘이 약해 어떤 사람과 수박희를 하다가 이기지 못하고 달아났다. 이때 이소응이 한뢰에게 봉변을 당한 것이다. 수박희를 하는 주체는 무신이다.

수박희에서 능력을 발휘하면 출세할 기회를 가졌다. 최충헌이 빈객

· · · · · · · · · · · · · ·
223 『高麗史』 권128, 列傳41, 叛逆2, 李義旼 ; 『高麗史節要』 권12, 明宗 3년 8월.
224 『高麗史』 권128, 列傳41, 叛逆2, 鄭仲夫 ; 『高麗史節要』 권11, 毅宗 24년 8월 丁丑.

을 불러서 잔치를 베풀고는 중방(重房)·도방(都房) 중에서 힘이 센 자들에게 수박희를 시켜, 이긴 사람을 교위(校尉)나 대정(隊正)으로 임명하여 포상했다.

（신종 5년） 최충헌이 … 한번은 빈객을 불러서 잔치를 베풀고는 중방(重房) 중에서 힘이 센 자들에게 수박희(手搏戲)를 시켜, 이긴 자를 교위나 대정으로 임명하여 포상했다.[225]

（희종 5년） 최충헌이 빈객(賓客)들을 모아 중양연(重陽宴)을 열었다. 도방의 힘이 있는 자들에게 수박(手搏)을 하도록 하고 이긴 자는 곧 교위·대정으로 임명해서 포상했다.[226]

수박희에서 이긴 자를 교위나 대정으로 승진시키고 있다. 교위·대정보다 낮은 부류가 수박을 통해 승진하는 것이다. 중방·도방 소속의 무사가 힘이 있어 수박을 잘하면 승진할 수 있었음을 보여준다.[227] 교위·대정을 제수하는 것으로 보아 더 낮은 위치에 있던 무사가 수박을 통해 승진한 것으로 보인다. 이들은 낮은 신분 출신일 가능성이 농후하다.

　탁월한 수박 능력을 양수척이 보유한 경우가 많았을 것이다. 수박을 통해 양수척이 처지를 향상시켜 갈 수 있는 기회가 있었던 것이다. 수박희가 유행하는 사회 분위기 속에서 양수척 출신이 대거 약진할 수 있었다고 여겨진다.

· · · · · · · · · · · · · ·

225 『高麗史』 권129, 列傳42, 叛逆3, 崔忠獻.
226 『高麗史節要』 권14, 熙宗 5년 9월.
227 두 자료는 같은 내용을 기록한 것으로 보이나 시차가 있다. 중방보다는 도방이 타당해 보이므로 후자의 희종 5년 자료가 사실에 부합할 것으로 보인다.

각저(씨름)란 두 사람이 샅바를 잡고 힘과 기술을 겨루어 상대를 넘어뜨리는 것으로 승부를 겨루는 우리나라의 전통 민속놀이이자 운동경기이다.[228] 씨름은 온몸을 움직여 힘과 기술을 겨루는 운동이므로 체력·기술·투지의 세 가지 조건이 요구되는 운동이다.

> 왕이 고용보(高龍普)와 함께 시가(市街)의 누각으로 나가서 격구와 각저희(角觝戲)를 구경하고, 용맹한 군사[勇士]들에게 셀 수 없이 많은 베를 내려주었다.[229]

용사(勇士)가 각저희를 잘 수행하고 있었음을 볼 수 있다. 각저에서 능력을 발휘할 수 있는 부류의 하나가 양수척이었을 것이다.

석전은 많은 사람들이 두 편으로 나뉘어 서로 돌팔매질을 하여 승부를 겨루던 놀이이다. 다치는 사람이 많이 나오는 매우 위험한 놀이였다. 석전은 전쟁에 대비한 연무(鍊武)의 뜻을 가지는 전투적 놀이, 또는 실전 연습의 놀이였다. 특히, 고려시대에는 석투반·석투군 등의 군대조직이 편성되었을 정도였고, 조선조에 들어와서는 삼포왜변 때 안동·김해 등지의 석전 선수들을 모집하여 왜인의 난동을 막기도 했다.[230]

석전의 주체로 무뢰배가 보인다. 단옷날에는 무뢰배들이 좌우로 패를 나누어 기와조각이나 돌멩이를 손에 들고 서로 공격하면서 승부를 가렸는데, 이것이 석전이었다.

. . . . . . . . . . . . . .

228  한국민족문화대백과(https://terms.naver.com/entry.naver?docId=579264&cid=46667 &categoryId=46667, 2022년 2월 10일 검색).

229 『高麗史』권36, 世家36, 忠惠王 후4년 11월 丙寅 ; 『高麗史節要』권25, 忠惠王 후4년 11월.

230  한국민족문화대백과(https://terms.naver.com/entry.naver?docId=574806&cid=46670 &categoryId=46670, 2022년 2월 6일 검색).

…나라 풍속에 단옷날에는 무뢰배[無賴之徒]들이 떼를 지어 큰 거리
에 모여서 좌우로 패를 나누어 기와조각이나 돌멩이를 손에 들고 서
로 공격하면서 때로는 몽둥이까지도 사용하여 승부를 가렸는데, 이
것을 석전이라고 한다.[231]

석전에서는 돌을 잘 던지는 것, 몽둥이를 잘 사용하는 것, 용감한 것
이 중요했다.

우왕 10년(1384) 우왕이 치암(鴟嵒)에서 석전희(石戰戲)를 구경하다가
돌을 잘 던지는 몇 명을 불러 술을 주고 또 몽둥이를 주어 그 기예를
마음껏 발휘하도록 했다.[232] 석전에서의 능력을 통해 지위를 높여갈 수
있는 여지가 있었다.

조선 초기의 기록을 보면 고려 때에 척석군(擲石軍)이 설치되었다고
한다.[233] 척석군은 석전을 능숙하게 하는 부대였다. 척석군에 들어가서
능력을 발휘하는 부류로 양수척을 들 수 있다.

백희(百戲), 잡희(雜戲)로 표현되는 각종 놀이 문화, 공연 문화에서 재
인들이 활약했는데, 그 재인의 중심은 양수척이었다. 특히 격구, 각저,
수박, 석전 등의 분야에서 두드러진 기예를 발휘할 수 있는 부류로 양수
척을 들 수 있을 것이다. 이런 백희·잡희가 성행하면 할수록 그것을 담
당할 수 있는 기예인이 필요하고, 그에 따라 양수척이 그 분야로 진출할
수 있는 기회가 확대되는 것이다. 그 영역에 탁월한 실력을 발휘하는 경우
신분을 상승시켜 갈 수 있었다. 재인·기예인의 대부분을 양수척 출신이 장
악하게 되면서 결국 재인이 곧 양수척이라는 인식이 성립하는 것이다.

· · · · · · · · · · · · · · ·

231 『高麗史』 권134, 列傳47, 辛禑 6년 5월 ; 『高麗史節要』 권31, 辛禑 6년 5월.
232 『高麗史』 권135, 列傳48, 辛禑 10년 5월.
233 『世宗實錄』 권12, 世宗 3년 5월 乙丑(4일), 2-431.

## 2. 기생의 배출

고려시기 양수척에서 많은 기생이 배출되었다. 유기장에서 기생이 공급되었다고 하는데, 유기장만이 아니라 모든 양수척에서 기생이 배출된 것으로 보인다. 물론 모든 기생이 양수척에서 기원하는 것은 아니었다. 기생의 출자(出自) 가운데 양수척이 매우 중요했다는 것이다. 기생은 자색을 갖추고 음악과 무용 분야에서 두드러진 활약을 했다. 양수척 남성이 다양한 무예·기예 분야에서 두드러진 활약을 한 것과 짝하는 일이었다.

고려시기 기생은 다양한 모습으로 여러 자료에 비교적 풍부하게 나타난다.[234] 기생은 음악과 무용의 분야에서 두드러진 활약을 하며, 말을 타고 달리는 능력을 보유한 기생도 보이는데 이들은 양수척 출신으로 판단된다. 기마 능력은 일반 여성이 보유하는 것이 쉽지 않기 때문에, 어려서부터 사냥 문화에 친숙했던 양수척 계통이 그 능력을 갖출 수 있었다. 여기서는 일반 기생에 대한 언급은 피하고 양수척과 관련되는 것으로 추정되는 기생에 한해 살펴보도록 하겠다.

조선초 재인·백정이 음악과 관련해 활동하는 모습은 종종 확인할 수 있다. 세조대 백정들이 작악개걸(作樂丐乞)하는 것이 언급되어 있다.[235] 음악을 공연하면서 구걸한다는 것이다. 많은 이들이 모여 있는 곳에서 음악을 공연해 경제적 도움을 청한다는 것이다. 노래를 부르고 악기를

· · · · · · · · · · · · · · · · ·

234 고려시기 기생에 관한 자료는 다수 확인되지만 관련 연구는 매우 미흡하다. 李慶馥, 1985, 「高麗時代 妓女의 類型考」『韓國民俗學』18 ; 金秀卿, 2008, 「고려말 악공·기녀의 위상과 음악사적 의의」『한국문화연구』15, 이화여대 한국문화연구원.
235 『世祖實錄』권3, 世祖 2년 3월 丁酉(28일), 7-121.

연주하며, 무용 등을 공연함으로써 구경꾼들로부터 일정한 경제적 도움을 받는다는 것이다. 백정이 음악의 분야에서 탁월한 능력을 보유하고 있기 때문에 가능한 일이었다. 이때 여성 백정들도 함께 했을텐데 그들은 기생으로서 필요한 소양을 갖추고 있는 것이다.

예종대 양성지의 상소에서, 양수척이 악기 연주와 노래 풍습 및 가축 도축의 일이 지금도 고쳐지지 않고 지속한다고 언급하였다.[236] 도축은 남성 양수척이 담당했을 것이고, 악기 연주와 노래 부르기는 대체로 양수척 여성이 담당했을 것이다.

조선 성종 3년(1472)에도 여러 도의 고을에서 재인, 백정이 구걸을 하면서 무리를 지어 연희를 한다는 내용이 보인다.[237] 다수가 놀이판을 벌이고 구경온 이들로부터 도움을 받는다는 것이다. 이런 구경거리 제공은 많은 사람이 모여 있는 곳에서 이루어졌을 것이다. 여기에서 언급한 놀이에는 음악과 무용이 포함되었을 것이다. 그것은 주로 여성이 담당했을 것이며, 그것은 기생으로서 갖춰야 할 중요한 소양이었다.

연산군대의 기록에서도 재인이 항상 숭례문(崇禮門) 밖에 모여서 유희(遊戲)에 종사한다고 언급했다.[238] 이들이 제공하는 유희에는 여성 담당의 음악과 무용도 있었을 것이다.

중종대에도 우희(優戲)에 종사해 거리를 횡행하면서 식량을 구걸하는 정재인(呈才人)·백정을 언급하고 있다.[239] 우희의 내용에 포함되는 노래와 춤은 기생으로서 갖춰야 할 능력이었다. 양수척의 후신인 재인·백정

..............

236 『睿宗實錄』 권6, 睿宗 1년 6월 辛巳(29일), 8-393.
237 『成宗實錄』 권14, 成宗 3년 1월 丁卯(30일), 8-629.
238 『燕山君日記』 권34, 燕山君 5년 7월 庚申(2일), 13-365.
239 『中宗實錄』 권95, 中宗 36년 5월 己亥(14일), 18-465.

여성이 음악과 무용의 소양을 갖추고 있었던 것이다.

고려사회에서도 양수척이 노래와 춤이라는 능력을 소지하고 있었기 때문에 다수의 기생을 배출할 수 있었다. 게다가 기마 능력을 보유하고 있었다. 양수척으로 추정되는 기생의 여러 예를 찾을 수 있다.

무인집권기 기생 자운선(紫雲仙), 상림홍(上林紅)은 양수척으로 보인다.

> 이전에 이지영(李至榮)이 삭주분도장군(朔州分道將軍)이었을 때, 양수척이 흥화도(興化道)와 운중도(雲中道)에 많이 살았다. 이지영이 말하기를, "너희들은 본래 부역(賦役)이 없으므로 내 기생 자운선(紫雲仙)에게 예속시키겠다."라고 하면서, 마침내 그들의 이름을 등록한 후 끊임없이 공물을 징수했다. 이지영이 죽자 최충헌이 자운선을 첩으로 삼았는데 사람 수를 계산하여 공물을 징수하기를 더욱 심하게 했다. 양수척들이 크게 원망했다. 거란군이 이르자 맞이해 항복하고 향도가 되었으므로, 거란군은 산천의 요해처와 도로의 멀고 가까움을 모두 알게 되었다. … 뒤에 양수척들이 익명서를 써서 붙이기를, "우리들은 고의로 반역한 것이 아니라, 기생 집안의 침탈을 견딜 수가 없었기 때문에 거란군에 투항하여 향도가 된 것이다. 만약 조정에서 기생들과 순천사(順天寺)의 주지를 죽인다면 창을 거꾸로 돌려서 나라를 도울 것이다."라고 했다. 최충헌이 이 말을 듣고 마침내 기생 자운선과 상림홍(上林紅)을 고향으로 돌려보냈다. 순천사 주지는 세력을 믿고 제멋대로 행동하고 기생과 함께 문란한 짓을 했는데, 이 말을 듣자 도망가 버렸다.[240]

무인집권기 자운선과 상림홍은 양수척 출신으로 추정된다. 무인집권기 이의민의 아들 이지영이 자신의 기생인 자운선을 위해 양수척의 이름을 장부에 적고 이들에게서 공물을 징수했다. 또 이지영이 제거된 뒤

---

240 『高麗史』 권129, 列傳42, 叛逆3, 崔忠獻.

최충헌이 자운선을 첩으로 삼아 양수척의 수를 헤아려 공물을 더욱 심하게 징수했다. 양수척이 크게 노해 거란병이 이르자 맞아들여 항복하고 향도가 되었다. 양수척의 불만을 들은 최충헌이 기생 자운선과 상림홍을 그들의 고향으로 돌려 보냈다.

여기에 언급한 기생 자운선이나 상림홍은 양수척 출신으로 보인다. 양수척 출신의 이의민과 연결되는 점에서도 그들이 양수척임을 알 수 있다. 양수척의 사정을 잘 알고 있었기 때문에 이들 기생이 이의민이나 최충헌에게 요청해 공물을 징수했을 것이다. 이지영과 최충헌이 편적하고 공물을 징수한 양수척은 전국의 모든 양수척이 아니라 홍화도와 운중도에 있던 양수척 가운데 일부였을 것이다.

무인집권기 최우가 총애한 기생 서련방(瑞蓮房)도 양수척 출신으로 볼 수 있을 것 같다.

> 최이는 적자(嫡子)가 없고, 총애하던 기생 서련방과의 사이에서 두 아들 만종(萬宗)과 만전(萬全)을 낳았다. 이전에 최이가 김약선(金若先)에게 병권을 넘기려고 하면서 두 아들이 변란을 일으킬까 염려하여 모두 송광사(松廣社)로 보내 머리를 깎고 선사(禪師)를 제수했다. 만종은 단속사(斷俗寺) 주지로, 만전은 쌍봉사(雙峯寺) 주지로 있으면서, 모두 무뢰배 승려들을 모아다가 문도로 삼고 오직 재물을 늘리는 것만 일삼으니, 금과 비단이 엄청나게 많았다. 경상도(慶尙道)에서 비축해둔 쌀 50여만 석을 빌려주고 이자를 받으면서 가을에 곡식이 익기 시작하면 가혹하게 징수를 독촉했기 때문에 사람들에게 남는 곡식이 없어 조세도 자주 내지 못했다. 그의 문도들은 이름난 절에 나누어 거주하면서 권세를 믿고 제멋대로 행동했으며, 안마(鞍馬)와 복식이 모두 달단(韃靼)을 모방했으며 서로 관인(官人)이라고 불렀다. 다른 사람의 처를 강간하거나 제멋대로 역말을 타고 다니면서 주현의 관리들을 업신여기기도 했다.[241]

최우는 만종과 만전의 모친인 서련방이 낮은 출신이기에 병권을 사위인 김약선에게 넘기고자 만종과 만전을 출가시킨 것이다. 만종과 만전 및 그 문도들이 달단을 모방한 것은 서련방과 관련한 듯 하다. 기생 서련방은 양수척 출신이기 때문에 달단의[242] 안마복식을 지녔을 것이며, 이것을 배운 만종과 만전이 그 흉내를 낸 것으로 추정할 수 있다. 양수척 출신의 서련방이란 기생을 통해 달단의 문화가, 여기서는 안마복식이 만종과 만전에 의해 재현되었다고 볼 수 있겠다.

고려말에 말을 타고 달리는 기생을 확인할 수 있는데, 그들은 대체로 양수척 출신으로 여겨진다. 이들이 국왕의 사냥에 동행하는 사례가 보인다. 우왕대 기생이 말을 탄 일은 종종 있었던 것으로 보인다.

(11년 5월) 우왕이 호곳(壺串)에서 사냥하다가 밀직(密直) 반복해(潘福海)에게 말을 하사했다. 그리고 환관[宦竪]에게 명령하여 길 가던 사람의 말을 빼앗은 다음 기생을 태웠는데, 이 뒤로부터 (이런 일이) 일상이 되었다.[243]

(11년 5월) 우왕이 기생 10여 명을 데리고 사냥을 나가 해풍군(海豐郡)까지 갔다가 돌아왔다.[244]

(11년 5월) 우왕이 여러 기생들을 데리고 남쪽 교외에서 사냥을 하

· · · · · · · · · · · · · ·
241 『高麗史』 권129, 列傳42, 叛逆3, 崔忠獻附 怡.
242 달단의 실체는 명확하지 않다. 그들이 보이는 문화는 중국의 華風(唐風)이나 고려의 鄕風(土風)이 아님은 분명하다. 대체로 유목·사냥을 주업으로 하는 북방 종족을 지칭할 것이다. 그런 습속을 양수척이 보유하고 있는 것이다.
243 『高麗史』 권135, 列傳48, 辛禑 11년 5월.
244 『高麗史』 권135, 列傳48, 辛禑 11년 5월.

다가 화원(花園)으로 돌아왔다. 밤에 수화희(水火戲)를 하다가 실수로 불이 나서 지붕과 처마를 태우자, 우왕이 옷을 벗어 물에 적셔서 불을 껐다.[245]

(11년 6월) 우왕이 여러 기생을 데리고 함께 나란히 말을 달리면서 동쪽 교외로 나가 사냥을 했다. 날이 저물어 돌아오는데 노래와 악기 소리가 시끄러웠으며 (우왕이) 말 위에서 직접 춤을 추었다.[246]

(12년 4월) 우왕이 호곶(壺串)에서 사냥하다가 군소배를 시켜 지나가는 사람의 말을 빼앗은 뒤 기생들을 태웠다. 그런데 비록 양부(兩府)의 관리라도 모두 아무 말도 못하고 빼앗겼다.[247]

(14년 3월) 우왕이 사냥을 나가려고, 여러 기생들을 점고했다.[248]

　기생이 말을 타기도 하고 더 나아가 국왕과 함께 말을 타고서 사냥을 하기도 했다. 기마 능력을 보유한 이들 기생은 양수척 출신으로 이해된다. 기마 능력을 보유한 기생은 우왕대에 많은 사례를 볼 수 있는데, 이들은 대체로 양수척 출신이었을 것이다.
　말을 타고 달리는 능력을 보유한 양수척 출신 기생의 구체적인 예로 개성(改成)이 찾아진다. 우왕 11년 5월, 우왕이 기생 개성과 함께 말고삐를 잡고 말을 달려 송안(宋安)의 집으로 갔다.[249] 우왕과 더불어 함께 말

· · · · · · · · · · · · · ·

245 『高麗史』 권135, 列傳48, 辛禑 11년 5월 ;『高麗史節要』 권32, 辛禑 11년 5월.
246 『高麗史』 권135, 列傳48, 辛禑 11년 6월.
247 『高麗史』 권136, 列傳49, 辛禑 12년 4월.
248 『高麗史』 권137, 列傳50, 辛禑 14년 3월.
249 『高麗史』 권135, 列傳48, 辛禑 11년 5월.

을 타고 달린 기생 개성은[250] 양수척 출신이 분명해 보인다. 기생 개성은 특별 대우를 받았다. 우왕 11년 6월 우왕이 기생 개성을 총애하여 이인임(李仁任)·임견미(林堅味)에게 부탁하자, 이인임은 쌀과 콩 각 5석, 임견미는 쌀과 콩 각 10석을 개성에게 주었다.[251]

세류지(細柳枝)란 기생도 이름에서 양수척과 연결될 가능성이 크다. 기생의 이름이 가는 버드나무 가지인 것이다. 유기장(柳器匠) 출신이기 때문에 그런 칭호를 가진 것으로 보인다. 우왕 12년 4월 국왕이 기생 세류지의 집에 간 일이 있다.[252] 우왕 13년 11월에도 국왕이 여러 기생을 거느리고 세류지의 집에 간 것이 확인된다.[253] 세류지라는 기생은 양수척 출신임이 분명해 보인다.

활을 차고 기마 능력을 보유한 기생 연쌍비(燕雙飛) 역시 전형적인 양수척 출신으로 보인다. 우왕 12년 12월, 우왕이 기생 연쌍비를 시켜 활을 차고 피리를 불게 한 뒤에 용이 수놓인 옷을 입히고 함께 말을 타고 다녔다. 연쌍비라는 기생은 기사(騎射) 능력을 갖추고 있는 데서 알 수 있듯이 양수척 출신이 분명하다. 게다가 피리를 부는 연주 실력을 갖추고 있었다.

연쌍비는 상당한 기마 능력을 보유한 기생이었음은 여러 자료에서 확인된다. 우왕 13년 2월 국왕이 동강에 있는 이인임 별장에서 출발해

. . . . . . . . . . . . . . .

250 개성이란 기생은 원래 密城의 기생이었는데(『高麗史』 권135, 列傳48, 辛禑 11년 8월), 개경 중앙의 기생으로 활약하고 있는 것이다. 양수척 출신의 기생이 처음부터 중앙 정부나 왕실의 기생으로 등장한 것이 아니라 지방의 기생이 되었다가 중앙으로 진출하는 경우가 있었음을 알 수 있다.
251 『高麗史』 권135, 列傳48, 辛禑 11년 6월.
252 『高麗史』 권136, 列傳49, 辛禑 12년 4월
253 『高麗史』 권136, 列傳49, 辛禑 13년 11월.

연쌍비와 함께 말을 달려 개경에 들어오면서 길에서 다른 사람의 갓을 빼앗아 과녁으로 삼고는 말을 달리면서 화살을 쏘았다. 우왕은 또 연쌍비를 데리고 나란히 말을 달리면서 다야점(多也岾)에 갔는데, 날마다 일상이 되어 갔다.[254] 연쌍비는 대단한 기마 능력을 보유한 기생이었다. 양수척 출신이기 때문에 이런 능력을 보유할 수 있었던 것이다. 우왕 14년 2월 기생 연쌍비를 명순옹주(明順翁主)로 삼았으며, 말 2필을 사여했다.[255] 기생 연쌍비가 기마 능력을 보유하고 있어서 말을 사여한 것이다. 우왕이 왕위에서 내려와 강화도에 쫓겨갈 때 연쌍비는 영비(寧妃)와 함께 국왕과 동행했다.[256]

고려시기 양수척 출신으로 추정되는 기생의 사례는 적지 않았다. 위에서 살핀 사례보다 훨씬 많은 수의 기생이 양수척 출신이었을 것이다. 이렇게 본다면 양수척에서 기생이 배출되었다고 함은 사실에 부합하는 기술이라 하겠다. 고려시기 다수의 기생을 확인할 수 있는데, 그들이 모두 양수척 출신인 것은 물론 아니었다. 그렇지만 기마 능력을 보유한 기생은 양수척 출신임이 거의 분명하다. 양수척 출신의 일부 기생은 국왕이나 권세가의 총애를 받아 신분을 상승시킬 수 있었지만 대부분의 기생은 천예의 신분에 머물렀을 것이다.

254 『高麗史』 권136, 列傳49, 辛禑 13년 2월 ; 『高麗史節要』 권32, 辛禑 13년 2월.
255 『高麗史』 권137, 列傳50, 辛禑 14년 2월.
256 『高麗史節要』 권137, 列傳50, 辛禑 14년 6월 庚戌.

# 제8장 생활 습속과 호풍(胡風) 문화

## 1. 생활 습속

양수척은 사냥을 주된 생업으로 하기 때문에 사냥하기 좋은 지점에 살았다. 농사짓는 이들이 모여 있는 촌락과 격리된 산속에서 생활하는 것이 보통이었다. 이들은 사냥을 하면서 산에서 여러 식료를 확보해 생존했을 것이다. 사냥한 야생동물을 식료로 활용하고 산에서 다양한 식물성 식료도 마련했다.

고려말 화척(禾尺)·재인(才人)이 '상취산곡(相聚山谷)'한다고 지적하고 있다.[257] 사냥을 주업으로 하고 있기 때문에 양수척은 산곡에 모여살고 있었던 것이다. 조선초 농촌에 들어와 정착된 삶을 살도록 권장한 뒤에도 여전히 산곡에 사는 수가 많았다. 재인·화척 등이 '둔취유거(屯聚幽居)'한다거나[258] '독처산곡(獨處山谷)'한다는[259] 표현이 보이고, 또 백정이 본래 거처하는 집이 없이 '산둔야처(山屯野處)'한다고[260] 했다. 그리고 '둔취무인지지(屯聚無人之地)'라는[261] 표현도 보인다. 다른 사람과 격리된

. . . . . . . . . . . . . . .

257 『高麗史』 권84, 志38, 刑法1, 戶婚, 辛禑 14년 8월 ; 『高麗史節要』 권33, 辛禑 14년 8월.
258 『世宗實錄』 권97, 世宗 24년 8월 癸巳(6일), 4-427.
259 『世祖實錄』 권3, 世祖 2년 3월 丁酉(28일), 7-121.
260 『成宗實錄』 권33, 成宗 4년 8월 戊辰(9일), 9-51.

산곡에 살았던 것이다.

산곡만이 아니라 포택(浦澤)에서도 생활했다. 유기를 제작하거나 물고기를 잡으려면 물가의 생활이 편리했다. 시가대(屍加大) 무리 역시 사냥과 물고기 잡이를 겸하고 있다.[262] 유기장(柳器匠)이 포택에서 생활한다는 후대의 기록은[263] 그들의 거주지를 이해할 때 참고할 가치가 있다.

사냥을 주업으로 하기 때문에 야생동물을 찾아 이동하면서 떠돌이 생활을 하는 것은 당연해 보인다. 항산(恒産)이 없기 때문에 이들은 편리한 삶의 조건을 찾아 이동생활을 할 수밖에 없는 것이다. 수척·재인이 농경에 종사하지 않고 '무항산이무항심(無恒産而無恒心)'했다는[264] 것인데, 곧 농사를 짓지 않기 때문에 항산이 없고 항심도 없는 것이다. 사냥을 주업으로 하면서 떠돌이 생활을 하는 것이다. 조선시기에도 그런 삶이 이어지는 경우가 있었다. 전라도 각 고을의 재인이 '무항산무정거(無恒産無定居)'한다는 것이[265] 그것이다. 항산이 없어 정해진 주거가 없다는 것이다. 떠돌이 생활이 양수척 삶의 기본 모습이었던 것이다.

이러한 이동생활은 당시 사회의 주류인 정주민에게는 부담을 주게 되었다. 정주민과 끊임없이 갈등할 소지가 있는 것이다. 이들은 이동생활을 하면서 전국 각지의 산천형세를 파악하고 있었다. 특히 산의 형세를 잘 알고 있었을 것이다. 거란의 침입 시에 이들이 향도 역할을 하는 것은[266] 이처럼 산천 형세에 대한 상세한 정보를 지니고 있었기 때문이

· · · · · · · · · · · · · ·

261 『成宗實錄』 권69, 成宗 7년 7월 己未(18일), 9-359.
262 『高麗史』 권26, 世家26, 元宗 5년 5월.
263 『肅宗實錄』 권4, 肅宗 1년 9월 辛亥(26일), 38-303.
264 『高麗史節要』 권33, 辛禑 14년 8월.
265 『中宗實錄』 권21, 中宗 9년 12월 甲辰(16일), 15-48.
266 『高麗史』 권129, 列傳42, 叛逆3, 崔忠獻 ; 『高麗史節要』 권14, 高宗 3년 9월 ;

었다.

양수척은 소수가 고립되어 사는 것이 아니라 일정한 규모로 무리지어 살고 있었다. 무리를 이루고 있어야 사냥하기에 편리하고 생존을 위한 여러 수단을 확보할 수 있기 때문이었다. 화척과 재인이 '상취산곡(相聚山谷)'이라고[267] 하는 것이 그것이다. 또 조선초에도 그런 삶의 모습은 이어지고 있었다. '자상둔취(自相屯聚)',[268] "재인화척등둔취유거(才人禾尺等屯聚幽居)"라는[269] 언급이 그것이다. 상취(相聚)·둔취(屯聚)는 그들이 모여 삶을 표현하는 것이다. 고려말 양수척이 왜구를 가탁해 주변을 침략했을 경우 그 무리가 수십 명 이상이 된다. 양수척은 적어도 수십 명 단위로 무리지어 살고 있었던 것으로 볼 수 있다.

우왕 8년(1382) 화척이 무리지어 왜적이라 사칭하고서 영해군(寧海郡) 혹은 영월군(寧越郡)을 침입해 관청과 민호를 불태운 일이 있었는데 관원을 보내 잡도록 했다. 이때 판밀직 임성미 등은 포로 남녀 50여 인, 말 200필을 바쳤다.[270] 화척의 무리가 50여 명, 그리고 그들이 보유한 말이 200필에 달했음을 확인할 수 있다. 잡힌 무리가 그 정도였으므로 도망친 이들까지 합하면 실제는 규모가 더 컸을 가능성이 있다. 같은 달에 서해도안렴사(西海道按廉使) 이무(李茂)가 포획한 수척(水尺) 30여 인과 말 100필을 바쳤다.[271] 양수척의 규모가 30여 인에 이르고 그들이 보유한 말이 100필이 됨을 알 수 있다.

· · · · · · · · · · · · · ·

『高麗史節要』 권15, 高宗 4년 3월.
267 『高麗史』 권84, 志38, 刑法1, 戶婚, 辛禑 14년 8월.
268 『世祖實錄』 권3, 世祖 2년 3월 丁酉(28일), 7-121.
269 『世宗實錄』 권97, 世宗 24년 8월 癸巳(6일), 4-427.
270 『高麗史』 권134, 列傳47, 辛禑 8년 4월 ; 『高麗史節要』 권31, 辛禑 8년 4월.
271 『高麗史節要』 권31, 辛禑 8년 4월.

우왕 9년 6월 교주강릉도에서 화척과 재인이 왜적을 사칭하고서 여러 고을을 약탈했을 때 원수 김입견(金立堅), 체찰사 최공철(崔公哲)이 50여 인을 참했다.[272] 무리지어 다니는 화척과 재인이 50명을 상회한 것을 알 수 있다. 이렇듯이 왜구를 가탁해 활동하는 양수척의 규모는 수십 명이었다. 아마 이들은 평소에도 수십 명 단위로 함께 살면서 이동생활을 한 것으로 보인다.

정주 사회와 분리된 삶을 살아가기 때문에 이들은 자신들끼리 혼인할 수밖에 없었다. 정주민들이 이들과 혼인을 꺼려하는 것도 중요한 이유였다. 이들의 혼인을 '자상혼가(自相婚嫁)'[273]·'자상혼취(自相婚娶)'라고[274] 표현했다.

양수척은 전국 곳곳에 분포하고 있었던 것으로 보인다. 무인집권기 무렵 양수척은 흥화도(興化道)·운중도(雲中道)에 다수 분포하고 있었다.[275] 공민왕 5년(1356) 양광도와 전라도에 사신을 보내 화척과 재인을 추쇄해 서북면 수졸(戍卒)에 충당했다.[276] 우왕대 화척·수척·재인이 왜구에 가탁해 주변을 침범한 지역으로 영해군(寧海郡, 혹은 寧越郡),[277] 서해도,[278] 교주강릉도가 보인다.[279] 또 조준(趙浚)은 다른 지역보다 서북면에서 달단화척이 소 도축을 심하게 하고 있다고 언급했다.[280] 양수척은

· · · · · · · · · · · · · · ·

272 『高麗史』 권135, 列傳48, 辛禑 9년 6월 ; 『高麗史節要』 권32, 辛禑 9년 6월.
273 『世祖實錄』 권3, 世祖 2년 3월 丁酉(28일), 7-121 ; 『成宗實錄』 권222, 成宗 19년 11월 庚午(11일), 11-399.
274 『世祖實錄』 권3, 世祖 2년 3월 丁酉(28일). 7-121.
275 『高麗史』 권129, 列傳42, 叛逆3, 崔忠獻 ; 『高麗史節要』 권14, 高宗 3년 9월.
276 『高麗史』 권39, 世家39, 恭愍王 5년 9월 庚辰.
277 『高麗史』 권134, 列傳47, 辛禑 8년 4월 ; 『高麗史節要』 권31, 辛禑 8년 4월.
278 『高麗史節要』 권31, 辛禑 8년 4월 ; 『高麗史節要』 권31, 辛禑 8년 4월.
279 『高麗史』 권135, 列傳48, 辛禑 9년 6월 ; 『高麗史節要』 권32, 辛禑 9년 6월.

전국 도처에 분포하고 있었음을 확인할 수 있다. 그렇지만 사냥에 유리한 북방에 더 많을 소지가 있다. 이들이 정주 사회 내로 편입되는 경우 전국 도처가 정착 지점이 될 수 있었다.

이들은 떠돌이 생활을 하면서 여러 지역에 흩어져 있는 양수척끼리 상호 연결망을 구축하고 있었을 것이다. 그것은 조선초 '친척인당연면팔도(親戚姻黨連綿八道)'한다는[281] 데에서 알 수 있다. 고려시기에도 그런 연결망이 굳건히 형성되었을 가능성이 크다.

이들은 떠돌이 생활을 하기 때문에 국가에서 그 인구수를 파악하기 힘들었다. 정주 생활을 해야 파악한 뒤 문적을 만드는 것이 가능하겠지만 이들은 떠돌이 생활을 하므로 그럴 수 없었다. 이들을 파악해 적을 만들고 나아가 이들에게 부세를 부담토록 하는 것은 이들의 불만을 야기하는 것이다. 이지영이 양수척을 파악하고 문적을 작성해 이들에게 공물 부담을 지우자 크게 반발한 것이[282] 그것을 잘 말해 준다. 양수척이 떠돌이 생활을 하고 경제력이 여의치 못했으므로 이들에게 공물을 부담토록 한 것은 큰 저항을 불러 일으키는 일이었다.[283]

이들의 삶은 매우 열악한 것일 수밖에 없다. 사냥을 통한 먹거리 확보는 안정성도 떨어지고 그 양도 풍부하기 어려운 것이다. 그렇기 때문에 정주 사회와 끊임없이 접촉하지 않을 수 없었다. 그리고 정주 사회의

· · · · · · · · · · · · · ·

280 『高麗史』 권118, 列傳31, 趙浚.
281 『世祖實錄』 권3, 世祖 2년 3월 丁酉(28일). 7-121.
282 『高麗史』 권129, 列傳42, 叛逆3, 崔忠獻.
283 국가에서는 떠돌이 생활을 하는 양수척을 호적에 등재해 부세를 부담지우려고 부단히 시도했을 것이다. 양수척은 여기에서 벗어나고자 했겠지만 특정지역의 양수척이나 일부 양수척은 점차 국가에서 파악해 부담을 지워갔던 것으로 여겨진다. 그 전제로 생활 터전을 안정시켜 정주민으로 만드는 것이 중요했다.

생산성이 높아져 가면 갈수록 사냥을 주업으로 하는 양수척은 생존에서 상대적으로 크게 불리할 수밖에 없었다. 양수척이 정주민과 접촉하거나 혹은 정주민으로 전화하는 것은 불가피한 일이었다. 국가도 이들을 정주민으로 유도하는 정책을 추진하게 되는 것이다.


## 2. 호풍 문화 주도

양수척은 정주민·정주 사회와 색다른 생활 습속을 보여서, 유교·불교의 교설과 거리가 먼 생활을 했으며, 또 향풍(鄕風, 土風)·화풍(華風, 唐風)과도 상이한 문화를 보였다. 그것은 호풍(胡風) 문화라고 할 수 있겠다. 고려시기 호풍 문화를 주도한 중심층은 양수척으로 보인다. 물론 호풍의 구체적 내용은 다양하며, 그 계통이 하나가 아닌 것은 분명하다. 향풍이나 화풍과 다를 경우 북방 민족의 문화라 칭하면서 호풍으로 부르는 것이었다. 호풍 문화는 유목민·사냥꾼이 주도하는 문화로서 북방 문화와 친연성이 높았기 때문에 그렇게 불렸던 것으로 이해된다.

고려시기는 흥에 겨운 놀이 문화가 크게 성행했다. 정제된 격식을 갖춘 의례보다는 그야말로 즐기기 위한 연희 문화가 발달했다. 각종 연희 문화를 이끌어 간 부류가 기생과 재인이었던 것이다. 이들은 향풍이나 화풍과 구분되는 호풍의 문화를 보였다. 호악(胡樂), 호가(胡歌), 호무(胡舞), 호적(胡笛), 호복(胡服)이 그것을 상징했다. 그것은 달단의 문화와 일맥 상통하는 것이기도 했다. 정제되지 않고 투박한, 상무적인 분위기가 물씬 풍기는 것으로 추정된다.

고려전기에는 기예인으로 양수척이 크게 진출한 것으로 보이지 않는다. 놀이 문화가 거칠어질수록, 위험 부담이 클수록 양수척 출신이 활약할 소지가 많아진다. 전기에는 격한 놀이가 별로 보이지 않고 또 놀이 문화가 성행하지 않았지만, 무인집권기 이후 격렬한 놀이 문화가 확대되면서 양수척이 재인으로서 참여하는 것이 증가되었다. 그리하여 고려 후기 재인은 양수척이 전담하는 것으로 발전해 갔다. 양수척 출신의 기생이 호악을 전담하고, 양수척 출신의 재인이 각종 놀이 문화에서 호풍의 기예를 발휘한 것이다.

양수척 출신의 기생과 재인이 중앙에서 크게 활약하면서 사회의 분위기·풍조도 바뀌었다. 향풍이나 화풍으로 표현되는 것과 다른 새로운 문화 요소가 크게 확대되었다. 그것은 우리의 농업문명에 기반한 토풍이나 향풍과 상이한 문화였으며, 중국의 전통적인 문화와도 크게 다른 것이었고, 목축이나 사냥을 하는 부류의 집단에서 볼 수 있는 문화였다. 정주 생활을 하지 않고 이동하는 생활을 하기 때문에 의식주에서 농경 문화를 전제로 하는 향풍이나 화풍과 상이한 모습을 보였다. 또한 예능의 분야에서도 북방 민족에게서 확인할 수 있는 색다른 모습을 보였다.

우리 문화 요소에 그런 측면이 늘상 있었던 것이지만, 양수척 출신이 활발하게 진출함으로써 그 문화 요소가 확대되고 증폭되었으며, 또 원 간섭기 유목민족의 문화가 대거 밀려 오면서 호풍은 더욱 확대되었다. 호풍이라 할지라도 동일하거나 단일한 것은 물론 아니었을 것이다. 그러나 이동 생활을 하고 가축을 키우거나 사냥을 하는 것을 공통분모로 하고 있어 호풍 사이에 상호 유사한 측면이 많았다. 호풍은 무인집권기에 확대되기 시작해 원 간섭기에 대대적으로 성행하는 양상을 띠었다.[284] 양수척이 기생이나 기예인으로서 활동하는 것이 증대되는 것과

. . . . . . . . . . . . . . .

284 호풍 문화에 대해서는 넓은 시각에서 다양한 측면을 검토하는 것이 향후 과제이다.

짝하는 현상이었다.

고려시기 호풍 문화는 몽골·원과 관계를 맺기 이전부터 성행한 것으로 보인다. 무인집권기 호한잡희(胡漢雜戲)에 대한 언급이 보인다.

> (희종) 4년(1208), 왕이 최이(崔怡)의 집으로 거처를 옮기자, 최충헌이 어가(御駕)을 영접하고 활동(闊洞)의 자기 집에서 왕의 장수를 기원하는 잔치를 열었다. 제왕(諸王)과 재추들이 모두 참석했으며 다음날에야 잔치가 끝났다. 수놓은 비단으로 만든 채붕(綵棚)과 북방·중국의 각종 놀이[胡漢雜戲]가 매우 사치스럽고 기이했다.[285]

최충헌이 어가를 영접하고 활동의 자기 집에서 왕의 장수를 기원하는 잔치를 열었을 때, 북방·중국의 각종 놀이가 매우 사치스럽고 기이했다. 중국 풍의 놀이도 보이지만 북방[胡]의 놀이도 연출되고 있는 것이다. 호풍의 잡희는 유목민족 혹은 사냥족의 그것을 의미하는 것으로 이해된다. 양수척 출신이 공연에 참여했을 가능성이 높다.

달단풍(韃靼風)의 문화도 호풍의 일종으로 볼 수 있을 것이다. 고종 16년(1229) 도방·마별초와 관련해 달단이 언급되었다.

> 최우(崔瑀)가 자기 집에서 재추에게 잔치를 베풀고, 구정에 나아가 도방과 마별초가 격구하고 창을 놀리며 말타고 활쏘는 것을 구경했다. 안마(鞍馬)·의복·활·화살은 서로 화려함을 과시하기에 힘썼으며 다투어 달단의 풍속을 본받았다.[286]

격구하고 창을 놀리며 말타고 활을 쏘는 도방과 마별초의 안마·의

· · · · · · · · · · · · · · ·

285 『高麗史』 권129, 列傳42, 叛逆3, 崔忠獻 ; 『高麗史節要』 권14, 熙宗 4년 2월.
286 『高麗史節要』 권15, 高宗 16년 10월.

복·활·화살(鞍馬衣服弓矢)이 모두 달단의 풍속을 본받았다는 것이다. 달단은 유목민·사냥꾼인 북방 민족을 막연하게 가리키는 것으로 보인다. 이들은 유목이나 사냥을 하면서 이동생활을 하고 있어, 사냥꾼인 양수척과 친연 관계를 갖는 문화를 가진 것으로 보인다. 안마·의복·활과 화살은 기마 생활을 위주로 하는 사람에게서 볼 수 있는 것이었을 것이다. 의복은 말 타기 편리한 것이었고, 활과 화살도 민첩성을 발휘할 수 있도록 작았을 것이며, 안마 역시 기사(騎射)에 편리한 것이었을 것이다. 이런 모습은 향풍이나 화풍과 매우 상이한 것이었다.

양수척이 달단과 문화적 친연성을 갖고 있기 때문에 달단이라고도 하는 것이다. 도방과 마별초가 달단의 문화요소를 많이 따르고 있는 것이다. 이 시기 양수척이 대거 무사로 진출했기 때문에 그들의 안마·의복·궁시가 도방과 마별초에 영향을 주었을 가능성이 커 보인다. 이런 달단풍 문화의 주도에서 양수척이 중요한 몫을 담당했을 것이다.

무인집권기 만종과 만전의 문도들도 달단의 모습을 본받았다고 한다. 최우와 기생 서련방(瑞蓮房)의 소생인 만종과 만전은 출가하여 승려가 되었는데 무뢰승(無賴僧)을 모아 문도로 삼고, 재물 늘리는 것을 일로 삼았다. 그의 문도들이 세력을 믿고 횡행했는데, "안마와 복식(服飾)을 모두 달단을 모방했다."고 언급했다.[287] 안장을 한 말, 복식이 달단을 본받았다는 것이다. 중앙의 통제에서 벗어나자 이들은 어린 시절 모친 기생 서련방에 의해 친숙해진 생활문화를 재현하고 있는 것으로 판단된다. 여기의 달단풍은 몽골풍이 아니고 북방 문화 계통일텐데 아마도 양수척 풍속일 것이다. 달단은 결국 유목민 혹은 사냥꾼의 삶을 살고 있었기 때문에 이동생활을 하고, 따라서 말을 풍부하게 보유하고 복식도 말타기

. . . . . . . . . . . . . . .

287 『高麗史』 권129, 列傳42, 叛逆3, 崔忠獻附 怡.

에 편리한 것이어야 했다. 안마와 복식이 향풍이나 화풍과 다를 수밖에 없었다. 그것은 사냥꾼인 양수척의 문화와 일맥상통하는 것이다.

양수척이 주도하는 문화는 토착적인 문화와 다른 것이었으며, 중국의 문화(당풍, 화풍)와도 크게 다른 것이었다. 사냥꾼 문화이기 때문에 북방의 유목민의 습속과 유사한 측면이 없지 않았다. 그렇기 때문에 양수척이 주도하는 문화는 통칭 달단 문화 혹은 호풍으로 표현되었다. 호풍의 문화가 모두 양수척 문화를 지칭하는 것은 아니지만 많은 경우 양수척 문화를 가리키는 것으로 볼 수 있을 것이다.


## 3. 정주 사회와의 교섭

양수척은 정주 사회와 늘 접촉하지 않을 수 없었다. 사냥한 야생동물을 처분하기 위해, 부족한 식량을 확보하기 위해 정주 사회와 교섭해야 했다. 때로는 정주민으로 변신하기도 했다. 도축업을 하는 것이나 무사·재인·기생으로 진출하는 것이 그것이었다.

한편 정주민도 유리하게 되면 산곡에 들어가 양수척과 비슷한 생활을 하게 되는 수가 많았다. 고려 밖에서 들어온 거란족이나 여진족도 고려 국내에서 정착하지 못하고 사냥에 종사하게 되면 이들도 양수척으로 지칭되었을 것이다. 고려시기에는 고려 밖에서 다수의 거란인·여진인·몽골인들이 고려에 들어와 정착해 귀화인이 되었다.[288] 대다수는 정주민

...............

288 고려시기 다수의 귀화인이 있었음은 다음의 논저가 소상하게 밝혔다. 朴玉杰, 1996, 『高麗時代의 歸化人 研究』, 國學資料院 ; 朴玉杰, 2002, 「高麗의 歸化人 同化策 - 특히 居住地와 歸化 姓氏의 貫鄉을 중심으로 - 」『江原史學』 17·18 합집, 江原大 史學會 ; 박옥걸, 2004, 「고려시대 귀화인의 역할과 영향 - 기술

으로서의 삶을 살았지만 일부는 사냥을 주업으로 삼은 이들도 있었다. 이런 사냥꾼도 양수척으로 지칭되었을 것이다.

양수척은 정주 사회 내에 끊임없이 편입되고, 반면 정주민은 끊임없이 양수척을 공급했던 것이다. 정주 사회의 경제생활이 크게 향상되어 감에 따라 사냥 중심의 양수척 삶은 축소되지 않을 수 없는 것이다. 농업과 사냥이 생업으로서 갖는 안정성의 격차는 시기가 지날수록 커질 수밖에 없었다. 또 농지개간이 진행됨에 따라 산림이 훼손되기 때문에 야생동물 개체수가 감소해 사냥이 생업으로서 갖는 안정성이 크게 떨어져갔다.[289] 결국 양수척은 정착민으로 전화되지 않을 수 없었다.

양수척이 정주 사회로 편입되는 일이 흔했지만, 반대로 정주민이 양수척으로 전화되는 경우도 적지 않았을 것이다. 유망민이 되면 정주 사회 안에서 떠돌기도 했지만 일부는 산곡에 들어가 사냥을 하면서 생존하는 방법을 택하기도 했다. 시가대(屎加大)의 경우가 이를 잘 보여준다. 원종대 횡천현의 백성 시가대가 아들 8명과 사위 1명 및 가족과 함께 산골짜기에 거주하면서 물고기 잡고 사냥해 먹고살았다.

이 달에 횡천현(橫川縣)에서 도적떼가 일어나 횡천현과 홍천현(洪川縣)의 백성 30여 인을 살해했다. 앞서 횡천현의 백성 시가대가 아들 8명 및 사위 1명과 산골짜기에 거주하면서 9명이 물고기를 잡고 사냥하여 먹고살았다. 홍천과 횡천 사람들이 그들을 질시하여 도(道)를 순행하는 야별초(夜別抄) 지휘에게 체포해달라고 고발하자, (야별초

--------------

적, 문화적 측면을 중심으로 - 」『白山學報』70 ; 배숙희, 2017, 「13~14세기 歸化人의 유형과 고려로 이주」『歷史學報』233.
289 조선시기 야생동물의 감소에 대한 시론적 추론은 이병희, 2020, 「조선시기 동물의 수적 변동과 그 의미」『청람사학』32 참조.

가) 그 집에 도착해보니 마침 9명은 사냥하러 나갔으므로 부모와 처자만을 붙잡아 모두 죽였다. 그러자 9명이 복수하기 위해 봉기하여 도둑이 되었다.[290]

시가대 등이 유망민으로 산골짜기에 거주하면서 사냥하고 물고기를 잡아 생활하는 모습은 양수척의 그것과 동일하다. 시가대의 경우 아들과 사위 및 그들의 부모 처자가 산골짜기에서 무리를 이루어 생활하고 있었던 것이다.[291] 유망민이 사냥으로 살아가면 그것이 곧 양수척의 삶이 되는 것이다. 이런 방식으로 유망민에서 양수척으로 전화되는 이들 역시 상당했을 것이다. 양수척은 유망민으로 계속 충원되었으므로 고정된 존재가 아니었다.

유망민에서 일부가 양수척으로 전화되는 일은 종종 발생했다. 포민(逋民)은 도망민을 뜻하는데, 이들은 국가의 부담에서 이탈해 달아난 유망민이었다. 이들의 삶의 방식의 하나가 사냥이었을 것이다.

처음에 윤수 등이 여러 도의 응방을 나누어 관할하면서 포민들을 불러 모아 이리간(伊里干)이라고 불렀다. 이리간은 중국말[華言]로 취락을 의미했다. 안찰사(按察使)와 주목(州牧), 군수(郡守)가 조금이라도 그 뜻을 거스르면 반드시 참소하여 죄를 주었으므로 이리간 사람들이 마음대로 양민들에게 해를 끼쳐도 누구도 감히 어찌할 수가 없었다.[292]

· · · · · · · · · · · · · · ·

290 『高麗史』 권26, 世家26, 元宗 5년 5월.
291 시가대 일족과 횡천현·홍천현 백성 사이에 상당한 갈등이 있었음을 알 수 있다. 유망민 나아가 양수척과 정주민 사이에 긴장 관계가 있었음을 엿볼 수 있다.
292 『高麗史節要』 권20, 忠烈王 5년 3월.

충렬왕 대에 응방에서 유망한 이들을 불러모아 이리간이라 불렀는데, 이리간은 매의 포획, 사육, 조련을 담당했을 것이다. 포민이 양수척과 같이 사냥을 업으로 했으므로 이들을 모아 매의 포획에 종사시킬 수 있었다. 유망민·포민이 사냥을 업으로 살아갔음을 알 수 있다.

유민을 가급적 정주민으로 되돌리려는 노력은 늘상 전개되었다. 정주민이 되어야 국가에서 파악할 수 있고 부세를 부담지울 수 있는 것이다. 또 사회의 안전성을 높이고 치안도 강화할 수 있었다. 정주민이 아니라면 파악이 안 되고 따라서 부세를 부과할 수 없는 것이었다. 국가와 사회 체제의 안정을 위해서는 그런 노력이 매우 중요했다. 이미 태조 2년(919) 오산성(烏山城)을 예산현(禮山縣)으로 고치고 홍유(洪儒)와 애선(哀宣)을 보내 유민(流民) 500여 호를 안집시켰다.[293] 아마 토지를 지급하고 가옥을 조성토록 하는 일이 동반되었을 것이다. 유민들을 정주민으로 전환시키고 그들을 호적에 등록해 부세를 부담토록 하는 것은 고려 국가의 일관된 정책이었다.

예종 원년(1104) 서해도 유주(儒州)·안악(安岳)·장연(長淵) 등의 현에서 사람들이 유망해 감무관을 파견해 안무했더니 유민이 점차 돌아오고 산업이 날로 성행했다고 하면서, 지금 우봉(牛峯)·토산(兎山) 등 24현의 사람들이 또 유망하니 감무를 두어 초무토록 했다.[294] 유민층은 일시적으로 삶의 근거지를 이탈했다가 대부분은 원래의 터전으로 복귀했을 것이다.

유민들은 국가에서 가급적 파악해 문적에 등록하고자 했다. 충렬왕 4년(1278) 조인규(趙仁規)·인후(印侯)를 경상도에 보내 유민을 수괄해 부

---

293 『高麗史』 권92, 列傳5, 洪儒 ; 『高麗史節要』 권1, 太祖 2년 8월.
294 『高麗史』 권12, 世家12, 睿宗 1년 4월 ; 『高麗史節要』 권7, 睿宗 1년 4월.

적(附籍)토록 한 것이 그것이다.[295] 끊임없이 발생하는 유민을 안집시키고 파악하는 것은 국가의 중요한 정책이었다. 그렇지만 그것이 용이한 일은 아니었을 것이다. 떠돌이 생활을 하는 양수척에 대해서도 국가에서는 문적에 등록하려고 했겠지만 여의치 않았을 것이다.

유망은 다양한 요인에 의해 발생했다. 중요한 요인은 지방관의 학정, 부세제 운영의 불합리, 외적의 침입, 자연재해 등이었다. 궁예의 학정으로 인한 민의 유망이 보이며,[296] 지방관의 학정·침학으로 인한 유망도 확인된다.[297] 자연재해인 홍수도 유망의 중요한 원인이었다.[298] 권세가의 부세 거부로 인해 그것이 아래 계층으로 전가되면서 그들이 유망하는 예도 보인다.[299] 전쟁으로 인한 유망은 매우 흔했다. 고종대 거란 유종의 침입으로 인한 유망이 있었으며,[300] 몽골과의 전쟁으로 인한 유망은 극히 심각했다.[301] 왜구의 침입으로 인한 민의 유망도 보인다.[302]

학정, 지방관의 횡포, 전쟁, 자연재해로 인해 유망은 항상적으로 발생

. . . . . . . . . . . . . .

295 『高麗史』 권28, 世家28, 忠烈王 4년 10월 癸丑.
296 『高麗史』 권78, 志32, 食貨1, 田制, 租稅 太祖 1년 7월 ; 『高麗史節要』 권1, 太祖 1년 7월.
297 『高麗史』 권75, 志29, 選擧3, 銓注, 凡選用監司, 明宗 18년 3월 ; 『高麗史節要』 권7, 肅宗 10년 12월.
298 『高麗史』 권80, 志34, 食貨3, 賑恤, 高宗 12년 3월 ; 『高麗史節要』 권15, 高宗 12년 3월.
299 『高麗史』 권78, 志32, 食貨1, 田制, 租稅, 忠肅王 5년 5월.
300 『高麗史』 권129, 列傳42, 叛逆3, 崔忠獻附 怡 ; 『高麗史節要』 권15, 高宗 8년 윤12월.
301 『高麗史』 권78, 志32, 食貨1, 田制, 經理, 高宗 43년 12월 ; 『高麗史』 권106, 列傳19, 朱悅 ; 『高麗史節要』 권17, 高宗 43년 12월 ; 『高麗史節要』 권21, 忠烈王 18년 10월.
302 『高麗史』 권104, 列傳17, 金方慶附 九容.

했다. 원래의 터전으로 복귀하는 유민이 많았겠지만 일부의 유망민들은 떠돌다가 산곡으로 흘러들어가 생존의 방법을 찾기도 했다. 이 때 생존을 위해 사냥에 나서지 않을 수 없었다. 사냥을 지속적으로 전개하면서 정주 사회와 거리를 둔 생활을 하면 곧 양수척으로 분류되는 것이다. 양수척은 이렇듯이 끊임없이 새로이 공급되는 것이다. 외부에서 들어온 이민족 역시 정주하지 못하고 사냥에 종사하는 수가 많았는데, 이들도 양수척으로 지칭되었을 것이다. 양수척이 부단히 정주민으로 전환되어 갔지만, 다른 한편으로 새로이 공급되는 일도 있었다. 양수척은 고정되지 않고 끊임없이 요동치는 존재였던 것이다.

# 제9장 조선초 정주민화와 사냥 활동의 중단

## 1. 정주민화 정책의 추진

고려말 양수척 사회는 많은 동요를 보이고 있었다. 정주 사회와 밀접하게 접촉하게 되면서 정주민으로 전환되는 이도 적지 않았고, 반면 떠돌이 생활을 하면서 주변인으로서 고려사회 체제에 불안을 조성하기도 했다. 특히 왜구에 가탁해 주변을 공격하는 사태가 발생하면서 국가와 사회 전체의 큰 불안 요인으로 작용했다.

조선초 이들을 정주민으로 전화시키는 것이 중요한 과제였다. 조선은 개국 직후부터 양수척 계통의 사람들을 정주민으로 만드는 정책을 적극 추진했다. 이른바 제민화(齊民化) 정책이었다.[303] 그것은 이들에게 토지를 지급해 농업에 종사하게 하고, 이들을 호적에 등재시키는 것이었다. 양수척끼리의 결혼을 제한하고 이들을 일반 양인농민과 혼인하도록 조치했다. 차별적인 지칭어인 화척·재인 등의 용어를 사용하지 말고 백정(白丁)으로 일컫도록 했다. 고려시기 특정 역이 없는 일반 백성을 지칭하던 백정이란 명칭으로 이들을 부르게 한 것이다.

조선 개국 직후 도평의사사(都評議使司) 배극렴(裵克廉)·조준(趙浚) 등

---

303 李俊九, 1998a, 앞의 논문 ; 한희숙, 1999, 앞의 논문 ; 金東珍, 2009, 앞의 논문.

이 올린 22개 조의 상언 중에 재인·화척과 관련한 다음과 같은 내용이 보이는데 그것을 국왕이 따랐다.

> 재인(才人)과 화척(禾尺)은 이곳저곳으로 떠돌아다니면서 농업을 일삼지 않으므로 배고픔과 추위를 면하지 못하여 상시 모여서 도적질하고 소와 말을 도살하니, 그들이 있는 주군(州郡)에서는 그들을 호적에 올려 토지에 안착(安着)시켜 농사를 짓도록 하고, 이를 어기는 사람은 죄주게 할 것입니다.[304]

배극렴 등은 떠돌아다니는 재인과 화척을 각 고을에서 호적에 올리고, 토지에 안착시켜 농사를 짓도록 하자는 것이다. 이를 따르지 않는 자는 죄를 주라는 것이다. 개국초부터 재인과 화척을 정주민으로 전환시키는 조치를 취하고 있는 것이다. 이후 이들을 정착시키기 위한 조치는 내용이 추가되면서 상세화하는 경향을 보였다. 태조 4년(1395) 지익주사(知益州事) 민유의(閔由義)가 재인·화척의 유이(流移)를 금하도록 청하자, 국왕은 그것은 이미 명령한 바 있는데 제대로 거행하고 있지 않다고 하면서, 각 도에 이첩해 실행하도록 하고 있다.[305] 유이 금지의 이행을 독려하는 조치였다.

태종대에도 재인·화척을 정주민으로 만드는 정책이 적극 추진되었다. 영의정부사(領議政府事) 성석린(成石璘)이 도살을 생업으로 하는 자에게 경작토록 해 이산(離散)을 막자고 주장했다.[306] 이는 재인과 화척에게 토지를 지급해 농업에 종사하도록 하자는 것이다. 또 화척의 호수(戶數)

· · · · · · · · · · · · · ·

304 『太祖實錄』 권2, 太祖 1년 9월 壬寅(24일), 1-31.
305 『太祖實錄』 권8, 太祖 4년 12월 甲寅(25일), 1-88.
306 『太宗實錄』 권13, 太宗 7년 1월 甲戌(19일), 1-383.

를 성적(成籍)하며, 섞여 살면서 백성과 혼인하고 자신들끼리 혼인하는 것을 죄주도록 했다.[307]

토지 지급, 자기들끼리의 혼인 금지를 통해 이들을 정주민으로 만드는 것이 일관된 정부의 대책이었다. 나아가 유이를 하지 못하도록 호패를 지급하는 조치가 태종 13년(1413) 취해졌다.[308] 호패를 확인함으로써 이동을 제한하려는 것이다. 이렇게 된다면 재인과 화척이 마음대로 떠돌이 생활을 하는 것은 곤란해지는 것이다.

태종 14년 농사에 힘쓰지 않으면서 놀고 먹는 것을 막고자 재인과 화척에 저화를 바치도록 했는데, 지금은 평민과 섞여 살면서 모두 군역을 지고 있으니 공(貢)을 면제시켜 그 삶을 두터이 하자고 풍해도 도관찰사 이은(李垠)이 주장했다. 태종이 옳다고 하니 이응(李膺)이 이에 반박하며 이들이 내자시(內資寺)에 공을 바친 것은 오래되어 갑자기 혁파할 수 없다고 하자, 한상덕(韓尙德)이 농업에 종사하고 군역을 지고 있는 이들에 한해 공을 면제시키자고 하니 국왕이 옳다고 하면서 이를 실행하도록 했다.[309] 재인과 화척으로서 농사를 지으면서 군역을 부담하는 이들이 적지 않았음을 알 수 있는데, 이것은 재인과 화척을 정주민으로 삼으려는 노력이 일정한 성과를 거두고 있음을 알려 주는 것이다.

세종대에도 지방관에 대한 처벌을 강화하는 등 한층 강력한 조치가 취해졌다. 세종 2년(1420) 화척과 재인이 떠돌지 못하도록 양민과 혼인하도록 하며, 그렇지 않고 떠돌이 생활을 하는 자는 우마를 몰수하도록 하며, 이를 봉행하지 않는 이정(里正)과 이장(里長)을 처벌하도록 했다.[310]

• • • • • • • • • • • • • •

307 『太宗實錄』 권22, 太宗 11년 10월 乙巳(17일), 1-606.
308 『太宗實錄』 권26, 太宗 13년 8월 丁卯(21일), 1-684.
309 『太宗實錄』 권27, 太宗 14년 6월 甲寅(13일), 2-22.

이것은 이전의 조치를 제대로 시행하도록 강조한 것인데, 우마의 몰수와 이정·이장의 처벌이 새로 추가된 것이다.

화척과 재인을 정주민으로 전환시키기 위해서는 지방관이 힘써야 하는데 그렇지 못한 일이 있어, 지방관을 문제삼은 조치가 취해졌다. 세종 4년 재인과 화척이 떠돌이 생활을 하지 못하고 본 지방으로 되돌려 보내도록 하되, 제대로 이행하지 않은 수령을 처벌하도록 했다.[311] 이는 수령의 역할을 독려하는 조치였다. 또 병조에서 재인과 화척을 군적에 등록시키고 평민과 섞여 살면서 농업을 익히게 하고, 자손들을 찾아내 호적에 올려 다른 곳으로 가지 못하게 하며, 출입할 일이 있으면 행장을 주도록 하라고 건의했다.[312] 군적에 등록시켜 이동을 철저히 제한함으로써 재인과 화척을 정주민으로 만들려는 노력인 것이다.

세종 5년에는 재인과 화척에 대한 칭호를 백정으로 고치고, 통제를 더욱 강화했다.

> 병조에서 계하기를, "재인과 화척은 본시 양인으로서, 업이 천하고 칭호가 특수하여, 백성들이 모두 다른 종류의 사람으로 보고 그와 혼인하기를 부끄러워하니, 진실로 불쌍하고 민망합니다. 비옵건대, 칭호를 백정이라고 고쳐서 평민과 서로 혼인하고 섞여 살게 하며, 그 호구를 적에 올리고, 한전(閑田)과 많이 점유해 진황이 된 토지를 나누어 주어서 농사를 본업으로 하게 하고, 사냥하는 부역과 버들그릇[柳器]과 피물과 말갈기, 힘줄과 뿔[皮鬣筋角] 등의 공물을 면제하여 그 생활을 안접하게 하고, 그 가계가 풍족하고 무재(武才)가 있는 자는 시위패(侍衛牌)로 삼고, 그 다음은 수성군(守城軍)을 삼으며, 그

· · · · · · · · · · · · · · ·

310 『世宗實錄』 권10, 世宗 2년 11월 辛未(7일), 2-415.
311 『世宗實錄』 권16, 世宗 4년 7월 庚午(15일), 2-488.
312 『世宗實錄』 권18, 世宗 4년 11월 丁丑(24일), 2-513.

가운데에 무재가 특이한 자는 도절제사로 하여금 재능을 시험하여 본조에 통보하여 다시 시험케 한 후 갑사직(甲士職)에 서용하고, 만약 그대로 옛 업을 가지고서 농상(農桑)에 종사하지 않고 이리저리 유이하는 자는 법률에 의하여 죄를 논단하고, 인하여 호적을 상고하여 즉시 본거지로 돌아가게 하며, 그 가운데 사가의 노비로 있는 자는 본주(本主)의 의견을 들어 처리하도록 하소서." 하니, 그대로 따랐다.[313]

재인과 화척의 호칭을 백정으로 바꾸는 것, 이들에게 지급할 토지를 명시한 것, 사냥 및 그와 관련된 공물 부담을 면제하는 것, 경제력이 있고 무재가 있는 이는 군인으로 삼는 것, 유이하는 자는 처벌하고 환본하도록 하는 것 등이 제시되어 있다.[314] 재인과 화척을 정주민으로 삼기 위한 내용이 이전보다 상세히 제시되어 있다. 백정으로 호칭을 고치는 것과 군인으로 삼는 것이 중요한 사항이다.

정부의 거듭된 강력한 조치로 인해 재인과 화척이 평민과 섞여 사는 일이 확산되어 간 것으로 보인다. 그에 따라 그동안 부담했던 공물을 면제시키는 조치가 세종 6년 취해졌다. 재인과 화척이 정주민의 삶을 살아가기 때문에 이전에 부담했던 유기(柳器)를 다른 공물의 예에 따라 민호에게서 징수하도록 했다.[315] 재인·화척의 정주민화가 일정한 성과를 거두어 이들에게 부과되었던 유기를 다른 민호에게서 거두도록 한 것이다.

이 무렵 재인·화척의 정주민화는 상당히 진척된 것으로 여겨진다. 세종 6년 10월 재인과 화척이 정주민으로 전화한 것을 전제로 이들을 편

313 『世宗實錄』 권22, 世宗 5년 10월 乙卯(8일), 2-559.
314 재인과 화척 가운데 私家의 노비가 된 자도 있음을 알 수 있다. 이들은 주인의 의견을 들어 처리하도록 했다.
315 『世宗實錄』 권23, 世宗 6년 3월 甲申(8일), 2-585.

호하고 별패시위(別牌侍衛)와 수성군(守城軍)에 충원하는 조치가 취해졌다. 또 외방의 신백정을 자세히 조사해 농업에 충실한 정도를 헤아려 본래 농업에 종사하여 생계에 충실한 자는 3정(丁)으로 1 호(戶)를 만들고, 처음으로 농업에 종사하여 생계가 충실하지 못한 자는 5정으로 1호를 만들도록 했다.[316] 신백정이 정주민으로 전화한 것을 전제로 정의 수에 따라 호를 편제하고 이들을 별패시위군과 수성군에 충당하도록 한 것인데, 이것은 이들이 떠돌이 생활을 하고 있다면 불가능한 조치인 것이다.

백정(재인·화척)을 정주민으로 전환시키는 정책은 반복적으로 강조되었다. 세종 9년 형조에서 백정이 평민과 섞여 살도록 하는 명령을 거듭 밝힐 것을 요구하자 국왕이 이를 따랐다.[317] 세종 10년 신백정은 이미 평민의 예에 따라 논하고 있으므로 시위패에 속하는 것을 허락하고 다른 시위패의 예에 따라 취재를 거쳐 갑사로 삼도록 했다.[318] 신백정이 정주민으로 전환되어 평민과 동일하게 취급하고 있는 것이다. 이는 이들이 정주민으로 전환한 사례가 매우 많음을 전제로 하는 것이었다.

이후에도 신백정이 농업에 종사하지 않고 유이하는 경우, 처벌을 더욱 강화하는 조치를 취하고 있다. 변방에 사민시키는 것이 그것이었다. 즉 농업에 종사하지 않고 떠돌이 생활을 하는 백정을 찾아내 처자와 아울러 여연(閭延) 등 변방으로 사민시키라는 것이다.[319] 정주민으로의 전환을 거부하고 지속적으로 이동생활을 하는 이들을 찾아내 변방에 사민토록 하는 강력한 조치이다.

. . . . . . . . . . . . . . .

316 『世宗實錄』 권26, 世宗 6년 10월 辛亥(10일), 2-629.
317 『世宗實錄』 권38, 世宗 9년 11월 辛亥(27일), 3-103.
318 『世宗實錄』 권41, 世宗 10년 9월 甲戌(25일), 3-146.
319 『世宗實錄』 권69, 世宗 17년 8월 丙寅(27일), 3-649.

국가의 일관된 조치를 제대로 이행하지 않는 수령과 감사에 대해 처벌할 것을 재차 논의했다. 세종 19년 감사와 수령이 제대로 조치를 이행하지 않아 유리하고 또 무리지어 도적질을 하는 이가 있다고 하면서, 수령은 경내의 백정을 추쇄해 각 리(里)에 나누어 두고 토지를 지급하도록 하며 항산이 있는 자를 택해 보수(保授, 보증인)로 삼도록 했다. 리의 이름과 인구 및 보수를 기록해 매월 순행해 규찰하며 매 월말 감사에게 갖춰 보고하고, 다시 호조에 알리도록 하라는 것이다. 수령이 마음을 쓰지 않아 유망에 이른 자가 있으면 죄를 다스리도록 했다.[320] 지방관의 책임을 강화하고, 또 백정을 관리하는 구체적인 방법을 제시한 것이다. 여기서 신백정을 정주민으로 삼는 조치가 한층 상세화되고 강화됨을 읽을 수 있다. 또 신백정이 농사짓는 여부를 가지고 수령의 공과를 평가하도록 했다.[321] 이미 지시한 내용이 있음에도 불구하고 수령이 봉행하지 않음이 있어 새로이 수령 고과에 반영토록 한 것이다.

또한 백정을 정주민으로 삼으면서도 차별이 있었던 것에 대해 없애도록 지시하고 있다. 세종 24년 국왕은 각 도의 관찰사 및 개성부 유수에게 근절되지 않는 몇몇 폐단을 시정토록 했다. 관리와 인민들이 신백정이라 부르면서 평민들과 차별하고 있고, 수령들이 사냥 등 여러 가지 잡다한 일에 사역하고 있으며, 유기를 공공연히 거두고 있다고 지적하면서 잡역 상황을 기록해 보고하도록 지시했다.[322] 정주민으로 삼았으면 평민과 차별하지 않아야 하는데, 사냥 등의 잡역에 동원하거나 유기를 거두고 있다는 것이다. 이에 그 상황을 보고하도록 지시한 것이다. 정주

320 『世宗實錄』 권78, 世宗 19년 7월 丙辰(28일), 4-94.
321 『世宗實錄』 권84, 世宗 21년 2월 乙丑(16일), 4-188.
322 『世宗實錄』 권97, 世宗 24년 8월 癸巳(6일), 4-427.

민으로서 대우해야 함에도 그렇지 못한 현실을 비판하고 이를 조사토록 한 것이다. 이것은 곧 그러한 행위를 막으려는 노력인 것이다.

국가에서는 일관되게 재인·화척을 백정이라 부르면서 농업에 종사시켜 정주민으로 삼고자 노력했다. 전동지돈녕부사(前同知敦寧府事) 조뢰(趙賚)는, 백성들이 이들과 혼인하는 것을 꺼려하고 있으며, 수령 또한 이들에게 토지를 지급하는 일에 소홀해 생업의 불안정으로 인해 도둑질을 한다고 보면서, 이들에 대해 남녀노소 할 것 없이 모두 부적(付籍)하고 자기들끼리 혼인하는 것을 금하고, 평민이나 공사의 노비와 강제로 혼인하도록 할 것이며, 연로한 자와 이미 결혼한 자에게는 한전(閑田)을 지급해 업을 편안히 할 수 있도록 해야 한다고 했다. 이를 어기고 떠돌면서 악행을 자행하는 자에게는 신설한 변진에 보내 영원히 수졸에 충원하도록 하고, 도산(逃散)하면 군법으로 논할 것을 주장했다.[323] 떠돌이 생활을 하는 자는 수졸에 충당할 것이며, 그것을 위반했을 경우 군법으로 논하라는 것이다. 이는 떠돌이 생활을 하는 재인·화척에 대한 처벌 내용을 한층 강화한 것이다.

백정의 처리 문제는 세조대에도 이어지고 있다. 집현전 직제학 양성지는 향후에 백정을 별도의 1호로 만들지 말고, 갑사·시위·진군의 봉족으로 삼아 일일이 끼어 살게 할 것, 다른 군(郡)으로 왕래함을 금할 것을 주장했다. 그리고 산골짜기에 거처하면서 자기들끼리 혼인하는 것, 도살하는 것 및 도적질하는 것, 또 악기를 연주하며 구걸하는 것을 모두 금할 것을 주장했다. 이러한 행위를 저지르는 자는 호수(戶首)를 아울러 죄주도록 하되, 3대에 이르도록 어기지 않는 자는 백정이라 칭하지 말고 함께 편호하도록 할 것을 주장했다. 이렇게 된다면 농상의 즐거움을 알

· · · · · · · · · · · · · ·

323 『世宗實錄』 권120, 世宗 30년 4월 甲子(9일), 5-59.

게 되어 도적이 점점 그칠 것이라고 언급했다.[324] 봉족으로 삼는 것, 호수를 처벌하는 것, 백정 명칭을 폐기하는 것 등은 주목된다.

세조 8년(1462) 관찰사와 수령이 재인·화척이 정주하도록 하는 조치를 받들어 행하지 않음을 지적하면서 관찰사에게 재인과 화척이 모여 살지 못하도록 하라고 재차 지시했다.[325] 한 곳에 모여 살게 되면 서로 더불어 도둑질을 하니 모여 살지 못하고 흩어져 살도록 조치한 것이다.

성종대에도 재인·백정을 안착시키려는 노력은 계속되었다. 성종 1년(1470) 재인과 백정이 무리지어 모여 있으면 도적질할 마음이 생기므로 추쇄해 둔취하지 못하도록 지시했다.[326] 재인과 백정이 무리지어 모여 있지 못하도록 지시한 것이다.

성종 2년 원상(院相)에게 명해 도둑을 잡을 사목(事目)을 의논하도록 했다. 재인과 백정을 추쇄해 모두 호적에 등재하도록 하고 도망가다가 잡힌 사람은 참형에 처하는 일, 전지가 없는 이들에게는 절호자의 토지와 진황한 전지를 절급해 농업에 종사할 수 있도록 하는 일, 강도 및 우마를 훔친 자는 재인과 백정으로 하여금 잡도록 해 포상할 것이며 알면서도 잡지 않는 자는 죄를 논할 것 등의 사항을 논의토록 했다.[327] 도망가다 잡힌 자는 참형이라는 극형에 처하는 것, 지급할 토지를 절호자의 토지와 진황한 전지로 명시한 것, 신고자는 포상하되 알고서 신고하지 않은 자는 죄줄 것 등이 주목된다. 정주민화를 위한 방안이 한층 상세화하고 처벌의 수위도 높아지고 있는 것이다.

324 『世祖實錄』 권3, 世祖 2년 3월 丁酉(28일), 7-121.
325 『世祖實錄』 권28, 世祖 8년 6월 丙子(13일), 7-539.
326 『成宗實錄』 권3, 成宗 1년 2월 丁巳(8일), 8-464.
327 『成宗實錄』 권9, 成宗 2년 2월 辛酉(18일), 8-555.

성종 3년에도 원상 신숙주(申叔舟)와 윤자운(尹子雲)이 소재읍에서는 재인과 백정의 이름을 모두 적고 민호로 편제하며 전산(田産)을 지급하도록 하라고 했다. 또 아전으로 초정(抄定)하면 관에서는 사령이 족해지고 그들 역시 일을 즐거워할 것이니 수 세대 뒤에는 모두 양민이 될 것이라고 했다.[328] 이들을 모두 파악해 민호로 편제하고 토지를 지급하라는 것은 이전의 조치에 이어지는 것이지만 아전으로 뽑아 쓰라는 내용은 처음으로 보인다. 아전으로 발탁한다면 이들도 즐거워할 것이니 시간이 흐르면 모두 양민이 될 것이라는 것이다. 아전으로 발탁하는 것은 상당히 파격적인 내용으로 이해된다.

성종 6년 재산이 넉넉해 군오에 충원되기를 원하는 자는 허락해 줄 것, 산업이 없는 자는 부역을 정하지 말고 한전(閑田)을 지급해 농상을 권장하고 수십 년을 기다려 부실(富實)하게 된 이후 부역을 정할 것, 향후 재인과 백정이라 부르지 말고 일반 백성과 섞여 살면서 서로 혼인하도록 할 것, 그리고 관찰사는 그들에게 지급한 토지의 수를 기록해 아뢸 것 등을 지시했다.[329] 재인과 백정을 군오에 충당하려는 것은 이들이 정주민으로 정착한 예가 많기 때문으로 보인다. 그렇지만 여전히 산업이 부실한 자가 적지 않음을 알 수 있다.

성종 7년에도 재인과 백정을 민간에 분산시켜 섞여 살게 함으로써 점차 양민으로 삼고자 했지만 수령들이 제대로 이행하지 않음을 지적했다.[330] 성종 20년 대사간 이평(李枰)이 재인·백정이라는 이름을 모두 없애고 일체의 부역을 모두 양민과 같게 하면 수십 년 후에는 모두 양민으

· · · · · · · · · · · · · ·
328 『成宗實錄』 권23, 成宗 3년 10월 辛未(8일), 8-689.
329 『成宗實錄』 권54, 成宗 6년 4월 庚寅(12일), 9-214.
330 『成宗實錄』 권69, 成宗 7년 7월 己未(18일), 9-359.

로 변하여 도적을 막을 수 있을 것이라고 보았다.[331] 재인·백정의 호칭을 없앨 것,[332] 일체의 부역을 양민과 같게 할 것을 주장한 것이다.

방법을 정비하고 상세화하면서 재인과 백정을 정주민으로 만들려는 노력이 강력하게 진행되었다. 그것이 실효를 거두는 것은 용이한 일이 아니었다. 어려운 몇 가지 과제를 포함하고 있었다. 우선 이들에게 지급할 토지가 있어야 했다. 개간된 토지는 이미 다른 농민들이 경작하고 있기 때문에 이들에게 지급할 수 있는 것은 한광지(閑曠地)에 한정될 수밖에 없었다. 한전(閑田)을 지급하도록 한 경우도 보이고,[333] 호가 단절된 자의 토지라든지 진황(陳荒)한 전지를 지급하도록 했다.[334] 지급하는 토지를 농지로 만들고, 또 숙전(熟田)으로 변환시키는 데에는 상당한 시간과 노력이 소요되었다. 지급할 토지의 확보 및 그것을 안정된 농지로 만드는 것이 만만치 않았다.

또 정착민이 되기 위해서는 일반 농민이 이들과 혼인하는 것이 중요했다. 그런데 그것을 일반 양인 농민들은 거부하고 있었다. 양인 농민이 신분이 천한 이들과 기꺼이 혼인할 수 있는 것이 아니었다. 민인들은 재인과 화척을 이류(異類)로 보고서 이들과 결혼하는 것을 수치로 여기고 있었다.[335] 국가에서는 재인·백정과 양민이 서로 혼인하도록 독려하고

. . . . . . . . . . . . . .

331 『成宗實錄』 권235, 成宗 20년 12월 壬辰(9일), 11-551.
332 才人·白丁의 호칭을 없애고 사용하지 않는 것은 실현되지 않았다. 조선후기에도 실록에서 많지는 않지만 才人·白丁이 확인된다. 반면 禾尺이란 용어는 실록에서 중종대까지만 보이고 그 이후는 찾아지지 않는다.
333 『世宗實錄』 권22, 世宗 5년 10월 乙卯(8일), 2-559 ; 『世宗實錄』 권120, 世宗 30년 4월 甲子(9일), 5-59 ; 『成宗實錄』 권54, 成宗 6년 4월 庚寅(12일), 9-214.
334 『世宗實錄』 권22, 世宗 5년 10월 乙卯(8일), 2-559 ; 『成宗實錄』 권9, 成宗 2년 2월 辛酉(18일), 8-555.
335 『世宗實錄』 권22, 世宗 5년 10월 乙卯(8일), 2-559.

있었지만 주현에서는 이들을 이류로 보고 있으면서 양민(良民)으로 취급하지 않았다.[336] 백정과 평민(平民)이 서로 혼인하지 않고 각각 스스로를 구별하고 있다는 지적도[337] 비슷한 내용이다. 재인과 백정의 습속이 상인(常人)과 달라 자기들끼리 혼인한다는 언급도 있다.[338] 재인·백정도 일반 백성과 혼인하는 것을 달가워하지 않는 측면도 있었다. 천업에 종사했던 이들과 일반 민들이 쉽게 혼인할 수 있는 것은 아니었다. 그 때문에 이들이 일반 민과 섞여 사는 일은 용이하지 않았다.

재인과 화척이 구습(舊習)을 버리는 것도 용이하지 않았다. 사냥을 주업으로 하면서 떠돌이 생활을 하던 이들이 그 습속을 버리고 정주민이 되는 것은 쉽지 않았다. 국가에서는 이들에게 소의 도축을 금하고 농사를 짓도록 권장했지만 그들의 습속은 농사를 고통으로 여기면서 농사를 본래 하지 않은 일인데 어찌 쉽게 배우겠는가 하면서 종전의 업을 이어 갔다.[339] 사냥을 하거나 소의 도축을 주업으로 하던 이들이 농사를 지으면서 정주민이 되는 것은 쉬운 일이 아니었다.

세조대에 양성지도 이들의 습속으로 인해 정주민이 되는 것이 쉽지 않음을 언급했다. 그는 재인과 화척은 유속(遺俗)을 변치 않고 자기들끼리 서로 둔취(屯聚)하여 자기들끼리 서로 혼가(婚嫁)하는데, 혹은 살우(殺牛)하고 혹은 동냥질을 하며, 혹은 도둑질을 한다고 지적했다.[340] 습속으로 인해 농사에 종사하고 정주민으로 전화하는 것이 어려웠다는 것이다.

떠돌이 생활을 하는 재인·화척이 여전히 있었지만, 정주민으로 전화

....................

336 『成宗實錄』 권235, 成宗 20년 12월 壬辰(9일), 11-551.
337 『文宗實錄』 권8, 文宗 1년 6월 癸未(16일), 6-401.
338 『成宗實錄』 권23, 成宗 3년 10월 辛未(8일), 8-689.
339 『世宗實錄』 권84, 世宗 21년 2월 乙丑(16일), 4-188.
340 『世祖實錄』 권3, 世祖 2년 3월 丁酉(28일), 7-121.

된 경우도 적지 않았다. 세종 17년 조정에서 백정이 도적질을 하는 것은 말의 힘을 빌리기 때문이라고 하면서 이것을 막기 위해 강제로 말을 팔도록 하자는 논의가 있었다. 이때 여러 사람이 의논하면서, "신백정은 모두 도적질하는 것이 아니고 생업에 안정되어 살기를 평민과 같이 하는 사람도 자못 많으니"라고 언급했다.[341] 신백정이 농사에 힘쓰면서 평민과 같이 살아가는 이들도 적지 않았음을 지적한 것이다. 정주민화 정책이 어느 정도 성과를 거두었음을 알 수 있다.[342]

## 2. 도축 행위의 지속과 사냥 활동의 중단

농업에 종사해 성공적으로 정주민이 되어 살아가는 이도 있었지만, 떠돌이 생활을 하면서 생업을 도모하는 이도 여전히 적지 않았다. 주된 생업은 도축과 유희 제공이었다. 우마의 도축에 이들이 더욱 적극적인 것은 생업이 막막했기 때문이었다. 정주민의 우마를 도축함으로써 생활하고 있었고, 때로는 타인의 우마를 도적질해 도축하는 일도 빈번했다. 정부에서는 이를 차단하기 위해 우마의 도축을 금하는 조치를 반복적으로 내리고 있었다. 그렇지만 생존과 직결되는 업(業)이었기 때문에 양수척 계통의 사람들이 도축을 포기할 수는 없었다.

화척이 우마를 도살하는 것을 금지한 것은 태종 6년에도 확인된다.

341 『世宗實錄』 권69, 世宗 17년 8월 辛丑(2일), 3-645.
342 富實하며 武才를 갖춘 일부 정착 재인·백정은 군역을 통해 지위를 높여갈 수 있었지만 그 비중이 높은 것은 아니었을 것이다(이준구, 2003, 「조선전기 白丁의 赴防과 軍役與否에 관한 검토」 『仁荷史學』 10 참조).

"달단화척(韃靼禾尺)에게 소와 말을 잡는 것을 금하도록 거듭 밝혔다."고
한[343] 것으로 보아 화척이 우마를 도살하는 것을 금한 것은 이전부터의
일이었음을 알 수 있다. 화척이 우마를 도살하는 일이 성행하고 있었으
므로 이런 조치가 있었던 것이다.

태종 7년 우마의 재살(宰殺)을 금하는 명령이 있어 유사가 엄히 다스
리고 있음에도 화척과 재인이 오로지 재살을 생업으로 삼고 있다는 언
급이 보인다.[344] 태종 11년에 화척이 궁벽한 곳에 무리지어 거처하면서
농사에 종사하지 않고 재살을 업으로 삼고 있다는 사헌부의 상소가 보
인다.[345] 화척을 정주민으로 삼기 위해서는 그들의 중요한 생업인 우마
의 도축을 금해야 했는데, 금령을 내렸음에도 불구하고 화척의 우마 도
살이 행해지고 있었음을 알 수 있다.

도축을 금하는 정부의 노력에도 불구하고 세종 2년 화척과 재인이
스스로 한 무리를 이루어 모이고 흩어지기를 무상하게 하며 우마를 재
살한다는 사실이 확인된다.[346] 재인과 화척이 우마 도살을 중요한 생업
으로 삼고 있었기에 농사를 짓지 않는 한 그것을 중단할 수는 없었다.
세종 7년에도 우마를 훔쳐 도살하는 자는 오로지 신백정이라는 내용이
형조의 계문에 보인다.[347]

특히 도성 인근에 와서 우마를 도살하는 일은 흔했던 것으로 보인다.
우마를 도살을 하는 경우, 소비처가 가까이 있어야 하기 때문에, 도성
인근이 중요한 장소가 되었던 것이다. 도성 서쪽 무악의 아래에 신백정

....................

343 『太宗實錄』 권11, 太宗 6년 4월 甲申(24일), 1-355.
344 『太宗實錄』 권13, 太宗 7년 1월 甲戌(19일), 1-383.
345 『太宗實錄』 권22, 太宗 11년 10월 乙巳(17일), 1-606.
346 『世宗實錄』 권10, 世宗 2년 11월 辛未(7일), 1-415.
347 『世宗實錄』 권27, 世宗 7년 2월 甲辰(4일), 2-652.

이 모여 거처하면서 우마를 훔쳐 도살하고 있다는 것이[348] 그것을 가리킨다. 성종 15년 한명회(韓明澮)의 발언 중에도 재·백정이 재살을 업으로 하면서 경중에 와 있는 이가 많다는 언급이 보인다.[349] 우마의 도축을 업으로 하려면 도회처인 수도가 가장 좋은 장소였다. 우마의 수가 많고 또 우마육과 가죽[皮]의 수요가 컸기 때문이다. 외방에서 농사를 지어 정주 생활을 하지 못하는 재인과 백정은 생계를 위해 도성에 몰려와 우마의 도축에 종사하는 것이었다. 재인·화척이 도축에 종사하는 것은 이후에도 지속되었다.[350]

재인과 화척은 또 공연 능력을 발휘해 생존해 가기도 했다. 음악과 곡예를 시연하면서 자량(資糧)을 확보하는 것이었다. 먹거리를 얻기 위해 이들은 많은 사람이 모여 있는 장소를 찾아 돌아다니며 공연했다. 세조 2년에 양성지의 상소에서, 재인·화척이 작악개걸(作樂丐乞)한다는 것이 그것을 가리킨다.[351] 음악을 공연하면서 구걸한다는 것이다. 성종 3년 형조에 전지(傳旨)한 내용에 유희하면서 구걸하는 것을 금지한 내용이 확인된다.[352] 농업에 종사하는 정주민으로 살아가지 않을 경우 도축으로 생업을 삼기도 하지만, 이처럼 유희 활동을 통해 구걸함으로써 살아가는 수도 적지 않았던 것이다.

중종 36년(1535)에도 진휼청(賑恤廳)의 절목에 유희를 하면서 식량을 구걸하는 일이 보인다. "정재인(呈才人)·백정 등은 본디 떳떳한 생업이

........

348 『世宗實錄』 권30, 世宗 7년 12월 庚午(5일), 2-704.
349 『成宗實錄』 권172, 成宗 15년 11월 癸卯(20일), 10-641.
350 축소되기는 했지만 조선말기까지 재인과 백정이 우마의 도축에 종사하는 것은 이어지고 있다.
351 『世祖實錄』 권3, 世祖 2년 3월 丁酉(28일), 7-121.
352 『成宗實錄』 권14, 成宗 3년 1월 丁卯(30일), 8-629.

없는 사람으로서 우희(優戲)를 전업(專業)하여 여염을 횡행하며 양식을 구걸한다."는[353] 것이 그것이다. 배우로서 여염을 횡행해 연희를 연출함으로써 양식을 구걸한다는 것은 유희의 연출을 통해 식량을 얻는다는 것이다.

때로는 직접 구걸을 하는 경우도 있었다. 개걸(丐乞)로 표현되는 행위가 그것이었다. 조뢰(趙賚)가 재인과 백정이 본래 전토와 집이 없어서 농상(農桑)을 일삼지 않고 항상 개걸하는 것으로 생활을 이어가므로 기한(飢寒)이 절박하다고 지적한 데서[354] 알 수 있다.

재인과 화척이 농업에 종사해 정주민으로 살아가는 것이 국가가 추구하는 바였지만, 여의치 않아 이들이 도축에 종사함으로써 생계를 해결하기도 하고, 유희를 연출해 식량을 확보하는 수도 있었으며, 구걸을 해서 살아가기도 했다. 궁핍의 극한 상황에 이르면 여러 범죄를 저지르게 되었다. 강도·절도·상해 등이 그것이었다. 조선초 범죄인의 상당수가 재인·화척이라는 것은[355] 안정적인 정주민이 되지 못한 부류가 적지 않았음을 말해 주는 것이다.

세종 17년 경기감사는 근래에 겁탈하는 도적이 전에 비하여 더욱 심한데, 대개 모두 신백정(新白丁)이라고 언급했다.[356] 세종 19년에도 의정부에서 계문한 내용에 신백정을 정주민화하는 정책을 펼쳤음에도 수령과 감사가 제대로 실행하지 않아, 그들이 유이(流移)하면서 무리로 모여

...............

353 『中宗實錄』 권95, 中宗 36년 5월 己亥(14일), 18-465.
354 『世宗實錄』 권120, 世宗 30년 4월 甲子(9일), 3-59.
355 李俊九, 1998a, 앞의 논문 ; 한희숙, 1999, 앞의 논문 ; 朴鍾晟, 2003, 「朝鮮白丁의 社會的 不滿과 政治化 -『朝鮮王朝實錄』을 中心으로 - 」『사회과학연구』 16, 서원대 미래창조연구원 ; 金東珍, 2009, 앞의 논문.
356 『世宗實錄』 권69, 世宗 17년 8월 辛丑(2일), 3-645.

도둑이 된다는 지적이 있다.[357]

문종 1년(1451) 각 도의 죄수 가운데 강도와 살인을 도모한 자가 380여 인을 내려오지 않는데, 재인과 신백정이 과반이라는 언급이 있다.[358] 강도와 살인 관련 범죄인의 반이라는 것은 정주민으로 전화되지 않은 재인과 백정이 생존에 많은 어려움을 겪고 있다는 의미이다. 세조대에 문과 시험의 책문에서 지금의 도적질을 하는 자는 모두 호한(豪悍)한 무리를 거느리는데, 그 사이에 재인과 백정이 10에 8, 9가 된다는 내용이[359] 언급되어 있다. 도적질하는 자가 결국 대부분 재인과 백정이라는 것이다.

성종대에도 강도·절도 범인의 대부분이 재인·백정이라는 언급이 보인다. 형조판서를 역임한 강희맹(姜希孟)은 도적의 대부분은 재인과 백정이라고 지적했다.[360] 한성부(漢城府)에서 오부방리금도절목(五部坊里禁盜節目)을 계문한 내용에, 강도·절도의 중심을 이루는 것이 재인과 백정이라는 것이 보인다.[361] 여러 도의 관찰사(觀察使)에게 하서(下書)한 글에서 재인과 백정이 농업을 일삼지 않고 사람이 살지 않는 곳에 모여서 오로지 도둑질만 일삼고 있다는 내용이 포함되어 있다.[362] 대사간(大司諫) 이평(李枰)이 "지금 도적이 일어나서 중외(中外)가 소요(騷擾)한데 모두 재인·백정의 무리이다."라고[363] 발언한 내용도 보인다. 정주민으로 전화된

. . . . . . . . . . . . . .

357 『世宗實錄』 권78, 世宗 19년 7월 丙辰(28일), 4-94.
358 『文宗實錄』 권10, 文宗 1년 10월 壬午(17일), 6-446.
359 『世祖實錄』 권46, 世祖 14년 4월 辛卯(2일), 8-176.
360 『成宗實錄』 권13, 成宗 2년 11월 癸丑(15일), 8-611.
361 『成宗實錄』 권14, 成宗 3년 1월 壬寅(5일), 8-622.
362 『成宗實錄』 권69, 成宗 7년 7월 己未(18일), 9-359.
363 『成宗實錄』 권235, 成宗 20년 12월 壬辰(9일), 11-551.

자도 많았지만, 여전히 일반 정주민과 구별되는 곳에 모여 있으면서 도둑질을 통해 생계를 해결해 가는 부류가 있었음을 알 수 있다.

외방에 정주하지 못한 재인·백정이 도성 내에 들어와 살고 있는 수가 많았는데, 이들 역시 범죄와 연결된 수가 많았다. "재인·백정들이 경성(京城) 안에 섞이어 살고 있는데, 도둑이 생기는 것이 모두 이들에게 나온 것이다."라는[364] 것이 그것이다. 도성 내 도둑이 이곳에 사는 재인·백정이라는 지적이다.

고려의 양수척을 농사에 종사시켜 정주민으로 만드는 정책이 일관되게 추진되면서 상당수는 정주민이 되었지만, 도축이나 유희 제공을 통해 살아가거나 심지어 범죄 행각을 벌이는 일도 많았다. 과거와 마찬가지로 사냥에 종사하는 재인·백정도 없지 않았다. 사냥 능력을 인정받아 이들을 국가 차원의 사냥에 동원되는 수가 많았다. 직접 사냥꾼으로 동원되는 일도 있었고, 몰이꾼으로 동원되는 일도 있었다. 그렇지만 재인과 백정이 사냥을 전업으로 하면서 살아가는 일은 매우 희소해진 것으로 보인다.

재인과 백정은 본디 사냥꾼에 계보가 이어졌으므로 국가 차원에서 사냥에 동원하는 일이 빈번했다. 대개는 사냥의 몰이꾼으로 활용하기 위함이었다. 태종 13년 면성군(沔城君) 한규(韓珪)에게 명해 갑사(甲士) 500인을 거느리고 광주(廣州)에 가서 사냥하게 했을 때 광주 소재의 재인·화척을 모두 동원했다.[365] 사냥에 특기를 보유한 재인·화척을 동원하는 것인데, 사냥에 몰이꾼으로 활용하기 위함인 듯 하다. 이들은 아마 정주민으로 전화하는 과정에 있는 존재일 수 있겠다. 떠돌이 생활을 한

· · · · · · · · · · · · · ·

364 『成宗實錄』 권233, 成宗 20년 10월 己亥(15일), 11-526.
365 『太宗實錄』 권25, 太宗 13년 3월 癸未(4일), 1-664.

다면 이들을 동원하는 것이 쉽지 않았을 것이기 때문이다. 또 같은 해 국왕이 임실현(任實縣)에서 사냥하고자 전라도 재인·화척을 몰이꾼으로 동원하는 일이 확인된다.[366] 재인과 화척에 대해 파악하고 있었기 때문에 이런 동원이 가능했을 것이다. 태종 14년 강원도에서 강무할 때에도 경기에서 재인과 백정을 동원해 구군(驅軍)에 충당했다.[367]

세종 1년 국왕이 양근(楊根)·광주(廣州)에서 사냥하고자 경기 각 고을의 재인(才人)·화척(禾尺)을 초벌리(草伐里)로 모이도록 지시했다.[368] 또 같은 해 강무에 임해 상왕이 방패 500명과 재인·화척 100명을 구군으로 삼도록 했다.[369] 문종 1년 각 도의 도절제사, 각 진(鎭)의 첨절제사(僉節制使), 수령(守令) 등이 군사와 양색 백정(兩色白丁, 재인과 화척)을 많이 징집하여 사냥한 일이 있었다.[370] 재인과 화척이 사냥에 탁월한 능력을 보유하고 있기 때문에 동원하고 있는 것이다. 양녕대군이 전라도에 행차할 때 재인과 백정을 지급해 사냥하도록 했으며,[371] 임영대군(臨瀛大君)이 동래 온정(溫井)에 갈 때에도 재인·백정을 동원해 사냥할 수 있도록 조치했다.[372] 세조 14년 국왕이 홍복산 등에서 사냥을 관람하면서 명의 사신을 맞이해 위로하고자 할 때도 경기의 여러 고을에서 재·백정을 징발했다.[373] 재인과 백정이 사냥 능력을 보유하고 있음이 전제된 일이었

• • • • • • • • • • • • • •
366 『太宗實錄』 권26, 太宗 13년 9월 壬辰(16일), 1-688.
367 『太宗實錄』 권28, 太宗 14년 윤9월 癸卯(3일), 2-39.
368 『世宗實錄』 권3, 世宗 1년 2월 乙未(20일), 2-303.
369 『世宗實錄』 권3, 世宗 1년 3월 壬子(8일), 2-305.
370 『文宗實錄』 권7, 文宗 1년 4월 丁亥(19일), 6-378.
371 『世祖實錄』 권17, 世祖 5년 8월 癸酉(24일), 7-344 ; 『世祖實錄』 권17, 世祖 5년 8월 乙亥(26일), 7-345 ; 『世祖實錄』 권19, 世祖 6년 1월 甲午(16일), 7-363.
372 『世祖實錄』 권38, 世祖 12년 1월 甲子(21일), 8-4.
373 『世祖實錄』 권46, 世祖 14년 5월 丙寅(7일), 8-183.

다. 정주민으로 삼는 노력이 지속되었음에도 사냥에 인력이 필요한 경우 재인과 백정을 동원하고 있는 것이다.[374]

재인·백정이 사냥에 동원되는 사례가 이처럼 다수 확인된다. 이들이 사냥을 생업으로 삼고 있는 경우도 없지 않았다. 성종 6년 병조가 계문(啓聞)한 내용에, 재인·백정들은 농업과 양잠을 일삼지 않고 사냥과 장사를 업(業)으로 하여 호구책을 삼고 있다는[375] 사실이 보인다. 재인과 백정의 상당수가 정주민으로 전화되었지만 여전히 사냥을 업으로 삼고 있는 이들이 있었음을 알 수 있다.

16세기에 들어와서도 재인과 백정을 사냥에 동원하는 예가 없지 않았다. 중종 7년 아차산에서 사냥하고자 가까운 고을의 재인과 백정을 모이도록 명했다.[376] 사냥에 동원되는 일이 있었지만 이들이 사냥을 주된 생업으로 하는 일은 거의 중단된 것으로 보인다. 종중 16년 사냥에 재인과 백정을 징발하는 문제에 대해 국왕은 다음과 같이 말했다.

> 병조는 재·백정을 초발(抄發)하자고 한다. 그러나, 재·백정도 농부이니 사냥은 과연 할 수 없다.[377]

사냥에 재인과 백정을 징발하는 논의가 있을 때 국왕은 재인과 백정도 농부이니 사냥을 할 수 없다고 발언한 것이다. 재인과 백정의 상당수

· · · · · · · · · · · · · ·

374 사냥에 주로 재인과 백정을 동원하는 것은 이들의 사냥 능력이 출중했음을 고려한 것이었지만, 다른 한편 일반 백성을 동원하는 것이 부담스러운 점도 작용했을 것이다.
375 『成宗實錄』 권54, 成宗 6년 4월 庚寅(12일), 9-214.
376 『中宗實錄』 권16, 中宗 7년 9월 丁丑(6일), 14-612.
377 『中宗實錄』 권41, 中宗 16년 3월 丁巳(5일), 16-20.

가 농부로 전화된 것을 의미하는 것이다. 고려시기 사냥을 주업으로 하던 양수척이 조선에 와서 사냥에서 크게 이탈한 것이다. 사냥에서 매우 멀어진 재인과 백정의 모습을 확인할 수 있다. 이후에도 재인과 백정을 사냥에 동원하는 일이 완전히 사라진 것은 아니었지만,[378] 크게 보면 재인·화척은 사냥꾼으로서의 모습을 잃어갔다.

선조대에 이르면 양수척과 연원이 닿지 않는 새로운 사냥꾼이 자료에 나타난다. 산척(山尺)이 그들이었다. 산척은 사냥을 업으로 삼았다.[379] 임진왜란이 발생했을 때 산척이 활약하는 일이 보이기 시작했다.[380] 강원도의 산곡에 산척이 많아 병력이 걱정 없다는 언급도 보인다.[381]

선조 26년(1593) 사헌부에서 "강계 지역에서 수많은 산척의 무리들은 모두 말 달리고 활쏘는 것을 업으로 삼으니 전쟁에 쓰기에는 가장 적합한 데도 수령들이 사사로이 비호하여 전혀 동원하지 않는다."라고 계문한 데서[382] 산척의 존재를 확인할 수 있다.

선조 29년 강원도의 방비를 위해 산척을 활용하자는 주장이 보인다. 강원도의 경우 산골 백성 중에 사냥으로 생업을 삼는 자[山尺]가 몹시 많으니, 만약 곳에 따라 이들을 취합한 후, 그들의 요역(徭役)을 견감하고 은혜로 어루만지며 예리한 궁시(弓矢)를 주어 적이 내침할 때 미리 매복시켜 대비하게 하면 적을 막을 수 있을 것이라고 했다.[383] 또 비변사

• • • • • • • • • • • • • •

378 『中宗實錄』 권76, 中宗 28년 10월 丙子(7일), 17-474 ; 『中宗實錄』 권81, 中宗 31년 1월 乙丑(9일), 17-630.
379 『宣祖實錄』 권72, 宣祖 29년 2월 戊戌(1일), 22-645.
380 『宣祖實錄』 권29, 宣祖 25년 8월 甲午(7일), 21-527.
381 『宣祖實錄』 권31, 宣祖 25년 10월 乙巳(19일), 21-555.
382 『宣祖實錄』 권35, 宣祖 26년 2월 壬辰(7일), 21-625.
383 『宣祖實錄』 권72, 宣祖 29년 2월 戊戌(1일), 22-645.

의 계문에 관동(關東)의 군병이 비록 수효가 적고 힘이 약하다고는 하나, 산중에는 산척이란 자들이 곳곳에서 수렵으로 생활을 영위하고 있으니, 이 무리들을 후하게 대우하여 약속을 정하고 산골짜기의 복병을 설치할 만한 곳에 배치하면 한 사람이 열 사람을 대적할 수 있을 것이라는 내용이 보인다.[384]

그러나 사냥꾼인 산척은 재인·백정과 구분되는 존재였다.[385] 선조 27년 군공청(軍功廳)에서 전쟁의 공로를 과도하게 평가받은 것을 지적하면서, 재인·백정·장인(匠人)·산척 등의 천류(賤類)가 직급을 뛰어넘어 높은 관직에 오르고 있다고 언급했다.[386] 산척은 재인과 백정과 구분되는 부류로 파악하고 있는 것이다. 백정과 산척이 구분되어 불리는 예는 더 확인할 수 있다.[387]

광해군대에도 재인·백정과 구분되는 존재로 산척이 언급되고 있다. 중외의 정군(正軍) 이외에 군공(軍功)으로 제수된 직을 가진 산척, 재인, 백정, 제색 장인(諸色匠人), 공사 노비 등은 평상시에 군사로 조발할 수 없는 자들이라고 비변사가 언급하고 있다.[388]

전문 사냥꾼인 산척은 재인 및 백정과 구분되는 별도의 존재였다. 사냥을 주업으로 하던 양수척, 그 후예인 재인·화척과 구분되는 별도의 새로운 층으로서 산척이 등장한 것이다. 사냥꾼으로서의 양수척은 재인·

· · · · · · · · · · · · · ·

384 『宣祖實錄』권83, 宣祖 29년 12월 庚午(8일), 23-128.
385 조선초기에는 재인과 화척이란 표현이 많이 보이지만, 이들을 백정으로 일컫게 하면서, 점차 재인과 백정이란 표현이 더 많이 사용되고 있다.
386 『宣祖實錄』권51, 宣祖 27년 5월 乙酉(8일), 22-266.
387 『宣祖實錄』권56, 宣祖 27년 10월 癸丑(9일), 22-365.
388 『光海君日記(중초본)』권51, 光海君 11년 9월 戊戌(19일), 30-213 ; 『光海君日記(정초본)』권144, 光海君 11년 9월 戊戌(19일), 33-267.

화척으로 바뀌면서 사냥꾼에서 멀어져 갔다. 양수척은 농사를 짓는 정주민으로 전화되고, 일부는 예능인(재인)·도축 담당자(화척·백정)로 변모함으로써 사냥과 무관하게 되었다.

# 제10장 맺음말


고려시기 사냥을 주업으로 한 양수척은 고려사회가 상무적(尙武的) 성향을 띠도록 하는 데 일조하였다. 그리고 이들이 정주 사회에 끊임없이 진출함으로써 고려사회에 역동성(力動性)을 부여하기도 했다. 생활 습속이나 문화의 측면에서는 토풍(土風)이나 화풍(華風)과 매우 상이한 모습을 보여 고려 문화가 다양성을 갖는 데 기여하였다. 그리고 경제적으로 야생동물을 공급하고 유기(柳器)를 비롯한 여러 물품을 판매함으로써 교환경제의 활성화에 도움을 주었다. 고려사회가 상무성·역동성·다양성을 가질 수 있도록 활약한 계층이 양수척이었다.

양수척은 『고려사(高麗史)』와 『고려사절요(高麗史節要)』에서 언급하듯이 기본적으로 후백제의 후손으로서 태조가 제압하기 어려웠던 부류에 기원하며, 사냥을 주업으로 삼았다. 떠돌이 생활을 하기 때문에 국가에서 이들을 호적에 올려 부세를 부담지우지 못했다. 유기 등 수공업품을 제작하였으며, 상업에도 활발하게 참여했다. 그리고 기생을 배출하는 중요한 기반이 되기도 했다. 고종대까지는 양수척으로 표현되는 일이 많았지만 이후 화척(禾尺)·재인(才人)으로 분화되어 일컬어지기도 했다. 화척은 수척(水尺)으로 불린 예도 있었다.

후삼국시기 서로 세력을 다투고 있는 시점에서 왕건은 군사력의 우위를 점하기 위해 국경 밖에서 사냥을 주업으로 하는 말갈족을 주목한 것으로 보인다. 고려라는 국호를 다시 사용한 것이나 서경을 중시해 개척한 것은 모두 북쪽의 고구려 후예인 말갈족을 끌어들이기 위한 일환이었다. 말갈족은 사냥을 주업으로 하였기 때문에 말타는 능력과 활쏘는 실력에서 출중하였으며, 용감성과 기민함을 갖추고 있었다. 출중한 전투력을 보유한 이들 말갈족 군사를 지휘하면서 전투에 임한 이는 유금필(庾黔弼)이었다. 유금필은 고창 전투 및 운주 전투에서 고려가 승리를 거두는 데 결정적인 역할을 수행했다. 마지막 일리천 전투에서도 유금필은 제번경기(諸蕃勁騎)로 표현되는 말갈병을 이끌고 정예 부대인 중군에 참여해 승리를 거두었다. 사냥꾼으로 구성된 고려 군사에 맞서기 위해 후백제의 견훤도 경내의 사냥꾼을 동원했을 것으로 보이며, 신검역시 그러했을 것이다. 이들을 정예 병사로 편제해 고려와의 전투에 임했을 것으로 추정된다. 후백제의 패배로 인해 후백제의 정예 군사인 사냥꾼은 사방으로 흩어져 산곡에 들어간 것으로 보이며, 이들이 양수척의 연원이 되는 것이다.

　양수척의 가장 중요한 생업은 사냥이었다. 산곡(山谷)에서 야생동물을 사냥해 생활하고 있었다. 고려사회에서 천예(賤隸)의 신분으로 사냥을 주업으로 하는 이들은 양수척으로 볼 수 있다. 사냥을 능숙하게 하고 도살을 생업으로 한 천예 출신 이정(李貞)이란 인물이나, 이병(李玤)이란 인물은 양수척으로 보인다. 고려후기 국왕과 더불어 사냥에 나선 군소(群小)·악소(惡少)에는 양수척 출신이 많이 포함된 것으로 판단된다. 양수척이 사냥하는 야생동물에는 노루와 사슴, 토끼, 꿩, 멧돼지 및 호랑이, 표범, 곰, 늑대 등이 있었다. 양수척은 사냥한 야생동물을 직접 소비하기도 했지만 나아가 정주 사회에 식료로 공급했고 그 가죽을 제공했다. 가축의 사육이 활발하지 못한 상황에서 야생동물은 단백질 공급원으로 중시되어 판매되기도 하고 선물이나 뇌물로 제공되는 수도 많았다.

야생동물 및 그 가공품은 국가에 공물로 바치거나 원에 진헌(進獻)하는 대상이 되기도 했다. 양수척은 야생동물을 매개로 상업에도 활발하게 참여한 것으로 보인다. 이의민의 부친 이선은 소금과 체를 판매하고 또 신분이 천한 것으로 보아, 양수척 출신이 분명하다. 양수척은 수공업의 영역에서도 두드러진 활약을 했다. 유기의 제조, 가죽신의 제작이 대표적인 분야였다. 이들의 경제활동은 고려사회에서 매우 큰 비중을 차지하고 있었다.

정주 사회에서 가축의 도축은 항상 필요한 일이었다. 특히 우마(牛馬)의 도축은 상당한 기술을 필요로 하므로 아무나 할 수 있는 일이 아니었다. 야생동물 도축에서 많은 경험을 축적한 양수척은 정주 사회에 들어와 우마의 도축에 종사하는 일이 많았다. 양수척은 도축에 종사함으로써 항상적으로 정주 사회와 밀착되어 있었다. 도축은 점차 양수척이 전담하게 되었으므로 도축업 종사자인 화척이 곧 양수척이라는 인식이 나타날 수 있었다.

고려전기에는 양수척이 정주 사회에 활발하게 진입한 것으로 보이지 않는다. 가축의 도축에는 종종 종사했지만 다수가 정주 사회에 밀려들어오는 모습을 보이지는 않았다. 양수척이 대거 정주 사회에 진입하는 것은 무인집권기부터로 보인다. 무인 집정의 한 명이었던 이의민(李義旼)은 양수척 출신이었다. 무인집권기에는 다수의 유능한 무사가 활동할 공간이 널려 있었다. 무인집정들은 자신의 호위 무사를 확보할 필요에서 탁월한 전투 능력을 보유한 양수척을 대거 끌어들인 것으로 보인다. 이고(李高) 등이 결집한 악소(惡少)에는 양수척이 포함되었을 것으로 보이며, 사병조직인 도방(都房)에는 양수척 계통 인물이 다수 진출한 것으로 보인다. 최씨정권의 사병에도 양수척이 적지 않게 발탁된 것으로 추정된다.

원 간섭기 유능한 무사(武士)들에 대한 수요가 크게 증가했다. 정규 군사 조직이 원의 통제를 크게 받는 상황에서 국왕은 자신의 호위 무사를 양수척으로부터 공급받는 일이 흔했다. 국왕의 측근에서 활약하는 군소·악소·응방·홀치·무뢰배 등에는 양수척 출신이 적지 않았던 것으로 보인다.

고려사회 내에 주변인으로서 천시의 대상인 이들 양수척은 사회가 동요할 때 반체제·반국가의 행동에 나서는 수가 종종 있었다. 고종대 거란 유종(遺種)의 침입이 있었을 때 이들이 그 향도(嚮導)가 된 일이 있으며, 고려말 왜구가 극성을 부릴 때 이들이 왜구에 가탁해 주변 고을을 공격하는 일도 있었다. 물론 양수척이 정규 군인으로 편제되어 국가 방위에 참여한 일도 있었지만 이처럼 반체제적인 활동을 하는 경우가 적지 않았다.

탁월한 기예(技藝) 능력을 보유한 양수척도 다수가 정주 사회에 진입한 것으로 보인다. 다양한 연희 활동이 전개되며, 격구가 성행하고 수박희가 널리 유행한 것은 양수척의 진출과 깊은 관련을 갖는 것으로 보인다. 배우로서의 능력을 보유한 천예 출신 간유지(簡有之)는 양수척이었다. 기예 영역에서 우월적·독점적인 지위를 차지하게 됨에 따라 재인이 곧 양수척이라는 인식이 자리하게 되었다.

그리고 무인집권기부터 양수척 출신의 기생도 두드러지게 정주 사회에 진출한 것으로 보인다. 이의민의 아들 이지영(李至榮)과 연결되었다가 다시 최충헌(崔忠獻)의 첩이 된 기생 자운선(紫雲仙)은 양수척 출신으로 보인다. 그리고 최우(崔瑀)의 첩인 기생 서련방(瑞蓮房) 역시 양수척 출신으로 판단된다. 기마 능력을 보유한 기생은 대부분 양수척 출신으로 볼 수 있다. 국왕과 더불어 말을 타고 달리면서 사냥에 참여한 기생은 양수척 출신임이 분명해 보인다. 개성, 세류지, 연쌍비 등의 기생은 양수척

출신임이 확실한 것 같다. 양수척으로 기예를 보유한 경우, 남성은 재인
(才人)으로, 여성은 기생(妓生)으로 정주 사회 내에 진입하는 것이다.

양수척은 전국 도처의 산곡에 무리지어 살면서 자신들끼리 혼인을
했다. 국가는 이들을 정확히 파악해 등재하고 나아가 국역 체제에 편제
하려고 했지만 소기의 성과를 거두지는 못했다.

양수척의 중심 생업인 사냥은 위험하고 고단한 일이었다. 그리고 식
료 조달의 안정성도 크게 떨어지는 일이었다. 때문에 생존과 생활을 위
해 끊임없이 정주 사회와 접촉하지 않을 수 없었다. 정주민으로 전화해
살아가는 일도 적지 않았다. 반면 역으로 정주민에서 양수척 삶의 방식
으로 전환되는 이들도 항상 존재했다. 유망(流亡)하는 이들, 도망친 이들
은 산곡간에서 사냥함으로써 살아가는 수가 많았다. 유망민·포민(逋民)
이 양수척을 공급하는 것이다. 또한 국외에서 유입되는 거란·여진·몽골
족도 정주하지 못하고 사냥꾼의 삶을 살면서 양수척이 되기도 했다. 양
수척 문화를 흡수하면서 이들이 생존·생활하고 있었던 것이다. 양수척
은 후백제 유민을 중심으로 하고 있지만 고정되지 않고 새로이 충원되
는 존재였다.

양수척의 생활 습속과 문화는 정주 사회의 그것과 큰 차이가 있었다.
유교의 예법이나 불교 교설의 가르침과 거리가 멀었다. 그들의 문화는
호풍(胡風)이라고 부를 수 있는 것이었다. 양수척 출신 인물의 대거 진입
은 달단풍(韃靼風)·호풍의 문화를 확산시키는 데 크게 기여한 것으로 보
인다. 도방이나 무사들이 달단풍을 표현하고 있는 것이나, 만종과 만전
이 달단의 안마와 복식을 흉내낸 것 등이 그러한 예로 보인다. 호악(胡
樂)·호가(胡歌)·호적(胡笛)·호무(胡舞)가 유행했으며, 호복(胡服) 역시 크
게 성행했다. 호풍의 문화는 다양하며, 그 계통 역시 단일한 것이 아닌
것으로 보인다. 대개 사냥에 종사하거나 유목 생활을 하는 이들에서 유

래하는 것이 대부분이었다. 이러한 호풍에는 원풍(元風)의 것이 일부 포
함되지만 양수척 계통의 것도 상당했을 것으로 보인다. 이처럼 양수척
이 정주 사회에 대거 진입함에 따라 호풍의 문화가 성행하게 되었다.

양수척은 정주 사회 내에 끊임없이 진입하고 있었지만 그것이 용이
한 것은 아니었다. 사회적 지위를 높여 가는 일부의 양수척도 있었지만
많은 이들은 천업(賤業) 종사자로 괄시를 받는 처지에 있었다. 우왕 13년
(1387) 많은 이들에게 관직을 제수하면서 이어지는 언급이 주목을 끈다.

> 이성림(李成林)을 좌시중(左侍中)으로, 반익순(潘益淳)을 우시중(右侍
> 中)으로, 최천검(崔天儉)을 천양부원군(川陽府院君)으로, 반복해(潘福
> 海)를 문하찬성사(門下贊成事)로, 신아(申雅)·왕흥(王興)을 동지밀직사
> 사(同知密直司事)로, 오충좌(吳忠佐)를 밀직부사(密直副使)로, 노구산
> (盧龜山)을 우부대언(右副代言)으로 임명했다. 최천검은 세력을 믿고
> 다른 사람의 토지를 많이 빼앗았으나, 사람들이 감히 말을 할 수 없
> 었다. 노구산이 나이가 20살이 되지 않았으므로, 나라 사람들이 모
> 두 적임자가 아니라고 생각했다. 이때 환관·상인·어부와 사냥꾼들
> 도 관직을 받지 않는 사람이 없었다.[389]

다수의 사냥꾼이 진출해 관직을 제수받고 있는 것이다. 사냥꾼은 양
수척이므로 양수척이 대거 조정에 진출해 관원이 되고 있음을 알 수 있
다. 우왕대의 기록이지만 무인집권기·원 간섭기 이래 양수척이 대거 중
앙에 진출했음을 확인할 수 있다.

무사로 발탁되거나 격구 등 특정 기예에서 탁월함을 보여 등용된 재
인은 신분이 급상승했지만 도축에 종사하거나 보통의 능력을 가진 기예

---

389 『高麗史』 권136, 列傳49, 辛禑 13년 8월.

인, 그리고 기생 등은 천예를 벗어나지 못했다. 이처럼 양수척이 정주민으로 전환하는 경우, 신분이 크게 상승하는 경우도 있었지만 천예의 신분을 벗어나지 못한 경우가 훨씬 많았을 것이다.

고려말 조준(趙浚)은 이들을 매우 위험한 세력으로 인식하였다. 화척과 재인이 농경에 종사하지 않고 산골짜기에 서로 모여 살면서 왜적을 사칭하고 있다고 하면서 서둘러 도모하지 않으면 안 된다고 주장했다. 그들이 거주하고 있는 군현에서 인구에 따라 부담을 지우고 문적을 작성해 유리하지 못하도록 하고 빈 땅을 주어 농사짓도록 해 평민과 같도록 해야 한다고 주장했다.[390]

조선초 정부는 양수척, 화척과 재인(기생)을 안정적인 정주민으로 삼고자 적극 노력했다. 이들에게 토지를 분급해 농업에 종사하도록 했으며, 평민과 섞여 살면서 상호 혼인하도록 조치했다. 또 이들을 문적에 등록하고자 했다. 그러나 이들의 습속이 쉽게 변할 수 있는 것이 아니었고, 정주민 역시 이들을 흔쾌히 받아들일 수 있는 것이 아니었다. 생존과 생활의 어려움에 처한 이들은 도적·강도의 행각을 벌이는 일이 많았다. 그리하여 조선초 범죄자(犯罪者)의 중심 부류가 재인·백정이라는 지적이 다수 보였다. 정주민으로 전환한 이들도 적지 않았지만 여전히 도축이나 재인으로 살아가는 이들도 많았다. 그렇지만 고려시기와는 달리 사냥과 거리가 먼 삶을 살아가게 되었다.

역사를 크게 보면 사냥을 주업으로 하는 문화는 퇴조할 수밖에 없었다. 또 사냥을 생업으로 하는 양수척의 수는 감소하게 마련이었다. 일차적으로 사냥 활동의 경제성·효율성이 크게 퇴조했기 때문이다. 상대적

· · · · · · · · · · · · · ·

390 『高麗史』 권84, 志38, 刑法1, 戶婚, 辛禑 14년 8월 ; 『高麗史』 권118, 列傳31, 趙浚.

으로 정주 사회 내의 농업생산력은 엄청나게 증대해 갔다.

농지의 개간이 확대되면서 산림이 훼손되고 임야가 크게 축소되었다. 산림의 훼손, 임야의 축소는 곧 야생동물의 서식 환경을 열악하게 만들었고 이는 당연히 야생동물의 개체수를 감소시켰다. 이에 따라 사냥의 안정성과 경제성은 크게 손상되었으며, 사냥에 종사하는 이들의 생활은 힘겨워졌다. 반면 농업생산력의 증대에 따라 가축 사육은 크게 증가했다. 단백질 공급원으로서 야생동물보다 가축이 차지하는 비중이 한층 높아갔다.[391]

농업의 발달에 따라 사냥꾼 출신의 양수척은 정주민으로 전환되지 않을 수 없었다. 국가도 이런 시책을 적극 추진했다. 농사를 지으면서 안정된 정주민이 되는 이도 적지 않았지만, 여전히 가축의 도축에 종사하는 이도 많았다. 농사를 짓지 않는 재인·화척·백정은 정주 사회에 동화되지 않고 여전히 외곽에 존재하면서 하시(下視)당하는 처지에 머물렀다. 백정의 일부는 다른 마을과 격리된 지점에 별도의 촌락을 만들어 생활하는 경우도 적지 않았다.[392]

오랜 연원을 갖는 사냥 문화가 조선에 들어와 퇴조하고 그 종사자는 대부분 산곡의 생활을 버리고 정주 사회 내에 편입되었다. 그들은 농업에 종사하거나 도축이나 예능에 종사하는 층으로 변모했다. 농업에 종

· · · · · · · · · · · · · · ·

391 이병희, 2020, 「조선전기 사냥의 전개와 위축」『사회과학연구』 21, 한국교원대 사회과학연구소(본서 보론 수록).

392 李俊九, 1997, 「朝鮮後期 白丁의 存在樣相 - 大邱府 西上面 路下里 白丁部落을 중심으로 - 」『大丘史學』 53 ; 李俊九, 1998b, 「朝鮮後期 慶尙道 丹城地域 白丁의 存在樣相 - 丹城帳籍을 중심으로 - 」『朝鮮史研究』 7 ; 李俊九, 2001, 「조선후기 마을을 이루고 산 고리백정의 존재양상 - 大丘府 戶口帳籍을 중심으로 - 」『朝鮮史研究』 10.

사하는 이들은 떠돌이 생활을 하지 않았지만 도축이나 예능에 종사한 이들은 정주 사회 내에서 정착성이 현저히 떨어지는 생활을 했다. 이들 모두는 국가 권력의 밖에 존재하는 부류가 아니라 국가가 파악한 범위 내의 존재였다. 선조대부터 확인되는 사냥꾼인 산척(山尺)은 양수척과 계보가 이어지는 부류가 아니었다. 재인·백정과 확연히 구분되는 새로운 계층이었다. 산척이 당시 사회에서 차지하는 비중은 고려시기 양수척의 그것과 비교할 수 없을 정도로 낮았다.

고려시기의 양수척은 이와 같은 과정을 거치면서 사냥꾼에서 멀어져 갔다. 사냥 문화의 축소, 국가의 강력한 정주민화 정책으로 인해 양수척은 사냥과 무관한 존재로 바뀌게 되었다. 많은 수가 정주민으로 전화되었지만, 농업에 종사하지 않고 여전히 도축을 담당한 백정은 이후에도 온갖 천대를 받는 위치에 있었다. 법적인 신분제가 해소된 일제시기에 이들은 사회적 차별을 철폐하자는 형평운동을 펼치게 된다.[393]

---

393 일제시기 형평운동에 관해서는 수다한 연구가 있는데, 그 가운데 대표적인 것을 제시하면 다음과 같다. 김중섭, 1994, 『衡平運動硏究』, 민영사 ; 김중섭, 2001, 『형평운동』, 지식산업사 ; 조규태, 2020, 『백촌 강상호 - 형평운동의 선도자 - 』, 펄북스 ; 고숙화, 1996, 「日帝下 衡平社 硏究」, 이화여대 박사학위논문.

조선전기
사냥의 전개와
위축

## 1. 머리말

조선초기 사냥문화는 큰 전환기를 맞이하였다. 원시시대 이래 장구한 내력을 갖는 사냥은 인간의 매우 중요한 생업활동(生業活動)의 하나였다. 사냥은 야생동물을 대상으로 포획하고자 하는 행위로서 인간과 야생동물 사이의 팽팽한 긴장 관계를 전제로 하였다. 사냥도구가 개선됨에 따라 인간의 야생동물 포획은 용이해졌으며 포획수를 크게 늘려갈 수 있었다. 양자 사이의 오랜 긴장 관계는 조선초에 와서 크게 동요하는 모습을 보였다.

사냥은 야생동물의 개체수 변동의 영향을 크게 받는다. 야생동물의 개체수가 감소하면 사냥 활동이 위축될 수밖에 없다. 농지개간이 확대되고 농업생산이 증진하며 가축 사육이 증대해가는 것도 사냥 활동의 변동을 초래하는 중요한 요인이었다. 지배층의 사회경제 활동에 대한 관심의 변화, 또 지향하는 가치관의 변화도 사냥 문화의 변동에 깊은 경향을 주게 된다.

큰 변동을 보이는 조선초의 사냥에 대해서 지금까지 충실한 연구가 이루어지지 않았다. 개략적으로 소묘한 글이 있고[1] 또 정치권력과의 관

----

1 심승구, 2007, 「조선시대 사냥의 추이와 특성 - 講武와 捉虎를 중심으로 - 」『역사민속학』 24 ; 정연학, 2011, 「왕조의 중요한 국책 사업, 사냥」『사냥으로 본 삶과 문화』, 국사편찬위원회.

계라는 시각에서 접근한 경우도 있었다.[2] 주목되는 것은 강무(講武) 활동(活動)과 관련해 사냥을 언급한 성과였다.[3] 강무에서 사냥은 군사훈련의 한 방법이었으며, 천신(薦新)을 제공하는 계기였고 또 농작물에 피해를 주는 동물의 제거 수단이었음을 언급했다. 소중한 성과에도 불구하고 사냥 활동 자체에 대한 내용 제시가 미흡하였고, 사냥물이 인간의 중요한 식료라는 측면을 충실히 드러내지 못하였다. 그리고 무엇보다도 사냥 문화의 변동과 그 의미를 제대로 구명하지 못하였다.

이 글에서는 사냥의 구체적인 모습을 드러내고자 한다. 사냥의 방법, 사냥을 통해 포획한 동물, 그 동물이 갖는 식료로서의 중요성 등을 지적하고자 한다. 또한 사냥의 행위에 상무성(尙武性)이 강하게 내재되어 있음을 주목할 것이다. 그리고 조선전기 사냥 활동을 전개하는 여러 주체에 대해 살펴보고자 한다. 국가 차원의 강무, 다양한 취향을 갖는 국왕의 사냥, 지배층의 사냥, 백정의 사냥, 그리고 민간의 사냥 등을 차례로 나누어 해명하고자 한다. 마지막으로 사냥 문화가 15세기말을 분기점으로 크게 퇴조해 감을 지적하고자 한다. 강무 활동의 축소, 국왕의 사냥 선호도 격감, 백정층의 사냥 활동 축소 등을 언급하고 그러한 배경으로서 사냥 비판론이 대두하고 야생동물이 크게 감소하였음을 지적하고자 한다. 또한 사냥으로 상징되는 상무적 성향의 문화가 크게 퇴색하였음을 주목할 것이다.

. . . . . . . . . . . . . .

2 심승구, 2011, 「권력과 사냥」『사냥으로 본 삶과 문화』, 국사편찬위원회.
3 朴道植, 1987, 「朝鮮初期 講武制에 관한 一考察」『慶熙史學』 14 ; 이현수, 2002, 「조선초기 강무 시행사례와 군사적 기능」『군사』 45 ; 김동진, 2007, 「조선전기 강무의 시행과 포호정책」『조선시대사학보』 40 ; 정재훈, 2009, 「조선시대 국왕의례에 대한 연구 – 講武를 중심으로 –」『한국사상과 문화』 50 ; 이규철, 2018, 「조선시대 강무(講武)의 역사적 의미와 콘텐츠화 방안」『東아시아 古代學』 52, 東아시아 古代學會.

## 2. 사냥의 방법과 포획 동물

조선초기 자료에서 확인되는 사냥의 방법은 매우 다양했다.[4] 대상 동물에 따라 약간의 차이가 있었지만 사냥은 대체로 비슷한 방식으로 진행되었다. 사냥의 방법으로 가장 보편적인 것은 활과 화살을 이용한 것이었다. 이 경우 말을 타고 하는 경우도 있고 그렇지 않은 경우도 있었다. 사슴·노루·멧돼지와 호랑이·곰 등은 모두 활을 쏴서 포획하였다. 토끼와 꿩도 활을 이용해 잡는 수가 많았다.

그물을 사용해 사냥하는 경우도 종종 보인다. 대체로 포획된 야생동물에 큰 상처가 없어야 할 때 사용하는 방식이었다. 그물을 친 곳으로 몰이를 해서 잡는 방식이었다.[5] 국가의 제수(祭需)를 망패(網牌)라는 사냥꾼이 바치는 데서[6] 사냥에 그물을 사용함을 확인할 수 있다. 망패의 사냥은 종종 언급되고 있다.[7] 연산군 6년(1500) 사복시(司僕寺)에서 망(網)을 이용해 사냥하는 것은 생물(生物)을 진상하기 위함이라는 언급이 보인다.[8]

...............

4 사냥의 방법에 대해서는 김광언씨의 글이 참고된다(김광언, 2007, 『韓·日·東시베리아의 사냥 - 狩獵文化 比較誌 -』, 민속원, 161~284쪽). 이 책은 사진 자료를 포함해 풍부한 내용을 제시하고 있다. 그러나 역사문헌에 의거해 자료를 제시한 것이 아니어서 역사성이 부족하다. 본 논문에서는 문헌자료를 통해 조선전기의 사냥법을 추출하고자 한다.
5 朴誾,「觀獵」『續東文選』 권3.
6 『世宗實錄』 권32, 世宗 8년 6월 丙子(14일), 3-33(國史編纂委員會 影印本 3冊, 33쪽을 의미함, 이하 같음).
7 『燕山君日記』 권36, 燕山君 6년 2월 丁酉(13일), 13-401 ;『燕山君日記』 권37, 燕山君 6년 3월 丙辰(2일), 13-404.
8 『燕山君日記』 권37, 燕山君 6년 3월 乙卯(1일), 13-404.

함정을 파서 사냥하는 일도 있었다. 여러 동물이 가능하였지만 맹수인 호표(虎豹)가 중심 대상이 되었을 것이다. 성종 10년(1479) 여러 도에서 진상(進上)하는 호피(虎皮)·표피(豹皮)·녹피(鹿皮)를 함정(檻穽)에서 잡아 마련하는 일이 언급되어 있다.[9] 함정을 통해 호표와 사슴을 잡았음을 알 수 있다.

덫을 사용해 사냥하는 것 역시 오래된 방식이었다. 성종 14년 사냥이 금지된 곳에서 사사로이 사냥하는 이들이 덫으로 보이는 계(械)를 설치해 금수를 포획하는 경우가 있었다.[10] 특이하게도 입 소리로 노루와 사슴을 잡는 능력자도 있었다.[11] 노루와 사슴을 유인하는 소리를 입으로 내서 유인한 다음 잡는 방법이었을 것이다.

매를 활용해 사냥하는 일은 조선초 매우 흔하였다. 태조 3년(1394)과 5년에 매 사냥을 금지한 일이 보이는데[12] 이는 그만큼 매 사냥이 성행하였음을 뜻한다. 정종 2년(1400) 세자가 갑사를 거느리고 호곶(壺串)에서 매를 활용해 사냥했으며,[13] 태종 5년(1405) 국왕이 동교에서 제군(諸君)을 거느리고 매 사냥을 하였다.[14] 세종 15년(1433)과 16년에 국왕이 매 사냥한 일이 확인된다.[15] 매 사냥은 방응(放鷹)으로 표현되었다.

사냥개의 도움을 받아 사냥하는 경우도 매우 많았다. 매 사냥을 할

. . . . . . . . . . . . . . .

9 『成宗實錄』 권104, 成宗 10년 5월 庚申(5일), 10-12.
10 『成宗實錄』 권158, 成宗 14년 9월 戊戌(8일), 10-512.
11 『燕山君日記』 권56, 燕山君 10년 12월 丙寅(10일), 13-677.
12 『太祖實錄』 권6, 太祖 3년 12월 丙子(11일), 1-72 ; 『太祖實錄』 권10, 太祖 5년 8월 壬寅(17일), 1-95.
13 『定宗實錄』 권6, 定宗 2년 10월 壬辰(1일), 1-184.
14 『太宗實錄』 권9, 太宗 5년 2월 庚午(4일), 1-318.
15 『世宗實錄』 권62, 世宗 15년 10월 戊辰(19일), 3-521 ; 『世宗實錄』 권63, 世宗 16년 1월 乙未(17일), 3-538.

때 사냥개가 동행하는 수가 많아[16] 응견(鷹犬)이란 표현이 자주 보인다. 철원 강무장 부근에 사는 민들이 기르고 있는 사냥개[田犬]를 모두 거둬 서울로 보내도록 한 일이 있는데,[17] 사냥개를 활용해 사냥함으로써 강무장 금수를 감소시키고 있기 때문에 취한 조치였다. 무식한 무리가 응견을 들판에 뛰어놀게 해 곡전(穀田)을 손상시킨다는 것이 언급되는데,[18] 개가 사냥에 활용됨을 가리키는 것이다. 사냥에는 개가 널리 활용되었다.[19]

불을 질러 사냥하는 경우도 종종 확인된다. 불을 지르면 이를 피하는 짐승들이 달려 나오게 되는데 이를 기회로 삼아 포획하는 것이었다. 대개는 활을 쏴서 잡았을 것이다. 태조 4년 무뢰지도(無賴之徒)가 사냥에 탐닉해 불을 질러 태우고 있다는 언급이 보인다.[20] 태조가 수미원(壽美原)에 불을 지른 다음 사냥을 구경하였다.[21] 충청도 병마절도사 김서형(金瑞衡)이 서산에서 사냥하면서 불을 질러 금산(禁山)을 태운 일이 있다.[22] 산림에 불을 지르면 금수들이 불을 피해 도망할 것이고 도망하는 지점에서 금수를 사냥하였을 것이다.

몰이꾼[驅軍]을 동원해 사냥하는 수도 많았다. 국가 차원이나 관원의 경우 다수의 사람을 동원해 몰이함으로써 동물을 사냥하였다. 태종 13년 완산 및 인근 군(郡)의 군사 2,000명을 징발해 건지산(乾止山)에서 몰

• • • • • • • • • • • • • •

16 成俔, 『慵齋叢話』 권3, 「我外舅安公」.
17 『世宗實錄』 권39, 世宗 10년 3월 庚寅(8일), 3-119.
18 『世宗實錄』 권83, 世宗 20년 10월 癸酉(22일), 4-169.
19 鷹犬으로 여우와 토끼를 사냥하는 경우가 종종 보인다(金克己, 「田家四時」 『東文選』 권4 ; 徐居正, 『四佳文集』 권2, 「歸來亭記」).
20 『太祖實錄』 권8, 太祖 4년 7월 辛酉(30일), 1-82.
21 『太祖實錄』 권9, 太祖 5년 2월 丁未(19일), 1-89.
22 『成宗實錄』 권54, 成宗 6년 4월 己丑(11일), 9-214 ; 『成宗實錄』 권56, 成宗 6년 6월 甲申(7일), 9-233.

이사냥을 해서 노루 7,8마리를 잡았다.[23] 2,000명의 군사를 몰이꾼으로 동원한 사냥이었다.

눈이 많이 내릴 때를 활용한 사냥도 있었다. 기동성이 떨어진 동물을 대상으로 하는 사냥이다. 세종 즉위년 이천(伊川)의 분수령(分水嶺), 원주·횡계 등의 강무장(講武場)에 눈이 두껍게 쌓이자 사렵(私獵)하는 자들이 있을 것이라는 데서[24] 알 수 있다. 사냥이 금지된 강무장이지만 눈이 많이 내리면 사냥하기 수월하기 때문에 몰래 사사로이 사냥하는 자들이 있게 된다는 것이다. 노루와 사슴을 눈이 내린 것을 계기로 포획하는 구체적인 사례도 찾아진다.[25] 눈이 쌓이게 되면 금수들이 이동하는 것이 어렵기 때문에 사냥하기에 편리했다. 물론 눈이 많이 내리면 야생동물이 동사(凍死)하는 일도 있었다.[26]

몇몇 야생동물에 대한 사냥 사례를 살펴보는 것은 사냥 방법 이해에 도움이 될 것이다. 호표를 잡는 가장 일반적인 방법은 활과 화살을 사용하는 것이었다. 이성계(李成桂)가 젊은 시절 말을 타고 궁시(弓矢)를 가지고 사냥하면서 호랑이를 잡은 내용이 전한다. 이성계가 사람을 시켜 몰이사냥을 할 때, 호랑이가 매우 가까이 있음을 보고 즉시 말을 달려서 피하였다. 호랑이가 태조를 쫓아와서 말 궁둥이에 올라 움켜채려고 하므로, 태조가 오른손으로 휘둘러 치니, 호랑이는 고개를 쳐들고 거꾸러져 일어나지 못하였다. 태조가 말을 되돌려서 호랑이를 쏘아 죽였다.[27] 손으로 가격하고 다시 활을 쏴서 잡은 것이다. 태조 1년 호랑이가 성에

----

23 『太宗實錄』권26, 太宗 13년 10월 戊申(2일), 1-690.
24 『世宗實錄』권2, 世宗 즉위년 11월 丁巳(11일), 2-282.
25 『世宗實錄』권86, 世宗 21년 9월 庚午(25일), 4-241.
26 『燕山君日記』권48, 燕山君 9년 2월 癸卯(6일), 13-541.
27 『太祖實錄』권1, 總序, 1-3.

들어왔을 때 흥국리(興國里) 사람들이 활을 쏴서 잡았다.[28]

호표를 잡을 때 창을 사용하는 예도 보인다. 착호갑사(捉虎甲士)가 표범을 창으로 찌른 일이 보인다.[29] 표범을 잡을 때 지근한 거리에서는 창을 사용하였음을 알 수 있다. 기정(機穽, 덫과 함정)을 설치해 호랑이를 포획하려는 시도도 확인할 수 있다.[30] 성종 24년 민간에서 호랑이를 잡기 위해 함정(檻穽)을 설치한 내용이 전한다.[31] 함정을 설치해 호랑이를 잡으려 해도 오지 않으면 잡을 수 없다는 표현도 보인다.[32] 함정(陷穽)을 설치해 호랑이를 잡고자 한 경우도 있다.[33] 중종 27년(1532) 원유사종사관(苑囿司從事官) 이담손(李聃孫)이 백악산 아래에 기함(機檻)을 설치해 작은 호랑이를 잡은 일이 보인다.[34] 기함은 아마도 덫을 가리키는 것으로 이해된다. 호랑이를 잡는 그물도 보인다. 호랑이 그물[虎網] 50부를 소격서동(昭格署洞)에 보낸 데서[35] 알 수 있다.

호랑이를 잡는 것은 매우 위험한 일이어서 보통의 민간인이 쉽게 할 수 없었다. 서흥(瑞興)의 재인(才人) 한복련(韓卜連)은 호랑이를 잡는 일을 업(業)으로 했는데 전후 포획한 것이 40여 마리였으며, 능력을 인정받아 겸사복(兼司僕)에 임명되었다.[36] 호표 포획은 특수 훈련을 받은 유능한 이들이 전담하는 수가 많았다.[37] 착호갑사라 불리는 이들이 그들이었

............
28 『太祖實錄』 권2, 太祖 1년 윤12월 丙申(20일), 1-39.
29 『世宗實錄』 권84, 世宗 21년 윤2월 己亥(21일), 4-192.
30 『世祖實錄』 권34, 世祖 10년 8월 己酉(28일), 7-648.
31 『成宗實錄』 권285, 成宗 24년 12월 甲戌(14일), 12-451.
32 『成宗實錄』 권288, 成宗 25년 3월 丁酉(8일), 12-489.
33 『明宗實錄』 권17, 明宗 9년 8월 壬午(14일), 20-226.
34 『中宗實錄』 권73, 中宗 27년 5월 丁巳(10일), 17-370.
35 『燕山君日記』 권55, 燕山君 10년 9월 丁未(20일), 13-662.
36 『世祖實錄』 권22, 世祖 6년 10월 甲寅(12일), 7-424.

다.[38] 이들은 국가 차원에서 호랑이를 잡는 전문부대로 편제한 것이다. 세종 7년 유후사(留後司) 성내에 호랑이가 많자, 삼군진무(三軍鎭撫)와 착호갑사 10인을 보내 잡게 한 일에서[39] 알 수 있다. 세종 13년 풍양산에 세 마리의 호랑이가 나타났을 때 병조(兵曹)에게 군사를 뽑아 보내라고 지시하였는데[40] 착호갑사일 가능성이 크다. 겸사복도 호랑이 포획에 나선 일이 보인다.[41] 외방에서 호랑이를 잡는 일은 각 지방 군인의 몫이었다. 전라도 백야곶(白也串) 목장의 호표를 순천부사(順天府使)와 조양진(兆陽鎭) 첨절제사(僉節制使), 각 포 만호(萬戶)로 하여금 군인을 거느리고 잡게 하였다.[42] 성종 2년 상주·선산·김산 등에 악호(惡虎)가 사람을 해치는 일이 많자, 경상우도 병마절도사(兵馬節度使)에게 활을 잘 쏘는 이를 뽑아 잡도록 한 일이 있다.[43] 호랑이 포획을 위해 활을 잘 쏘는 이를 선발하는 것이다.

곰 역시 활을 쏴서 잡았다. 태조가 말을 달려 내려가면서 곰을 쏴 잡은 일이 있다.[44] 여우도 활을 쏴 사냥한 것이 확인된다. 세조 6년(1460) 몰이를 했을 때 길옆 산기슭에서 여우 5마리가 나왔는데 세자에게 명하여 쏘게 하니, 세자가 3마리를 맞추었다.[45]

· · · · · · · · · · · · · ·

37 김동진, 2007, 앞의 논문 ; 김동진, 2009, 『朝鮮前期 捕虎政策 硏究』, 선인.
38 『世宗實錄』 권29, 世宗 7년 7월 己丑(22일), 2-683 ; 『世宗實錄』 권84, 世宗 21년 윤2월 丙申(18일), 4-191 ; 『睿宗實錄』 권5, 睿宗 1년 4월 己巳(16일), 8-360 ; 『成宗實錄』 권39, 成宗 5년 2월 戊寅(23일), 9-91.
39 『世宗實錄』 권29, 世宗 7년 8월 癸酉(7일), 2-688.
40 『世宗實錄』 권51, 世宗 13년 3월 己巳(5일), 3-298.
41 『世祖實錄』 권31, 世祖 9년 12월 戊申(24일), 7-598.
42 『世宗實錄』 권66, 世宗 16년 12월 乙丑(22일), 3-605.
43 『成宗實錄』 권9, 成宗 2년 1월 壬午(9일), 8-546.
44 『太祖實錄』 권1, 總序, 1-6.

사냥의 대상이 되는 야생동물 가운데 대표적인 것은 노루와 사슴이었다. 노루와 사슴은 비슷한 방식으로 사냥하였다. 노루는 기본적으로 활을 쏴서 포획하였다. 이성계가 말을 달리면서 활을 쏴 노루를 잡았다.[46] 태종이 봉안역(奉安驛) 등에서 말을 타고 사냥하면서 노루 2마리를 쏴 잡은 일이 있다.[47] 노루를 잡는 데 그물을 사용하기도 했다. 사복시로 하여금 장망(獐網) 100벌을 좌응방(左鷹坊)으로 보내고, 또 외방으로 하여금 300벌을 더 마련하도록 한 일이 있는데,[48] 장망은 노루를 포획하는 그물로 보인다.

사슴 역시 활을 쏴서 잡는 것이 가장 일반적인 포획 방법이었다. 이성계가 우왕 11년(1385)에 하루에 사슴 40마리를 쏴서 잡은 일이 있었으며,[49] 임강(臨江) 화장산(華藏山)에서 사냥할 때 아래로 도망하는 사슴을 말을 채찍질하면서 내려가 쏴서 포획하였다.[50] 태종이 광주(廣州)에서 사냥할 때 성륜산(聖倫山)에서 사슴 3마리를 활로 쏴 잡은 일이 있다.[51]

멧돼지도 활을 쏴서 잡는 것이 가장 흔한 방법이었다. 세종 4년 정종과 태종이 보장산(寶藏山)에서 사냥을 구경할 때 정종이 멧돼지와 사슴 각 2마리를 쏴서 잡은 일이 있다.[52] 신전동(薪田洞) 종현산(鐘懸山)에서 사냥할 때에도 정종이 활을 쏴서 멧돼지를 잡았다.[53]

. . . . . . . . . . . . . . .

45 『世祖實錄』권22, 世祖 6년 10월 癸亥(21일), 7-428.
46 『太祖實錄』권1, 總序, 1-3 ; 『太祖實錄』권1, 總序, 1-6 ; 『太祖實錄』권1, 總序, 1-10 ; 『太祖實錄』권1, 太祖 1년 7월 丙申(17일), 1-20.
47 『太宗實錄』권9, 太宗 5년 2월 壬午(16일), 1-319.
48 『燕山君日記』권55, 燕山君 10년 9월 戊戌(11일), 13-661.
49 『太祖實錄』권1, 總序, 1-10.
50 『太祖實錄』권1, 總序, 1-13.
51 『太宗實錄』권21, 太宗 11년 2월 戊午(27일), 1-577.
52 『世宗實錄』권15, 世宗 4년 3월 丙戌(29일), 2-477.

토끼는 매로 잡는 경우가 있었다. 문종이 매를 들인 것은 토끼와 꿩을 잡고자 함이라고 하였다.[54] 몸집이 작고 빠르기 때문에 토끼는 활을 쏴 잡는 것보다는 매를 활용하거나 그물망을 사용해 잡는 것이 일반적이었을 것이다. 토끼는 많은 이들이 몰이작업을 해서 잡기도 했다.[55]

꿩은 매를 활용하거나 활로 쏴서 잡았다. 꿩이 지면에 있을 때는 잡기 힘들기 때문에 이성계가 지면에 있는 꿩을 날도록 해 활로 쏴서 잡은 일이 있다.[56] 권근(權近)의 노비가 꿩을 활로 사냥한 사실도 전한다.[57] 인산군(仁山君) 홍윤성(洪允成)이 사여받은 매를 활용해 꿩을 잡은 뒤 10마리를 세조에게 바친 일이 있다.[58] 꿩을 매를 활용해 잡은 것이다. 왕실에서 필요한 꿩은 매 사냥을 전담하는 응패(鷹牌)가 담당해 조달하는 경우도 있다.[59] 성종 20년 당양위(唐陽尉) 홍상(洪常)과 풍천위(豊川尉) 임광재(任光載)에게 응사(鷹師)를 거느리고 기현(畿縣)에 가서 꿩을 잡아 양전(兩殿)에 바치도록 하였다.[60] 연산군 5년에도 응패가 토산에서 꿩 100마리를 잡은 일이 있다.[61] 응패·응사는 당연히 꿩을 활용해 매를 잡았을 것이다. 특이하게도 개가 꿩을 물어오는 일도 있었다. 경상도 산음현의 최위(崔渭)라는 사람이 부모에게 극진히 효도했는데, 모친이 꿩고기를 먹고 싶어하자 구하려고 하였으나 얻지 못했는데, 집의 개가 꿩을 물어 왔

---

53 『世宗實錄』 권16, 世宗 4년 4월 辛卯(5일), 2-478.
54 『文宗實錄』 권5, 文宗 1년 1월 戊午(18일), 6-347.
55 『成宗實錄』 권46, 成宗 5년 8월 辛丑(19일), 9-139.
56 『太祖實錄』 권1, 總序, 1-10.
57 權近, 『陽村集』 권3, 「奴好珍射雉爲具 以詩誌之」.
58 『世祖實錄』 권45, 世祖 14년 2월 癸丑(22일), 8-163.
59 『世宗實錄』 권51, 世宗 13년 3월 庚寅(26일), 3-306.
60 『成宗實錄』 권234, 成宗 20년 11월 丙辰(2일), 11-533.
61 『燕山君日記』 권35, 燕山君 5년 11월 庚午(14일), 13-384.

다는 것이다.[62] 영리한 개가 꿩을 잡아 온 것이다.[63]

매는 사냥에 활용하기 위해 포획하였다, 매의 종류는 다양했다. 응(鷹), 요(鷂), 전(鷆), 골(鶻), 해청(海青), 나진(那進), 송골(松鶻), 퇴곤(堆困, 堆昆), 준(隼) 등이 그것이었다.[64] 매를 포획한 뒤 일정한 절차를 밟아 조련해야 사냥에 활용할 수 있었다. 매는 평안도와 함경도에서 많이 잡혔으며[65] 반면 경상도와 전라도에서는 그렇지 못했다.[66] 매는 다치지 않도록 그물을 사용해 포획해야 사냥에 활용할 수 있었다.[67]

사냥을 통해 포획한 동물은 다양했는데, 노루와 사슴이 가장 많았다. 많을 경우 노루는 최대 70여 마리가 잡혔으며, 사슴은 70마리가 포획되었다. 그 다음이 멧돼지인데, 통상 1~2마리가 잡혔다. 그리고 토끼와 꿩도 보이는데 토끼는 20여 마리, 꿩은 30여 마리가 잡힌 것이 확인된다. 여우, 곰이나 이리는 흔한 금수가 아닌 것으로 추정된다. 이들은 대개 1마리가 잡히고 있다. 호랑이는 3마리가 포획된 것이 확인되지만 대부분 1마리가 잡히고 있다([부록] 참조). 호표는 통상의 사냥보다는 별도의

---

62 『端宗實錄』 권12, 端宗 2년 8월 丙申(17일), 6-705.
63 그밖에 피리로 암꿩 우는 시늉을 하고, 잡은 수꿩으로 암놈을 희롱하는 형상을 하면 수꿩들이 노기를 띠고 나타나게 되는데, 이때 그물로 덮쳐서 꿩을 잡는 방법도 있다(姜希孟, 「訓子五說幷序」『續東文選』 권17).
64 이예슬, 2019, 「조선전기 매[鷹]의 사육과 활용」, 한국교원대 석사학위논문 참조
65 『太宗實錄』 권20, 太宗 10년 8월 己亥(5일), 1-560 ; 『世宗實錄』 권37, 世宗 9년 8월 丙辰(1일), 3-85 ; 『世祖實錄』 권11, 世祖 4년 1월 戊子(29일), 7-250 ; 『成宗實錄』 권45, 成宗 5년 7월 丁丑(24일), 9-132.
66 『世宗實錄』 권56, 世宗 14년 6월 乙巳(18일), 3-398 ; 『世宗實錄』 권106, 世宗 26년 9월 癸未(8일), 4-584 ; 『中宗實錄』 권25, 中宗 11년 5월 壬辰(12일), 15-169.
67 『世宗實錄』 권39, 世宗 10년 3월 庚戌(28일), 3-122 ; 『世祖實錄』 권34, 世祖 10년 8월 辛卯(10일), 7-645 ; 『燕山君日記』 권55, 燕山君 10년 9월 戊戌(11일), 13-661.

기획 하에 잡는 경우가 많았다.

사냥으로 잡은 동물은 다양한 용처로 활용되었다. 가죽과 털은 난방용의 의류를 공급하였으며, 특수 부재는 약재로 활용되었다. 그리고 육류는 단백질을 공급하는 중요한 식료가 되었다.[68] 당시 가축을 통한 식료의 공급이 풍족하지 않았으므로 야생동물은 인간에게 단백질을 공급하는 매우 중요한 식자재였다. 대표적인 식용 야생동물은 사슴·노루·멧돼지·토끼·꿩이었다. 호랑이·여우·이리·곰 등은 단백질을 공급하는 것보다는 털이나 가죽을 사용했으며 일부는 약재로 사용되는 수도 있었을 것이다.

국가 차원의 제사에 야생동물을 사용하는 일은 매우 흔했다. 강무 활동 시에 사냥해 포획한 야생동물은 곧바로 종묘에 보내 천신토록 하였다.[69] 제사에 활용하는 것도 결국은 식료로 전환되는 것이다. 왕실에게도 사냥을 통해 확보한 야생동물을 신선한 먹거리로 제공하였다.

세종 1년 상왕이 진무(鎭撫)를 철원, 영평 등처에 나눠 보내 노루와 꿩을 사냥해서 종묘에 바치도록 했다.[70] 세종 12년 봄·가을로 강무에서 잡은 짐승을 먼저 종묘에 천신하고, 다음에 연로한 대신에게 나누어 주

· · · · · · · · · · · · ·

68 16세기에도 야생동물이 가축보다 단백질을 공급하는 식료로서 더 높은 비중을 차지하고 있었다(차경희, 2007, 「『쇄미록』을 통해 본 16세기 동물성 식품의 소비 현황」『한국식품조리과학회지』 23-5, 한국식품조리과학회).

69 매달 천신하는 물품에 야생동물이 포함되어 있었다. 9월에 기러기, 11월 天鵝, 12월에 토끼였다. 봄과 가을의 사냥에서 획득한 사슴·노루·꿩 등도 천신하였는데(『世宗實錄』 권128, 五禮, 吉禮, 序禮, 時日, 5-176 ; 정연학, 2011, 앞의 논문 ; 김상보, 2014, 「종묘제례에 정성스럽게 마련한 제찬을 진설하다」『종묘 - 조선의 정신을 담다 -』, 국립고궁박물관, 204~209쪽), 강무 시의 사냥이나 국왕의 사냥에서 획득한 것으로 충당했다.

70 『世宗實錄』 권5, 世宗 1년 10월 甲午(23일), 2-342.

었다고 했다.[71] 세조 5년 세조가 저적산(猪積山)에서 사냥을 관람했을 때 포획함이 심히 많았는데, 주서(注書)에게 명해 종묘에 천금(薦禽)하게 했다.[72] 강무할 때의 사냥에서 잡은 금수는 일차적으로 종묘에 천신하는 데 사용되었다.[73]

사냥한 금수를 왕실이나 왕족, 관료에게 제공하는 일이 많았다. 이것을 받은 이들은 식료로 활용하는 것이었다. 태종 18년 사냥해 잡은 노루를 내관(內官) 최룡(崔龍)에게 주어 인덕궁(仁德宮)과 성비전(誠妃殿)에 바치게 했다.[74] 사냥한 금수를 왕실에 제공하는 일은 매우 흔하였다.[75] 포획한 야생동물은 귀한 식료였기 때문에 궁전에 바친 것이다.

국가 기구 및 관료에게 제공하는 수도 있었다. 세종 1년 평강에서 사냥할 때 포획함이 많았는데 이것을 시종(侍從)한 군신(群臣)에게 나누어 주었다.[76] 세종 6년 철원 등지에서 몰이사냥을 할 때 이조판서 허조(許稠)가 와서 문안 인사하자 허조에게 노루와 꿩을 하사하였다.[77] 세조 1년 사냥에서 포획한 금수를 의정부·승정원 및 종친, 재추에게 사여하였다.[78] 사냥해 잡은 금수는 귀한 식료여서 하사한 것이다. 국가 기구 및 관

∙∙∙∙∙∙∙∙∙∙∙∙∙∙
71 『世宗實錄』 권50, 世宗 12년 10월 戊辰(1일), 3-263.
72 『世祖實錄』 권15, 世祖 5년 2월 庚辰(27일), 7-313.
73 『成宗實錄』 권245, 成宗 21년 윤9월 戊戌(19일), 11-650 ; 『燕山君日記』 권51, 燕山君 9년 10월 丙申(3일), 13-577 ; 『中宗實錄』 권16, 中宗 7년 9월 丙戌(15일),14-613 ; 『中宗實錄』 권59, 中宗 22년 10월 癸丑(9일), 16-601.
74 『太宗實錄』 권35, 太宗 18년 5월 庚戌(1일), 2-220.
75 『成宗實錄』 권15, 成宗 3년 2월 己丑(22일), 8-638 ; 『成宗實錄』 권98, 成宗 9년 11월 戊午(1일), 9-659 ; 『成宗實錄』 권140, 成宗 13년 4월 甲寅(16일), 10-322.
76 『世宗實錄』 권3, 世宗 1년 3월 丁巳(13), 2-308.
77 『世宗實錄』 권26, 世宗 6년 10월 癸卯(2), 2-625.
78 『世祖實錄』 권2, 世祖 1년 9월 壬寅(30일), 7-89.

료에게 사냥에서 포획한 야생동물을 사여하는 사례는 흔히 볼 수 있다.[79]

사냥해 잡은 노루와 사슴은 좋은 식료였기 때문에 명의 사신의 연향 (宴享)에도 활용되었다.[80] 연산군 9년 강원도에 근년에 대설이 내려 금수 가 거의 다 동사했다고 하면서, 명 사신의 지대(支待)를 위한 장록(獐鹿) 을 강무장을 가리지 않고 잡을 것을 강원도 감사가 청한 일이 있다.[81] 장록이 훌륭한 식료였으므로 명의 사신 접대에 활용되고 있는 것이다. 군현(郡縣)에서 사객(使客)을 대접하기 위해 사냥하는 것도[82] 야생동물이 귀한 식자재였기 때문이다. 또한 손님 접대를 위해 꿩과 토끼를 사냥하 는 것도[83] 그것이 소중한 식료였음을 의미한다.

사냥한 금수는 뇌물로 활용되는 예도 있었다. 세종 5년 의주목사(義 州牧使) 김을신(金乙辛), 판관(判官) 최윤복(崔閏福)이 노루·사슴의 가죽과 살코기를 가지고 서울과 지방의 여러 곳에 뇌물로 쓴 일이 있다.[84] 노루 와 사슴이 뇌물로 사용될 정도의 가치를 지닌 것이다.

야생동물을 식료로 널리 활용하고 있었으므로 그것이 유통되는 일도 적지 않았다. 사냥을 통해 확보한 금수를 육류로 가공해 저자에서 매매 하는 일이 흔하였다. 세종 11년 노루와 사슴의 고기가 저자에서 널리 판 매된 적이 있었다.[85] 사냥해 확보한 노루와 사슴의 살코기가 중요한 식 료였기 때문에 저자에서 거래될 수 있었던 것이다.

. . . . . . . . . . . . . .

79 『世祖實錄』 권5, 世祖 2년 9월 丙申(29일), 7-153 ; 『世祖實錄』 권5, 世祖 2년 10월 庚子(4일), 7-154 ; 『世祖實錄』 권45, 世祖 14년 1월 己丑(28일), 8-158.
80 『成宗實錄』 권4, 成宗 1년 4월 辛未(23일), 8-490.
81 『燕山君日記』 권48, 燕山君 9년 2월 癸卯(6일), 13-541.
82 『高麗史』 권118, 列傳31, 趙浚.
83 金守溫, 「告夢文」 『續東文選』 권18.
84 『世宗實錄』 권21, 世宗 5년 9월 甲辰(26일), 2-557.
85 『世宗實錄』 권43, 世宗 11년 3월 甲寅(8일), 3-169.

민의 식용으로 활용되는 경우도 당연히 있었을 테지만, 사냥의 어려움 때문에 빈번한 일은 아니었을 것으로 추정된다. 성종 8년 사냥했을 때 화살을 맞은 금수가 다수 도망쳤는데 이를 수색하자는 이조판서 강희맹의 계문이 있었을 때, 국왕은 도망한 금수를 백성이 먹는 것은 국왕이 사여한 것이라고 했다.[86] 백성들이 사냥에서 부상을 입은 짐승을 잡아 식료로 한 것을 알 수 있다. 그러나 일반민이 사냥을 통해 풍부한 단백질 식료를 확보하는 것은 용이한 일이 아니었다. 사냥의 도구, 사냥에 소요되는 인력, 사냥에 요구되는 시간 등이 여의치 못하기 때문이다. 민인이 야생동물 가운데 토끼와 꿩을 사냥하는 것은 상대적으로 용이했을 테지만 노루와 사슴, 멧돼지 등을 포획해 식료로 확보하는 것이 쉽지 않았을 것이다.

사냥은 야생의 금수를 대상으로 하는 것이므로 위해(危害)를 당할 수 있었고 심지어 사망할 수도 있는 매우 위험한 일이었다. 호표나 곰을 대상으로 사냥하는 경우는 더욱 그러했다. 태종이 친히 활과 화살을 가지고 말을 달려 노루를 쏘다가 말에서 떨어진 일이 있었다.[87] 사냥하면서 말을 달리다가 떨어지는 이와 같은 안전사고가 적지 않았을 것이다. 호표로부터 공격을 당하는 수도 많았다. 이성계가 젊을 시절 말을 타고 활과 화살을 쥐고 사냥할 때 호랑이가 달려들어 겨우 피한 일이 있다.[88] 태종이 서산(西山)에서 사냥할 때에 송거신(宋居信)과 김덕생(金德生)이 따라갔는데, 별안간 표범이 뛰어 나오자 태종이 활로 쏘았다. 표범이 성을 내어 태종이 탄 말에게 덤벼들어 위태한 형세였을 때 송거신이 말을

• • • • • • • • • • • • • •
86 『成宗實錄』 권85, 成宗 8년 10월 辛丑(7일), 9-516.
87 『太宗實錄』 권7, 太宗 4년 2월 己卯(8일), 1-288.
88 『太祖實錄』 권1, 總序, 1-3.

채찍질해 앞으로 달려가니 표범이 태종을 버리고 쫓아왔는데 김덕생이 뒤쫓아 쏘아 죽였다.[89] 표범 사냥이 대단히 위험한 일이었음을 알 수 있다.

호표는 매우 위험한 동물이었다. 착호갑사가 표범을 잡기 위해 창으로 찌르려 하였으나 오히려 물린 일이 있었다.[90] 세종이 고성평(古城平)에서 사냥하고 또 대저목(大猪目)에서 사냥할 때 호랑이가 몰이꾼을 문 일이 있다.[91] 세조 12년 국왕이 의묘(懿墓) 남쪽 산에 이르러 호랑이를 포위하였는데, 겸사복 태호시내(太好時乃)가 달려 들어가서 호랑이를 쏘려고 하자 호랑이가 말 다리에 상처를 입혔다. 이때 갑사 박타내(朴他乃)는 창을 가지고 나아가서 잘못 찔러 호랑이에게 물려 거의 죽게 되었는데, 도승지(都承旨) 신면(申㴐)에게 명하여 약으로 구호하게 하였지만 이튿날 박타내가 죽었다.[92] 호랑이를 잡는 전문군인인 착호갑사가 도리어 호랑이에게 물려 해를 당한 것이다.[93]

다양한 방법으로 여러 종류의 야생동물을 포획하여 식료로 활용하였다. 사냥하는 일은 군사적인 일에 버금하는 것으로서 용감성과 민첩성을 요구하였으며, 상무적인 성격을 띨 수밖에 없었다. 사냥의 성행은 상무적인 사회 분위기를 전제로 했다.

· · · · · · · · · · · · · ·

89 『世宗實錄』 권116, 世宗 29년 5월 甲辰(14일), 5-22.
90 『世宗實錄』 권84, 世宗 21년 윤2월 己亥(21일), 4-192.
91 『世宗實錄』 권95, 世宗 24년 3월 庚午(9일), 4-403.
92 『世祖實錄』 권38, 世祖 12년 1월 辛未(28일), 8-5.
93 고려시기에 수원의 鄕吏인 崔尙翥가 사냥하다가 호랑이에 해를 입은 예도 있다(『新增東國輿地勝覽』 권9, 京畿, 水原都護府).

## 3. 사냥의 주체와 사냥 활동

사냥에 참여하는 이들은 다양했다. 무엇보다 국왕 주도 하에 국가 차
원에서 이루어지는 사냥이 의미가 컸다. 그것은 강무의 일환으로 진행
하는 것이었다. 강무란 농한기를 이용하여 왕의 친림(親臨) 하에 수렵을
통해 군사를 훈련시키는 행사였다. 동원된 군사는 평소 거주지에서 훈
련받은 진법(陣法)의 숙달 정도를 점검받고, 각각 부대로 편성되어 강무
장에서 구군(驅軍)으로 활동하였다. 국왕이 친히 군사들을 이끌고 일정
지역에 출동해 군사 훈련을 하는 만큼 참여자가 수천 명에서 수만 명에
이르렀다. 강무에서 징집 대상으로 지명된 군사는 강무 일수와 왕복에
소요되는 일수를 고려하여 대개 1개월 분량의 식량과 기본 무기인 활과
화살, 그리고 갑옷과 우구(雨具) 등을 지참하고 올라오게 되어 있었다.[94]

강무 활동 과정에서 사냥으로 잡은 야생동물은 종묘 제사에 천신하
는 것이 관례였다. 강무는 군사훈련을 겸한 것으로서, 세종대에 오례(五
禮) 가운데 하나인 군례 중 강무의(講武儀)로 정비되었다.[95] 반면 타위(打
圍)라는 형식의 사냥은 군사를 동원하지 않고 약간의 수행원만을 거느리
고 행하는 것으로 강무와 구별된다. 타위는 소수의 군사들을 동원해 하
루 내지 이틀 하는 사냥으로 도성 근교에서 이루어졌다.[96]

조선 개국 초에 국왕의 사냥은 빈번했지만 강무 형태의 사냥은 태종
대에 시작되었다. 태종 3년(1403)부터 본격적인 강무가 시행되어, 매년

---

94 이현수, 2002, 앞의 논문.

95 朴道植, 1987, 앞의 논문 ; 이현수, 2002, 앞의 논문 ; 심승구, 2007, 앞의 논문 ;
심승구, 2011, 앞의 논문 ; 김동경, 2010, 「조선 초기의 군사전통 변화와 진법
훈련」『軍史』74.

96 심승구, 2011, 앞의 논문.

봄과 가을 두 차례로 제도화되었다. 태종대의 강무는 고정된 장소가 아니라 황해도·경기도·강원도·충청도 등 여러 도에 걸쳐 행해졌다.

　태종이 시행한 강무 가운데 일부의 사례를 살펴보고자 한다. 태종 3년 10월 국왕이 해주에서 강무할 때 삼군을 거느리고 금교(金郊)에 행차했는데, 대간·형조 각 1명이 호종하였다.[97] 이때 노루 1마리, 여우 1마리를 쏘아 잡았다.[98] 태종 13년 9월 충청도·경상도·전라도에 명해 구군을 선발해 보내도록 했다. 전라도 임실에서 사냥하기 위함이었다. 경상도 1,000명, 충청도 1,000명, 전라도 2,000명이었다.[99] 태종 15년 2월 강무 장소를 정하였는데, 선정된 지역은 강원도의 평강, 횡천, 이천, 평창, 강릉, 진보, 방림, 대화, 원주의 각림사, 실미원 등, 풍해도의 우봉, 대둔산 등, 경기의 임강, 수회, 마성, 장단, 칠장, 개성유후사의 태정곶(笞井串), 덕련동구(德連洞口), 안협, 광주, 양근 등으로서 종래 강무를 해왔던 곳 중에서 충청도 태안과 전라도 임실을 제외한 대부분의 지역이었다.[100]

　태종 16년 1월 사간원에서 강무 중지를 청한 일이 있었다. 전년에 경기 지역에 가뭄이 들고 실농(失農)했으니 금년 봄 강무를 중지하기를 청했는데 국왕이 강행하겠다고 고집했다. 태종은 춘추 강무가 천하 통행하는 법이라고 강조했다. 기내가 비록 실농했지만 비용 제공은 민과 무관하며, 민이 제공하는 것은 교초(郊草)일 뿐이라고 했다. 사냥을 폐할 수는 없으며 다만 오랜 기간 농사를 방해하지 않겠다고 말했다. 지금부터 이와 같이 마땅히 해야 하고 큰 해가 없는 것은 다시는 지적하지 말

· · · · · · · · · · · · · · ·

97 『太宗實錄』 권6, 太宗 3년 10월 乙卯(11일), 1-280.
98 『太宗實錄』 권6, 太宗 3년 10월 戊午(14일), 1-280.
99 『太宗實錄』 권26, 太宗 13년 9월 壬辰(16일), 1-688.
100 『太宗實錄』 권29, 太宗 15년 2월 辛未(3일), 2-53.

라고 했다.[101] 강무에 대한 태종의 강렬한 의지를 볼 수 있다.

태종은 강무를 적극 시행하는 한편, 강무장의 관리에도 힘썼다. 그것은 사렵의 금지로 나타났다.[102] 태종 15년 2월 충청도 전제곶내(薴堤串內), 전라도 임실 등에 사렵을 금하지 말고 민의 농지개간을 허용하도록 명했다. 대신 강원도의 여러 곳과 경기의 여러 지역에서는 사렵을 금하고 강무의 장소로 삼도록 했다.[103] 해제된 충청도와 전라도 지역의 강무장에서는 사렵과 개간을 허여하는 것이고, 반면 새로이 지정된 강무장에서는 사렵을 금하도록 한 것이다.

태종 15년 6월 새로 지정된 강무장에서 사렵을 금하도록 했다. 경기의 안협과 평강에서 사렵을 금하였고, 회천과 방림, 그리고 양근·광주·풍양·포천·장단·임강 등지에서도 사렵을 금하였다.[104] 태종 15년 8월 경기 및 강원도 도관찰사에게 사렵이 금지된 곳에서는 도토리를 줍는 것을 금하도록 했다.[105] 도토리가 있어야 야생동물이 먹이로 삼을 수 있기 때문이었다. 강무장의 관리에 매우 심혈을 기울이고 있음을 알 수 있다. 태종은 계속해서 강무장 내에서의 사렵을 금하고 있다.[106] 태종은 사

...............

101 『太宗實錄』 권31, 太宗 16년 1월 癸丑(20일), 2-100.
102 『太宗實錄』 권23, 太宗 12년 2월 癸酉(18일), 1-625 ; 『太宗實錄』 권26, 太宗 13년 9월 丁丑(1일), 1-685 ; 『太宗實錄』 권26, 太宗 13년 10월 丙辰(10일), 1-690 ; 『太宗實錄』 권26, 太宗 13년 11월 壬午(6일), 1-694 ; 『太宗實錄』 권27, 太宗 14년 1월 己亥(24일), 2-3 ; 『太宗實錄』 권29, 太宗 15년 1월 庚戌(11일), 2-49.
103 『太宗實錄』 권29, 太宗 15년 2월 辛未(3일), 2-53.
104 『太宗實錄』 권29, 太宗 15년 6월 壬午(17일), 2-70.
105 『太宗實錄』 권30, 太宗 15년 8월 己丑(25일), 2-84.
106 『太宗實錄』 권30, 太宗 15년 12월 癸未(20일), 2-95 ; 『太宗實錄』 권31, 太宗 16년 2월 丁丑(14일), 2-103 ; 『太宗實錄』 권31, 太宗 16년 3월 甲辰(12일), 2-106 ; 『太宗實錄』 권32, 太宗 16년 7월 甲午(5일), 2-127.

럽을 엄격히 금지함으로써 강무장의 관리에 심혈을 기울인 것이다.

세종대 초기에는 태종이 강무를 주도하였고 세종 4년(1422) 태종이 사망한 이후 세종 6년부터는 세종의 주도로 강무가 이루어졌다. 10일 안팎으로 강무가 진행되었는데 재위 기간 31년 동안 30회의 강무가 시행되어 연평균 1회 정도였다. 주로 강원도 철원과 평강 일대에서 강무가 행해졌다.[107]

세종 2년 2월 강무장 4곳을 정하였다. 경기 광주과 양근, 철원과 안협, 강원도 평강과 이천, 횡성과 진보 등이었다. 이곳에서는 전에 거주한 사람 및 기경전(起耕田)은 인정하고, 사람이 새로이 오는 것 및 신간(新墾), 벌목(伐木), 사렵(私獵) 등은 모두 금한다고 했다.[108] 강무장에서는 새로운 개간, 벌목, 사사로운 사냥이 금지된 것이다.

세종은 강무 시행에 적극적인 의지를 갖고 있었다. 세종 18년 11월 신진 유생들이 국왕이 강무하는 것을 사냥 놀이 하면서 즐거움을 누리는 행사로 여겨 매양 중지를 청하고, 대신(大臣) 역시 정지를 청하는 이가 있다고 국왕이 비판했다. 봄·가을 강무하는 것은 조종께서 옛날 제도를 참작해 법으로 제정한 것이어서 폐지할 수 없으므로, 중지 주장을 따를 수 없다고 했다. 그러나 심한 흉년이 들면 간소하게 하거나 중지할 수 있다고 했다.[109] 세종은 강무에 따른 사냥을 가급적 조종조의 법으로 여겨 중지를 거부하는 입장에 서 있었다.

세종 19년 9월 사졸을 훈련하고 무예를 미리 익히는 것은 군국의 중

· · · · · · · · · · · · · ·

107 이현수, 2002, 앞의 논문 ; 정재훈, 2010, 『조선의 국왕과 의례』, 지식산업사, 186쪽.
108 『世宗實錄』 권7, 世宗 2년 2월 庚申(22일), 2-374.
109 『世宗實錄』 권75, 世宗 18년 11월 丁未(16일), 4-41.

요한 일이라며, 국가가 화평한 지가 오래 되니 대소 군사가 안일에 빠져서 태타한 상태에 있고, 또 상시의 습진(習陣)·습사(習射) 및 대열강무(大閱講武) 등을 할 때 도리어 꺼리는 마음이 생기고 있다고 병조가 당시 군사의 훈련 상태를 지적하였다.[110] 병조에서는 군사훈련에 적극적인 입장을 보이고 있다.

세종 31년 3월 국왕은 강무하는 일은 조종(祖宗)께서 세운 법이니 준수함이 마땅한데, 근자에 대신들이 재변과 기근으로 인하여 혹은 강무를 정지하기를 청하고, 혹은 시위패(侍衛牌)의 번상(番上)을 없애기를 청하니, 이는 고식지계(姑息之計)라고 비판하였다. 또 군사는 자주 조련(操鍊)하여 한서(寒暑)의 고통을 익히고, 기계를 잘 장비하며, 무릇 좌작진퇴(坐作進退)의 절차와 부지런하고 수고로운 일을 미리 연습하여 익숙해야 한다고 주장했다.[111] 국왕은 군사의 훈련을 위해서 강무제는 적극 시행되어야 한다는 입장을 보였다.

태종대와 마찬가지로 세종대에도 강무장 내의 사렵을 억제하였다.[112] 세종 10년 5월 경기 영평·철원·삭녕·광주·양근, 강원도 평강·회양 등의 강무장은 경작 개간은 금하지 말되, 사렵은 금하였다.[113] 경작활동을 허여하되 사냥만은 허용치 않는다는 것이다.

세종 11년 3월 강무장 관리를 소홀히 한 평강현감 등 12인을 가두었

. . . . . . . . . . . . . . .

110 『世宗實錄』 권78, 世宗 19년 9월 甲寅(27일), 4-108.
111 『世宗實錄』 권123, 世宗 31년 3월 丙戌(6일), 5-120,
112 『世宗實錄』 권2, 世宗 즉위년 11월 丁巳(11일), 2-282 ; 『世宗實錄』 권7, 世宗 2년 2월 庚申(22일), 2-374 ; 『世宗實錄』 권11, 世宗 3년 4월 丁酉(5일), 2-427 ; 『世宗實錄』 권26, 世宗 6년 10월 丁卯(26일), 2-634 ; 『世宗實錄』 권39, 世宗 10년 1월 甲辰(21일), 3-111.
113 『世宗實錄』 권40, 世宗 10년 5월 丁丑(26일), 3-132.

다. 강무장에서의 사렵을 금하지 않아 금수가 희소해졌기 때문이었다.[114] 사사로이 사냥한 이들을 국문하였으며, 강무장 관리를 소홀히 한 관원을 처벌했다.[115] 세종 22년 강무장 내에서 몰래 사렵하는 무식인민(無識人民)이 있는데 각 관의 수령이 마음을 쓰지 않고 있다고 지적했다.[116] 세종 31년 7월 금년 가뭄이 매우 심해 곡식이 자라지 못하며, 강무장의 금수가 곡식을 해치고 있으므로, 민이 멧돼지를 잡는 것을 허여하는 임시 조치를 취했다.[117] 가뭄을 맞아 강무장 사렵의 금지를 완화한 것이다. 크게 보면, 세종은 강무의 시행에 적극적이었으며 강무장 운영에 각별한 관심을 기울이고 있었다.

문종과 단종은 재위 기간이 짧아 선왕 복상 기간을 채 마치지 못했으므로 강무를 시행할 수 없었다. 단종 즉위년(1452) 임시로 원주·홍천·강릉의 강무장을 혁파하자 금수가 인근의 횡성현으로 모여들어 곡식에 심히 해를 입히고 있으니 횡성현을 강무장에서 혁파하도록 했다.[118] 강무장 횡성현에서 사렵을 임시로 허여한 것이다. 이는 야생동물의 곡식 폐해를 이유로 강무장 관리를 다소 완화하는 것이다.

세조대에는 이전보다 강무가 축소되어 시행되었다. 세조는 14년 재위 기간 동안 시행한 강무는 9회에 지나지 않았으며 강무가 시행된 일수도 평균 2~5일로 크게 축소되었다. 세조대 강무는 주로 경기 풍양과 청계산, 아차산 등 가까운 곳에서 행해진 경우가 많았다. 그리고 세조는

· · · · · · · · · · · · · ·

114 『世宗實錄』 권43, 世宗 11년 3월 戊申(2일), 3-169.
115 『世宗實錄』 권43, 世宗 11년 3월 壬子(6일), 3-169 ; 『世宗實錄』 권43, 世宗 11년 3월 甲寅(8일), 3-169 ; 『世宗實錄』 권43, 世宗 11년 3월 乙卯(9일), 3-170.
116 『世宗實錄』 권91, 世宗 22년 10월 癸巳(24일), 4-322.
117 『世宗實錄』 권125, 世宗 31년 7월 丙申(18일), 5-139.
118 『端宗實錄』 권3, 端宗 즉위년 윤9월 己巳(10일), 6-541.

강무장을 세종대의 강무장보다 더욱 줄이는 조치를 취하였다.[119] 세조는 강무라는 명칭을 사용하지 않고 남산 등에서 하루 일정의 사냥인 타위를 행하기도 하였다.

성종대에 강무는 더욱 줄어들었다. 성종은 재위 25년 동안 6차례의 가을철 강무만 시행했을 뿐이다.[120] 3년 상이나 배릉(拜陵), 흉년, 기상 악화 등을 이유로 삼아 강무를 중지시킨 경우가 많았다.

국가적 차원의 강무에서 사냥이 매우 중요했다. 국왕 개인 차원에서의 사냥도 매우 활발했다. 초기의 역대 국왕은 사냥에 적극적으로 임하였다. 태조는 무장 출신으로, 매우 탁월한 사냥 능력을 보유한 인물이었다.[121] 도망가는 노루를 말을 타고 쫓아 연이어 5마리를 쏴서 잡은 일이 있고, 또 3,4마리의 노루를 연이어 쏴서 잡는 능력을 가지고 있었다.[122] 태조는 왕위에 오른 이후에도 사냥에 관심을 갖고 있었다. 태조 4년(1395)에 적전(籍田) 교외에 나가 해동청(海東靑)의 사냥을 구경하였다.[123] 매 사냥을 관람한 것이다. 태조가 직접 사냥하는 예는 매우 많다.[124] 태조는 무장 출신이기에 왕이 된 뒤에도 사냥을 즐겼다.

정종도 사냥하는 예가 많이 보인다. 정종 1년(1399) 2월 국왕이 노루

· · · · · · · · · · · · · ·

119 정재훈, 2010, 앞의 책, 187쪽.
120 이현수, 2002, 앞의 논문 ; 정재훈, 2010, 앞의 책, 187~188쪽 ; 정연학, 2011, 앞의 논문 ; 이규철, 2018, 앞의 논문.
121 이성계는 탁월한 馬上武藝 능력을 갖고 있었다(김동경, 2010, 앞의 논문).
122 『太祖實錄』 권1, 總序, 1-3.
123 『太祖實錄』 권7, 太祖 4년 3월 戊午(25일), 1-76.
124 『太祖實錄』 권9, 太祖 5년 3월 庚午(13일), 1-90 ; 『太祖實錄』 권11, 太祖 6년 2월 己丑(6일), 1-100 ; 『太祖實錄』 권11, 太祖 6년 3월 癸酉(20일), 1-103 ; 『太祖實錄』 권11, 太祖 6년 3월 辛巳(28일), 1-103 ; 『太祖實錄』 권12, 太祖 6년 10월 庚辰(2일), 1-110.

를 쏘았다.[125] 직접 활을 쏴 잡은 것이다. 정종 1년 10월 국왕이 종친을 거느리고 강음현의 원중포(原中浦)에서 사냥했는데 노상에서 노루를 쏴서 잡았다. 이때 문하부에서 유렵하지 말 것을 청하자, 정종은 오랫동안 몸을 움직이지 못하면 병이 나므로 궁궐 밖에 나가 울울하게 맺힌 기운을 풀려고 사냥한다고 토로했다.[126] 궁밖을 나가 말을 달리고 활을 쏘면서 사냥을 해야 맺힌 기운을 풀 수 있다는 것이다. 같은 달에 원중포에서 사냥하고 돌아오다가 기탄(歧灘)에 머물면서 2마리의 노루를 쏴서 포획하였다.[127] 국왕이 직접 노루를 잡은 것이다. 태종·세종대에도 정종의 사냥은 빈번했다.[128] 정종 역시 무장 출신이므로 말을 달려 활을 쏘는 것이 체질화되어 있음을 알 수 있다.

태종 스스로 사냥하는 일도 매우 많았다. 특히 태종은 매 사냥을 즐겼는데, 보통은 소수의 수행원을 대동하고 매를 날려 사냥했다. 태종 1년 3월 무신을 거느리고 마이천(麻伊川) 남쪽에서 사냥했는데, 이때 국왕은 궁시를 차고 말을 달리며 매 사냥을 했다.[129] 태종의 사냥에 관해선 많은 사례가 있다.[130] 태종 스스로 사냥의 즐거움을 안다고 했다. 태종

. . . . . . . . . . . . . . .

125 『定宗實錄』 권1, 定宗 1년 2월 乙卯(14일), 1-145.
126 『定宗實錄』 권2, 定宗 1년 10월 丁酉(1일), 1-156.
127 『定宗實錄』 권2, 定宗 1년 10월 庚子(4일), 1-156.
128 『太宗實錄』 권31, 太宗 16년 3월 甲午(2일), 2-104 ; 『世宗實錄』 권15, 世宗 4년 3월 丙戌(29일), 2-477 ; 『世宗實錄』 권16, 世宗 4년 4월 丁亥(1일), 2-478 ; 『世宗實錄』 권16, 世宗 4년 4월 戊子(2일), 2-478 ; 『世宗實錄』 권16, 世宗 4년 4월 庚寅(4일), 2-478 ; 『世宗實錄』 권16, 世宗 4년 4월 辛卯(5일), 2-478.
129 『太宗實錄』 권1, 太宗 1년 3월 丁丑(18일), 1-198.
130 『太宗實錄』 권4, 太宗 2년 9월 丁未(27일), 1-247 ; 『太宗實錄』 권7, 太宗 4년 2월 己卯(8일), 1-288 ; 『太宗實錄』 권9, 太宗 5년 2월 壬午(16일), 1-319 ; 『太宗實錄』 권20, 太宗 10년 9월 乙丑(1일), 1-563 ; 『太宗實錄』 권20, 太宗 10년 9월 庚寅(26일), 1-565 ; 『太宗實錄』 권20, 太宗 10년 11월 乙丑(3일), 1-569

8년(1408) 본인은 무가(武家)에서 생장해 응견유전(鷹犬遊田)의 즐거움을 깊이 알고 있지만, 지금 절제하고 있다고 했다.[131] 태종은 왕위에서 물러난 세종대에도 사냥하는 일이 많았다.[132] 태종은 사냥 행위를 몹시 좋아해서 직접 사냥하면서 야생동물을 쏴서 포획하기도 했다.

세종 본인도 사냥에 적극적이었다. 매 사냥을 즐겨 관람했으며, 직접 말을 타고 활을 쏴서 금수를 잡기도 했다. 세종 7년(1425) 3월 연천의 가여평(加舁平) 및 부로지산(夫老只山)에서 금수를 몰았는데, 국왕이 사슴 1마리, 노루 1마리를 쐈으며,[133] 가을마(加乙麿) 고개동산(古介東山)에서 몰이해 국왕이 노루 2마리를 쏴 잡았다.[134] 국왕이 직접 사슴과 노루를 쏴서 잡은 것이다. 세종 7년 3월 국왕이 몰이 사냥을 해서 노루를 쏴서 잡았다.[135] 이후에도 세종은 사냥에 적극 참여하고 있다.[136] 세종대에는

• • • • • • • • • • • • • •

;『太宗實錄』권21, 太宗 11년 2월 戊午(27일), 1-577 ;『太宗實錄』권25, 太宗 13년 2월 戊辰(19일), 1-663 ;『太宗實錄』권27, 太宗 14년 2월 壬申(28일), 2-8 ;『太宗實錄』권27, 太宗 14년 3월 庚寅(17일), 2-9 ;『太宗實錄』권27, 太宗 14년 3월 壬辰(19일), 2-9 ;『太宗實錄』권28, 太宗 14년 윤9월 己未(19일), 2-39 ;『太宗實錄』권28, 太宗 14년 10월 癸酉(3일), 2-40.

131 『太宗實錄』권16, 太宗 8년 11월 辛亥(7일), 1-461.

132 『世宗實錄』권6, 世宗 1년 11월 丙午(6일), 2-344 ;『世宗實錄』권7, 世宗 2년 2월 丁未(9일), 2-374 ;『世宗實錄』권11, 世宗 3년 2월 己未(26일), 2-425.

133 『世宗實錄』권27, 世宗 7년 3월 庚辰(10일), 2-660.

134 『世宗實錄』권27, 世宗 7년 3월 辛巳(11일), 2-660.

135 『世宗實錄』권27, 世宗 7년 3월 癸未(13일), 2-660.

136 『世宗實錄』권35, 世宗 9년 2월 丁亥(29일), 3-64 ;『世宗實錄』권63, 世宗 16년 1월 乙未(17일), 3-538 ;『世宗實錄』권71, 世宗 18년 3월 甲申(18일), 3-668 ;『世宗實錄』권79, 世宗 19년 10월 丙寅(10일), 4-109 ;『世宗實錄』권79, 世宗 19년 10월 丁卯(11일), 4-109 ;『世宗實錄』권88, 世宗 22년 1월 丙辰(13일), 4-262 ;『世宗實錄』권88, 世宗 22년 1월 癸亥(20일), 4-264 ;『世宗實錄』권88, 世宗 22년 1월 丙寅(23일), 4-264 ;『世宗實錄』권88, 世宗 22년

국왕이 직접 사냥에 참여하는 일이 많았다. 직접 활을 쏴 사냥하는 일도 있었지만 사냥을 관람하는 일이 더 많았다.

단종대에도 국왕이 사냥에 참여한 사례가 전한다. 단종 2년(1454) 10월 소릉(昭陵)에 제사하고 돌아오다 연도에서 사냥했으며, 수리산(修理山)에서 몰이사냥을 했다.[137] 이후 풍양에서 사냥을 구경했다.[138] 단종 3년 동교에서 매 사냥을 관람했다.[139] 단종은 사냥에 대해 관심을 보여 관람한 경우가 종종 있었지만 직접 금수를 대상으로 사냥 행위를 한 것 같지는 않다.

세조는 이미 국왕이 되기 이전부터 사냥에 탁월한 솜씨를 발휘하였다. 세종대 평강에서 강무할 때 세조가 사슴을 쏴 7발 모두 목을 관통하였으며,[140] 16발을 쏴서 16마리의 사슴을 잡기도 했다.[141] 또 9마리의 사슴이 달아났는데, 세조가 6마리를 잡았으며 또 5마리가 아래로 내려갔는데 4마리를 잡았다. 세종과 문종이 세조의 사냥 능력을 칭찬하였다.[142]

세조는 국왕이 된 뒤에도 사냥에 대한 관심이 매우 높았다. 세조 1년(1455) 9월 국왕과 세자가 건원릉, 현릉에 참배하고 돌아오다가 아차산(峨嵯山)에 이르러 사냥을 구경하였으며 습진(習陣)하였다.[143] 세조 2년 2

．．．．．．．．．．．．．．．

　　1월 辛未(28일), 4-265 ; 『世宗實錄』 권88, 世宗 22년 2월 甲戌(1일), 4-266 ; 『世宗實錄』 권88, 世宗 22년 2월 戊寅(5일), 4-266 ; 『世宗實錄』 권88, 世宗 22년 2월 甲申(11일), 4-268 ; 『世宗實錄』 권88, 世宗 22년 2월 丙戌(13일), 4-269 ; 『世宗實錄』 권95, 世宗 24년 3월 丙寅(5일), 4-403.

137 『端宗實錄』 권12, 端宗 2년 10월 己卯(1일), 6-709.

138 『端宗實錄』 권12, 端宗 2년 10월 甲午(16일), 6-710.

139 『端宗實錄』 권13, 端宗 3년 2월 戊寅(2일), 7-12.

140 『世祖實錄』 권1, 總序, 7-55.

141 『世祖實錄』 권1, 總序, 7-55.

142 『世祖實錄』 권1, 總序, 7-55.

월 국왕이 노산군과 함께 창포연(菖蒲淵)에서 매 사냥을 구경했으며 천아(天鵝)를 잡았다.[144] 세조 2년 3월 국왕이 노산군과 함께 서교(西郊)에 행차해 친히 사냥했다.[145] 세조 2년 11월 국왕이 전곶(箭串)에 행차하고 매 사냥을 관람했다.[146] 세조 4년 9월 아차산에서 사냥을 관람했는데, 이날 진법을 익혔으며 금수를 포획함이 심히 많았다.[147] 세조는 직접 사냥하기도 했지만 사냥을 구경하는 일이 많았다.[148] 상무적 기질이 강한 세조였지만 직접 사냥 행위를 한 것은 많지 않았다.

국왕만이 아니라 왕실 인물 역시 사냥하는 일이 흔하였다. 왕실 내에 사냥 문화가 깊이 뿌리내리고 있기 때문이었다. 세종 6년 국왕이 양녕대군(讓寧大君)에게 말 1필, 매 3마리를 사여하고 사냥하게 했다.[149] 세종 24년 양녕대군이 과천, 수원에서 매 사냥을 하면서 불법을 자행했다는 사간원의 계문이 있었다.[150] 세종 26년 양녕대군이 광주 강무장에서 금

· · · · · · · · · · · · · · · ·

143 『世祖實錄』 권2, 世祖 1년 9월 己卯(7일), 7-85.

144 『世祖實錄』 권3, 世祖 2년 2월 戊申(9일), 7-114.

145 『世祖實錄』 권3, 世祖 2년 3월 乙酉(16일), 7-120.

146 『世祖實錄』 권5, 世祖 2년 11월 戊辰(2일), 7-155.

147 『世祖實錄』 권14, 世祖 4년 9월 壬子(28일), 7-296.

148 『世祖實錄』 권15, 世祖 5년 2월 庚辰(27일), 7-313 ; 『世祖實錄』 권18, 世祖 5년 10월 乙丑(17일), 7-351 ; 『世祖實錄』 권22, 世祖 6년 10월 甲寅(12일), 7-424 ; 『世祖實錄』 권22, 世祖 6년 10월 丙寅(24일), 7-429 ; 『世祖實錄』 권22, 世祖 6년 10월 丁卯(25일), 7-429 ; 『世祖實錄』 권23, 世祖 7년 3월 己未(18일), 7-455 ; 『世祖實錄』 권27, 世祖 8년 2월 壬辰(27일), 7-520 ; 『世祖實錄』 권30, 世祖 9년 2월 乙丑(6일), 7-566 ; 『世祖實錄』 권31, 世祖 9년 11월 丁卯(13일), 7-594 ; 『世祖實錄』 권32, 世祖 10년 3월 壬戌(9일), 7-613 ; 『世祖實錄』 권45, 世祖 14년 2월 己未(28일), 8-165.

149 『世宗實錄』 권25, 世宗 6년 8월 戊申(6일), 2-616.

150 『世宗實錄』 권98, 世宗 24년 11월 丁巳(일1), 4-443.

수를 사냥할 것을 요청하자 국왕이 허락하였다.[151] 양녕대군이 졸했을 때 '이사렵자오(以射獵自娛)'라고 평가하였다.[152] 양녕대군이 즐겨 사냥한 것을 알 수 있다.

안평대군(安平大君)도 사냥에 적극적이었던 것으로 보인다. 수양대군과 대척의 위치에 있어 문제가 되었지만 사냥에 적극적이었던 것은 분명하다. 단종 1년 안평대군이 종친과 함께 장사(壯士) 홍옥봉(洪玉峯)·홍구성(洪九成) 등 수십 인을 거느리고 포천에서 사냥하고서 재숙(再宿)하고서 돌아왔다. 또 양주에서 사냥했고, 또 양(楊), 포(抱) 두 읍의 경계에서 사냥했다. 홍약(洪約)·홍승(洪勝)·홍적(洪適)이 모두 제자들과 장사(壯士)를 거느리고 따랐는데, 5일만에 돌아왔다.[153] 안평대군이 다수를 동원해 사냥하는 것에 대해 모역 혐의가 씌어졌다.[154] 성종의 형인 월산대군(月山大君) 역시 사냥활동을 매우 좋아했던 것으로 보인다.[155] 국왕 측근 인사들이 상무적이므로 사냥을 즐기는 것은 흔한 일이었다.

지배층의 경우에도 사냥에 몰두하는 예가 많았다. 특히 군 지휘관이 사냥에 나서는 일은 자주 볼 수 있다. 각 도의 군관(軍官)이 매 사냥을 하는 것을 금하는 조치가 있었다.[156] 태종 5년 사간원에서 장병관(掌兵官)의 사렵(私獵)을 금할 것을 청하였다.[157] 태종 7년 각 군의 총제(摠制)가 소속 갑사(甲士)를 거느리고 사사로이 사냥을 하고 있어 금하라는 것

‥‥‥‥‥‥‥

151 『世宗實錄』 권104, 世宗 26년 4월 壬辰(13일), 4-550.
152 『世祖實錄』 권29, 世祖 8년 9월 戊戌(7일), 7-549.
153 『端宗實錄』 권8, 端宗 1년 10월 庚寅(7일), 6-621.
154 『端宗實錄』 권8, 端宗 1년 10월 戊申(25일), 6-632.
155 『成宗實錄』 권60, 成宗 6년 10월 癸巳(17일), 9-280.
156 『太祖實錄』 권6, 太祖 3년 12월 丙子(11일), 1-72.
157 『太宗實錄』 권9, 太宗 5년 5월 癸亥(29일), 1-327.

이 보인다.[158] 태종 11년 총제 곽승우(郭承祐)가 교지를 두려워하지 않고 사사로이 금병(禁兵) 정의(鄭義) 등 9인을 거느리고 성외에서 여러 날 사냥하였다.[159] 군 지휘관들이 휘하 병사를 사사로이 부려 사냥하는 일이 종종 있었던 것으로 보인다.

사냥 문화가 사회 전반에 깊이 자리하고 있었기 때문에 상층 지배층 인사 가운데 사냥에 적극적인 이들이 많았다. 화산군(花山君) 장사길(張思吉)과 동생 장사정(張思靖)이 사병을 혁파하는 시점에 간활(奸猾)한 이들을 다수 모아 반당(伴儻)이라 칭하면서 무리를 구성해 사냥한 일이 있었다.[160] 상층 관료 사이에 널려 퍼져 있는 사냥 문화를 알 수 있다.

태종 12년 종묘의 천신을 위해 완산군(完山君) 이천우(李天祐), 안성군(安城君) 이숙번(李叔蕃) 등에게 갑사 500명을 거느리고 광주의 산에서 사냥하도록 명하였다.[161] 이천우와 이숙번의 사냥 능력을 엿볼 수 있다. 판중추원사(判中樞院事) 이순몽(李順蒙)이 강무장에서 사냥해 문제가 되었다.[162] 세조 10년 홍달손(洪達孫)이 목욕치병(沐浴治病)을 칭하고서 여러 고을의 수령을 거느리고 횡행하였는데 이때 사냥도 겸하고 있었다.[163] 세조 14년 인산군(仁山君) 홍윤성이 꿩을 사냥하고 있음이 확인된다.[164] 상층 지배층 역시 사냥에 몰두하는 일은 매우 흔한 일이었다. 자료에 전하는 것은 대개 물의를 일으킨 사례인데, 특별한 문제를 야기하지 않는

. . . . . . . . . . . . . .

158 『太宗實錄』 권13, 太宗 7년 4월 辛卯(7일), 1-389.
159 『太宗實錄』 권22, 太宗 11년 11월 癸未(26일), 1-611.
160 『定宗實錄』 권4, 定宗 2년 6월 乙未(2일), 1-175.
161 『太宗實錄』 권24, 太宗 12년 9월 丙午(24일), 1-650.
162 『世宗實錄』 권89, 世宗 22년 4월 乙未(23일), 4-281.
163 『世祖實錄』 권34, 世祖 10년 9월 庚午(20일), 7-653.
164 『世祖實錄』 권45, 世祖 14년 2월 癸丑(22일), 8-163.

사냥은 기록으로 전하지 않지만 매우 성행했을 것이다.

사냥 행위가 문제된 무식지도(無識之徒), 무식인원(無識人員), 무식인민(無識人民)은 모두 지배층으로 보인다. 태종 5년 무식한 무리가 매 사냥으로 인해 화곡(禾穀)을 밟아 손상시키고 있으며 기전(畿甸)의 수령이 지응(支應)으로 인해 민호에게서 취렴한다는 것이다.[165] 수령이 향응을 제공하고 있으므로 무식한 무리는 상층 지배층임을 알 수 있다. 태종 6년 사헌부 대사헌 한상경(韓尙敬)이 올린 시무책 가운데, 무식한 무리가 농사철에 사냥을 해서 화곡을 크게 손상시키고 있다는 내용이 보인다.[166] 태종 9년 지금 국상(國喪)을 당해 무식한 인원이 매 사냥을 하고 있어 신자(臣子)로서 애척(哀戚)하는 정(情)이 아닐 뿐 아니라 화곡을 밟아 손상시키고 있다는 것이다.[167] 세종 22년 근래에 감시함이 느슨해져 무식인민이 강무장에서 몰래 사렵을 하고 있다고 병조가 아뢰었다.[168] 사냥하고 있는 이들을 무식한 무리로 표현하고 있지만, 이들은 상층 지배층의 위치에 있는 존재였다.

국가 제사용으로 또 왕실의 식료로 많은 야생동물이 필요했다. 공물이나 진상품으로 야생동물이 매우 중시되었으므로 그 조달을 위한 사냥이 성행하게 마련이었다. 각 지방에서 야생동물의 공납(貢納)을 부담하는 것은 여러 사례에서 확인할 수 있다. 태종 3년 4월 한 달 동안 태상전과 상왕전 등 4개의 전(殿)에 각각 30마리씩 모두 120마리의 노루를 진상해 왔는데 이것을 줄여서 2개의 전에 60마리로 축소했다.[169] 여전히

．．．．．．．．．．．．．．

165 『太宗實錄』 권10, 太宗 5년 10월 丁卯(5일), 1-339.
166 『太宗實錄』 권12, 太宗 6년 윤7월 癸亥(6일), 1-366.
167 『太宗實錄』 권18, 太宗 9년 7월 壬午(12일), 1-498.
168 『世宗實錄』 권91, 世宗 22년 10월 癸巳(24일), 4-322.
169 『太宗實錄』 권5, 太宗 3년 4월 乙丑(19일), 1-263.

매달 진상하는 노루는 60마리에 달하고 있는 것이다. 세종 7년 예조에서 수강궁(壽康宮) 납월(臘月) 진상에 드는 돼지와 사슴 각 5마리, 노루 7마리, 토끼 15마리, 생치(生雉) 50마리를 각 도에 분정해 진상토록 했다.[170] 전의감에 바치는 녹각(鹿角), 제도(諸道)의 군기(軍器) 장식(粧飾)에 쓰는 녹각, 여우·삵·노루·수달 등의 가죽, 대호피(大虎皮), 표피(豹皮) 등이 외방에서 사냥을 통해 마련하는 것이라는 언급이 보인다.[171] 봉상시(奉常寺)와 사재감(司宰監)에 생록(生鹿)·건록(乾鹿)·건장(乾獐)·녹포(鹿脯)를 진상하는 예도 있다.[172] 제주에서 바치는 물품 가운데 녹자(鹿子)·장피(獐皮)가 보인다.[173] 강원도에서 진상 및 제용(祭用) 생장(生獐)을 부담한 내용도 찾아진다.[174] 중종 9년(1514), 황해도에서 생록·녹미(鹿尾)·녹설(鹿舌)을 진상하는 것도 확인된다.[175] 명종대 충청도 단양에서 부담하는 공물로 1년에 노루 70마리, 꿩 200여 마리가 있었다.[176]

각 도에서 야생동물을 진상하는 여러 사례를 볼 수 있다.[177] 왕실에

· · · · · · · · · · · · · · ·

170 『世宗實錄』 권27, 世宗 7년 1월 丙申(25일), 2-651.
171 『世宗實錄』 권122, 世宗 30년 10월 辛酉(8일), 5-111.
172 『文宗實錄』 권5, 文宗 1년 1월 庚戌(10일), 6-344.
173 『成宗實錄』 권15, 成宗 3년 2월 庚寅(23일), 8-638.
174 『成宗實錄』 권244, 成宗 21년 9월 己卯(30일), 11-645.
175 『中宗實錄』 권20, 中宗 9년 9월 乙亥(16일), 15-26.
176 『明宗實錄』 권22, 明宗 12년 5월 己未(7일), 20-408.
177 貢納은 貢物과 進上으로 나뉜다. 공물은 정부의 각 기관에 납부하는 것이며, 진상은 왕실의 재원을 위해 제공하는 것이다. 공물은 지방 군현을 주체로, 단위로 해서 分定한 것이고 민호를 대상으로 부과한 것이 아니지만, 민호에 요역으로 부과하는 일이 허여되었다. 진상에는 物膳진상·方物진상·祭享진상·藥材진상·別例진상 등이 있는데, 본래 지방의 관찰사·도절제사·절제사가 奉上하는 예물이었다. 그렇지만 진상에 필요한 물품을 관하 군현에 分定했으며, 각 고을의 수령은 민호에 부담을 지워 마련했다. 이 때문에 진상품을 마련하

서 필요로 하는 야생동물 진상품은 외방에서 사냥을 통해 조달하는 것이 일반적이었다. 물론 일부는 국가 기관에 소속된 이들이 사냥을 통해 마련하기도 했다.[178] 지방에서는 절제사, 관찰사 및 각 고을의 수령이 진상을 위해 적극적으로 사냥을 하지 않을 수 없었다.

각 고을의 수령이 진상을 위해 사냥하는 예는 다수 확인할 수 있다. 태종 15년 각 도의 도관찰사(都觀察使), 절제사(節制使), 도순문사(都巡問使)가 생육(生肉) 진상을 위해 무시로 사냥해 농사를 방해하고 민에게 해를 끼치니 금지하라는 국왕의 발언이 보인다.[179] 문종 즉위년(1450), 각 고을의 수령이 진상을 의탁해 민을 모아 사냥을 해 민이 심히 고통스러워한다는 언급이 있다.[180] 의정부에 하교한 내용에, 지금의 수령들이 진

. . . . . . . . . . . . . .

기 위해 각 도의 관찰사·절제사 및 군현의 수령들이 민인을 사냥에 동원하게 되는 것이다(田川孝三, 1964, 『李朝貢納制의 硏究』, 東洋文庫). 진상물의 내용은 짐승류, 어류, 조류, 소채 과실류, 기구류로 나눌 수 있다. 짐승류에는 生肉·生牛肉·猪·獐·鹿·半乾牙獐·乾獐·乾鹿·鹿尾·鹿舌·牛脯·丁香脯·長脯·片脯·山羊皮·豹皮·鹿皮·孕獐 등이 있다(朴道植, 2011, 『朝鮮前期 貢納制 硏究』, 혜안, 56쪽). 공물 및 진상의 품목에서 야생동물의 종류와 수량이 시간의 흐름에 따라 어떠한 변화를 겪는지는 향후 검토가 필요하다.

178 『太宗實錄』 권32, 太宗 16년 7월 甲午(5일), 2-127 ; 『端宗實錄』 권7, 端宗 1년 7월 辛酉(6일), 6-604 ; 『端宗實錄』 권7, 端宗 1년 9월 甲寅(1일), 6-611 ; 『世祖實錄』 권33, 世祖 10년 7월 丙子(25일), 7-638 ; 『成宗實錄』 권34, 成宗 4년 9월 癸巳(5일), 9-58 ; 『成宗實錄』 권138, 成宗 13년 2월 丁卯(28일), 10-304 ; 『成宗實錄』 권234, 成宗 20년 11월 丙辰(2일), 11-533 ; 『成宗實錄』 권279, 成宗 24년 6월 甲子(2일), 12-341 ; 『燕山君日記』 권35, 燕山君 5년 11월 庚午(14일), 13-384 ; 『燕山君日記』 권37, 燕山君 6년 3월 乙卯(1일), 13-404 ; 『燕山君日記』 권55, 燕山君 10년 9월 戊戌(11일), 13-661 ; 『中宗實錄』 권22, 中宗 10년 6월 辛巳(26일), 15-90 ; 『中宗實錄』 권31, 中宗 12년 12월 己巳(28일), 15-372 ; 『中宗實錄』 권63, 中宗 23년 10월 辛亥(13일), 17-54.

179 『太宗實錄』 권29, 太宗 15년 6월 丙子(11일), 2-69.

180 『文宗實錄』 권5, 文宗 즉위년 12월 丙戌(16일), 6-329.

상이 있으면 이에 의거해 연호(烟戶)를 징발해 여러 날 동안 사냥하는데 농사철이 되어도 중지하지 않는다는 내용이 보인다.[181] 진상을 위해 지방관이 사냥을 하고 있음을 볼 수 있다.

각 지방관이 진상을 위해 사냥에 몰두하는 구체적인 사례는 여럿 찾아진다. 태종 15년 지금산군사(知錦山郡事) 송희경(宋希璟)이 군리(郡吏)를 시켜 사냥꾼을 거느리고 사냥하게 하였는데, 정향포(丁香脯)를 공상하기 위함이었다.[182] 세종 5년 도절제사(都節制使) 심보(沈寶)가 흉년을 당해 군사 점검이라 칭하고서 다수의 역기(驛騎)를 타고 주현을 순행하면서 진상을 칭탁하고 자주 사냥을 하는 폐단이 문제되었다.[183] 세종 9년 제주도 안무사(按撫使)가 6,7월 농사철에 안롱(鞍籠)에 사용하는 노루·사슴 가죽의 진상을 칭탁하고 농민을 몰아 여러 날 사냥함으로써 농사철을 잃게 한다는 지적이 있다.[184] 세종 13년. 전지옥구현사(前知沃溝縣事) 이승평(李昇平)이 진상을 칭탁하고 농사철에 군관을 모아 사냥해 문제된 일이 있다.[185] 세종 29년 황해도 봉산기관(鳳山記官) 이준(李峻)이 넓은 전장을 차지하고 있는데, 관가(官家)의 전렵(田獵)이라 칭탁하며 군민을 다수 거느리고 구군으로 칭하면서 산에 올라 금수를 쫓게 하였다. 활을 잘 쏘는 이와 함께 유희하면서 사냥하였는데, 민간에 머물면서 공억(供億)을 하도록 하였다.[186] 봉산의 기관이 관가의 전렵을 빙자하고 있는데, 이것은 아마도 진상품의 마련을 의미하는 것으로 보인다. 세조 10년 진도군

--------------

181 『文宗實錄』 권5, 文宗 즉위년 12월 戊戌(28일), 6-334.
182 『太宗實錄』 권29, 太宗 15년 5월 癸丑(17일), 2-65.
183 『世宗實錄』 권22, 世宗 5년 10월 丁巳(10일), 2-559.
184 『世宗實錄』 권36, 世宗 9년 6월 丁卯(10일), 3-77.
185 『世宗實錄』 권52, 世宗 13년 6월 乙未(3일), 3-323.
186 『世宗實錄』 권116, 世宗 29년 5월 己酉(19일), 5-23.

사(珍島郡事) 진상(陳詳)이 진상을 빙자해 바다를 넘어 사냥하다 바람을 만나 패선(敗船)해 익사자가 24명이었다고 사헌부에서 처벌을 청하였다.[187] 성종대 외관으로 떠나는 수령을 인견한 자리에서 국왕이 진상을 빙자한 사냥을 언급하고 있다.[188] 그렇지만 이후에도 진상을 빙자해 사냥을 자행하는 지방관의 사례는 이어졌다.[189] 절제사, 관찰사 및 각 고을의 수령이 주도하는 사냥에는 특정 군인이 동원되는 수도 있었지만 일반 백성이 동원되는 수도 많았다.

지방관이 사적으로 사냥에 몰두하는 일은 매우 흔하였다.[190] 지방관이 사사로이 한 것으로 기록되어도 실은 진상을 명분으로 하는 수가 많았을 것이다. 지방사회에서는 지방관 주도 하에 각종 명목을 붙인 사냥이 성행했음을 알 수 있다. 이때 지방의 민인들이 동원되고 있으므로 사냥에 매우 친숙할 수 있었다. 그리하여 지방사회에서 사냥 문화가 보편

----

187 『世祖實錄』 권33, 世祖 10년 4월 庚子(18일), 7-621.
188 『成宗實錄』 권7, 成宗 1년 9월 庚子(25일), 8-533 ; 『成宗實錄』 권8, 成宗 1년 10월 戊申(4일), 8-534 ; 『成宗實錄』 권8, 成宗 1년 10월 癸亥(19일), 8-536.
189 『成宗實錄』 권6, 成宗 1년 7월 乙酉(9일), 8-516 ; 『成宗實錄』 권8, 成宗 1년 11월 乙酉(11일), 8-538 ; 『成宗實錄』 권90, 成宗 9년 3월 甲子(2일), 9-564 ; 『成宗實錄』 권190, 成宗 17년 4월 丙子(1일), 11-117 ; 『成宗實錄』 권209, 成宗 18년 11월 辛酉(26일), 11-268 ; 『成宗實錄』 권233, 成宗 20년 10월 壬子(28일), 11-531 ; 『成宗實錄』 권241, 成宗 21년 6월 丁酉(16일), 11-607.
190 『世宗實錄』 권69, 世宗 17년 7월 己丑(20일), 3-642 ; 『世宗實錄』 권119, 世宗 30년 3월 辛亥(26일), 5-57 ; 『文宗實錄』 권7, 文宗 1년 4월 丁亥(19일), 6-378 ; 『文宗實錄』 권7, 文宗 1년 5월 丙寅(29일), 6-394 ; 『文宗實錄』 권8, 文宗 1년 6월 壬申(5일), 6-396 ; 『文宗實錄』 권9, 文宗 1년 8월 庚辰(15일), 6-422 ; 『文宗實錄』 권9, 文宗 1년 8월 丁亥(22일), 6-424 ; 『文宗實錄』 권9, 文宗 1년 8월 丙子(11일), 6-421 ; 『端宗實錄』 권10, 端宗 2년 3월 庚申(9일), 6-675 ; 『世祖實錄』 권13, 世祖 4년 8월 己卯(24일), 7-291 ; 『世祖實錄』 권14, 世祖 4년 9월 壬寅(18일), 7-295.

화되었다고 할 수 있겠다.

조선초기 사냥 문화는 전국적으로, 전 계층적으로 확인할 수 있는 것이었다. 그 가운데 가장 활기를 띤 지역은 함경도와 평안도였다. 함길도의 자제들은 장록을 많이 사냥하기 때문에 모두 무예에 능하다는 언급이 보인다.[191] 『세종실록』 지리지에서 '산렵지리(山獵之利)'가 있는 지역으로 언급된 고을을 평안도에서 다수 확인할 수 있다. 즉 의주, 정주, 인산군, 철산군, 곽산군, 수천군, 선천군, 정녕현, 삭주도호부, 창성군, 벽동군, 운산군, 태천군, 이산군, 여연군 등이다.[192] 위원군은 '속상사렵(俗尙射獵)' 한다고 했다.[193] 사냥의 이로움이 있는 지역으로 평안도 여러 고을이 언급되고 있지만 함경도도 그러하였을 것으로 추정된다. 함경도와 평안도는 사냥의 이로움이 매우 큰 곳이었다. 두 도는 사냥활동이 가장 활발한 곳이었다. 야생동물이 다른 지방보다 많은 것이 전제되었다. 그리고 두 도의 수령들이 강을 건너 여진(女眞)의 경내에 들어가 사냥하는 수도 많았다.[194] 사냥은 전국적으로 성행하였지만 함경도와 평안도가 그 중에서도 두드러졌다.

사냥에는 지배층은 물론 전 계층이 참여한 것으로 보인다. 지방 민인의 경우 수령의 지시에 의해 강제적으로 동원되는 수도 있었지만 자발적으로 식료 조달을 목적으로 사냥에 참여하는 수도 허다했을 것으로

...............

191 『世宗實錄』 권86, 世宗 21년 9월 庚午(25일), 4-241.

192 『世宗實錄』 권154, 地理志, 平安道, 5-682~692쪽.

193 『世宗實錄』 권154, 地理志, 平安道, 5-692쪽.

194 『太宗實錄』 권35, 太宗 18년 3월 甲戌(24일), 2-211쪽 ; 『世宗實錄』 권77, 世宗 19년 5월 壬寅(13일), 4-72 ; 『世祖實錄』 권39, 世祖 12년 6월 戊辰(29일), 8-28 ; 『世祖實錄』 권42, 世祖 13년 5월 丙寅(2일), 8-71 ; 『世祖實錄』 권42, 世祖 13년 5월 辛卯(27일), 8-79 ; 『成宗實錄』 권296, 成宗 25년 11월 乙未(10일), 12-601.

여겨진다. 세종 13년 가평현 사람이 흰 노루를 포획해 바쳤다.[195] 성종 1년(1470) 사노(私奴) 구질금(仇叱金)이 노루새끼를 잡아 바쳤다.[196] 성종 17년 3,4월 사이에 경상우도 연해의 군민(軍民) 수십여 인이 몰래 해도에서 사냥하다 왜인에게 살해되었다고 한다.[197] 연산군 10년 산군인(山郡人)으로 입으로 소리를 내 장록을 포획할 수 있는 유능한 사냥꾼의 사례도 확인된다.[198] 사냥에는 이처럼 계층을 불문하고 참여하고 있었음을 알 수 있다.

조선전기 모든 계층이 사냥에 관심을 갖고 참여하였지만, 그 중에서도 탁월한 능력을 보인 부류가 바로 백정(白丁)이었다. 이들은 고려시기의 재인(才人)·화척(禾尺)·양수척(楊水尺)과 연결되는데, 세종 5년 백정으로 개칭되었다. 이들은 고리버들 그릇을 만들었고, 동물의 도살 및 피혁제품의 생산을 담당하였으며, 춤과 노래를 제공하기도 했다. 이들 가운데 농사를 지으면서 정주 생활을 하는 이도 있었지만 여전히 떠돌이 생활을 하는 이도 있었다.[199] 말을 타고 활을 쏘는 능력을 갖춘 이들은 사

. . . . . . . . . . . . . .

195 『世宗實錄』 권53, 世宗 13년 9월 甲戌(13일), 3-342.
196 『成宗實錄』 권4, 成宗 1년 4월 乙丑(17일), 8-489.
197 『成宗實錄』 권197, 成宗 17년 11월 戊申(7일), 11-157.
198 『燕山君日記』 권56, 燕山君 10년 12월 丙寅(10일), 13-677.
199 조선전기 白丁에 대해서는 많은 연구가 이루어졌다. 이 글에서는 그들의 사냥 능력을 중심으로 언급하고자 한다. 강만길, 1964,「鮮初白丁考」『史學研究』 18 ; 문철영, 1991,「고려말 조선초 백정의 신분과 차역」『한국사론』 26, 서울대 국사학과 ; 오영철, 1993,「15세기 백정의 사회적 처지」『력사과학』 ; 李俊九, 1998,「朝鮮前期 白丁의 犯罪相과 齊民化 施策」『大丘史學』 56 ; 한희숙, 1999,「朝鮮 太宗·世宗代 白丁의 생활상과 도적 활동」『韓國史學報』 6 ; 李俊九, 2000,「朝鮮時代 白丁의 前身 楊水尺, 才人, 禾尺, 韃靼 - 그 내력과 삶의 모습을 중심으로 -」『朝鮮史研究』 9, 朝鮮史研究會 ; 이준구, 2000,「조선중기 編戶白丁의 존재와 그 성격」『李樹健教授停年紀念 韓國中世史論叢』 ;

냥에서도 탁월한 실력을 나타냈다.

그들의 생활 모습은 여러 자료에서 상세하게 전하고 있다. 재인·화척이 유리하면서 농업에 종사하지 않고 기근을 면치 못해 모여 도적질을 하며 우마를 도축하는 것을 일로 삼고 있다는 지적이 보인다.[200] 재인·화척은 본시 양인이지만 업이 천하고 이름이 달라 민들이 모두 이류(異類)로 보고 혼인함을 부끄러워한다고 하였다.[201] 백정은 혹 화척 혹 재인으로 부르고 또 달단(韃靼)이라고도 부르는데, 종류가 하나가 아니며, 본래 아류(我類)가 아니라고 했다. 서로 무리지어 모여 살며 서로 혼인하고, 소를 도축하거나 구걸하고 도적질을 한다고 지적했다.[202]

백정은 조선초 정부의 강력한 정주민화 정책에도 불구하고 민인과 상이한 삶의 방식으로 생활하는 이들이 적지 않았다. 이들은 사냥에서 탁월한 능력을 보유하였기 때문에 사냥에 자주 동원되었다.[203] 태종 13년 면성군(沔城君) 한규(韓珪)에게 갑사 500명을 거느리고 광주에 가서

............

이준구, 2002, 「조선전기 白丁의 習俗과 사회·경제적 처지」『조선의 정치와 사회 - 최승희교수정년기념논문집 - 』; 이준구, 2003, 「조선전기 白丁의 赴防과 軍役與否에 관한 검토」『仁荷史學』10 ; 김동진, 2009, 「朝鮮前期 白丁에 대한 齊民化 政策의 成果」『역사민속학』29 ; 김동진, 2011, 「1528년 安東 府北 周村戶籍 斷片에 나타난 挾居 新白丁의 삶」『고문서연구』39 ; 김동진, 2012, 「16세기 성주지방 백정계열 가계의 사회경제적 위상 변동」『역사와 담론』61 ; 김중섭, 2013, 「'조선시대 백정'의 기원에 대한 역사사회학적 고찰」『동방학지』164 ; 김중섭, 2014, 「조선 전기 백정 정책과 사회적 지위 - 통합, 배제, 통제의 삼중주 - 」『조선시대사학보』68.

200 『太祖實錄』권2, 太祖 1년 9월 壬寅(24일), 1-31.
201 『世宗實錄』권22, 世宗 5년 10월 乙卯(8일), 2-559.
202 『世祖實錄』권3, 世祖 2년 3월 丁酉(28일), 7-121.
203 사냥에 동원되는 재인·백정에는 정주민으로 전화된 부류도 있었을 것이고, 여전히 떠돌이 생활을 하는 이들도 포함되었을 것이다. 두 부류 모두 사냥꾼에서 연원하고 있으므로, 사냥에 상당한 능력을 보유하고 있었던 것으로 보인다.

사냥하게 하면서, 광주에 명해 재인·화척을 남김없이 모여 대기토록 하였다.[204] 태종 13년 국왕이 전라도 임실현에 금수가 많다는 것을 듣고 순행하고자 했을 때 전라도의 재인과 화척을 구군으로 보내도록 하였다.[205] 태종 16년 광주목사에게 지시해, 재인 장선(張先)이 무리를 거느리고 노루와 사슴을 산 채로 잡아 바치도록 했다.[206] 백정이 사냥에 탁월한 능력을 보유하고 있었기에 이런 조치가 있었던 것이다.

세종 1년 국왕이 양근 등지에서 사냥하고자 하면서 경기의 각 고을에 있는 재인과 화척을 초벌리(草伐里)에 모이도록 하였다.[207] 같은 해에 상왕(上王)이 재인·화척 100명을 강무의 구군으로 삼도록 했다.[208] 세종 5년 재인·화척 등이 전렵(田獵)의 역을 지고 있다는 내용이 보인다.[209] 세종 10년 백정은 말을 타면서, 활과 화살을 갖고 다닌다는 언급이 보인다.[210]

문종 1년 각 도 도절제사, 각 진(鎭) 첨절제사, 수령(守令) 등이 백정을 모아 사냥하고 있는 데 이를 금하라는 병조의 계문이 있자, 국왕이 이를 따랐다.[211] 세조 5년(1459), 양녕대군이 외방에 가면서 사냥을 위해 재인·백정을 선발해 지급하는 것이 논란되었으며,[212] 또 재인을 모아 사냥하는 데 심히 옳지 못하다는 언급이 보인다.[213] 세조 13년 이시애 난을

. . . . . . . . . . . . . . .

204 『太宗實錄』 권25, 太宗 13년 3월 癸未(4일), 1-664.
205 『太宗實錄』 권26, 太宗 13년 9월 壬辰(16일), 1-688.
206 『太宗實錄』 권32, 太宗 16년 7월 壬辰(3일), 2-126.
207 『世宗實錄』 권3, 世宗 1년 2월 乙未(20일), 2-303.
208 『世宗實錄』 권3, 世宗 1년 3월 壬子(8일), 2-305.
209 『世宗實錄』 권22, 世宗 5년 10월 乙卯(8일), 2-559.
210 『世宗實錄』 권40, 世宗 10년 윤4월 辛亥(30일), 3-130.
211 『文宗實錄』 권7, 文宗 1년 4월 丁亥(19일), 6-378.
212 『世祖實錄』 권17, 世祖 5년 8월 癸酉(24일), 7-344.

평정하러 갈 때 활을 잘 쏘는 백정을 선발했다.[214] 세조 14년 세조가 사냥할 때 재인·백정을 징발한 일이 있었다.[215]

성종 3년 재인·백정이 사렵(射獵)을 업으로 삼고 있다는 내용이 보이며,[216] 성종 22년 행첨지중추부사(行僉知中樞府事) 김영유(金永濡)의 상언(上言)에, 재인·백정은 말을 달리고 활쏘는 것을 잘할 뿐 아니라 용감하며 도보(徒步)로 금수를 잡는다는 말이 보인다.[217]

말타고 활쏘는 무예 능력을 보유하고 있었으므로 백정은 사냥에 동원되었고, 구군으로 활약하기도 했으며, 사냥의 역을 지는 수도 많았다. 유사시에는 군인으로 차출되기도 했다.

백정은 사냥한 것을 유통시킴으로써 상업 유통망과도 깊이 연결되었다. 세종 24년 재인과 화척은 으슥한 곳에 무리지어 살면서 농업에 종사하지 않고 오로지 유기와 피물을 팔아 생업으로 한다는 내용이 보인다.[218] 피물에는 우마도 있겠지만 야생동물도 포함될 것으로 보인다. 세종 29년 외방의 도적이 장물을 경성에 팔고, 경성의 도적이 외방 촌민과 백정에게 판매함으로써 서로 전판(轉販)하고 있다는 언급이 확인된다.[219] 성종 4년 재인·백정 등이 사사로이 서로 출입하면서 매매하는 자가 있다는 언급이 보인다.[220] 성종 6년 재인·백정이 농사와 누에치기에 종사

. . . . . . . . . . . . . .

213 『世祖實錄』 권17, 世祖 5년 8월 乙亥(26일), 7-345.
214 『世祖實錄』 권43, 世祖 13년 7월 甲子(1일), 8-92.
215 『世祖實錄』 권46, 世祖 14년 5월 丙寅(7일), 8-183.
216 『成宗實錄』 권23, 成宗 3년 10월 辛未(8일), 8-689.
217 『成宗實錄』 권252, 成宗 22년 4월 戊辰(23일), 12-16.
218 『世宗實錄』 권97, 世宗 24년 8월 癸巳(6일), 4-427.
219 『世宗實錄』 권115, 世宗 29년 3월 癸未(21일), 5-10.
220 『成宗實錄』 권33, 成宗 4년 8월 戊辰(9일), 9-51 ; 『成宗實錄』 권33, 成宗 4년 8월 庚辰(21일), 9-55.

하지 않고 사렵(射獵)과 흥판(興販)을 업으로 삼는 사실도 찾아진다.[221] 이를 통해 백정이 내외의 유통망과 연결되어 있음을 알 수 있다. 백정이 사냥해 취득한 금수를 이런 판매망을 통해 처분할 수 있었던 것으로 보인다.

조선초기 국가 차원에서의 사냥도 활발했으며 국왕 스스로도 사냥에 적극 참여하였다. 전국적으로 사냥활동이 활발했지만 가장 두드러진 지역은 평안도와 함경도였다. 지배층을 비롯한 전 계층이 참여하였는데, 사냥에 탁월한 능력을 보유한 부류는 백정이었다. 그렇지만 백정의 사냥 활동은 이전 시기보다 현저히 축소되어 갔다.

## 4. 사냥 활동의 위축과 사냥 문화의 퇴조

15세기 후반에 가면 사냥 활동이 위축되고 사냥 문화가 퇴조하는 양상을 보였다. 국가 차원의 강무제가 제대로 시행되지 않으면서 사냥 활동 역시 위축되지 않을 수 없었다. 국왕의 개인 성향도 크게 변해 세조대까지는 국왕 스스로 사냥에 적극적이었지만 성종은 그렇지 않았다. 성리학에 몰입한 이들이 중앙 관료로서의 위상을 강화해가면서 사냥에 대한 비판적 분위기가 고조되어 갔다. 이리하여 중앙 정부, 국가 차원에서의 사냥은 점차 축소되어 갔다.

성종대에 강무는 크게 줄어들었으며, 따라서 강무에 동반된 사냥 행위도 크게 축소되었다. 성종대에는 강무하지 않은 지 오래 되었다는 표현이 종종 보인다.[222] 성종 18년 강무는 국가의 대사로 세조대에는 자주

.................

221 『成宗實錄』 권54, 成宗 6년 4월 庚寅(12일), 9-214.

행했기 때문에 병사가 훈련되었지만, 근년 이래 병졸이 완둔(頑鈍)해 쓸 모없어졌다는 지적이 있다.[223] 그만큼 강무가 충실하게 시행되지 않았다는 것이다.

연산군대에도 강무는 거의 시행되지 않았다. 한 차례의 강무도 제대로 시행하지 않았다. 연산군은 강무 대신에 타위를 행하여 사냥만을 즐겼다.[224] 강무의 군사적 기능은 거의 사라지고 유희적 기능만 남은 것이다. 전국적으로 군사를 동원해 군사훈련을 겸하는 사냥은 이루어지지 않았다.

중종대에는 강무에 대한 논의조차 별로 나타나지 않는다. 중종대에 강무의 시행에 대한 논의가 약간 있었으나 흉년이나 민폐를 이유로 연기하거나 사정을 기다릴 것만을 논의하였을 뿐 실제 시행에 이르지는 않았다.[225] 명종은 강무 시행에 대한 의지를 접지 않고 강무장을 마련하려는 시도를 하기도 했지만, 직접 시행하지는 못한 것으로 보인다.[226] 이렇듯이 중종대 이후 강무가 거의 시행되지 않음으로써 국가 차원의 사냥은 거의 중단되었다.

강무가 제대로 시행되지 않으면서 사냥터인 강무장의 관리도 무너져 갔다. 강무장이 사냥터의 구실을 하기 위해서는 야생동물이 번식해야 했다. 이를 위해 강무장 내에서의 사사로운 사냥을 금지하였다. 개간이나 거주는 일정하게 허용하기도 했지만 사렵은 엄히 금지하였다. 태종

222 『成宗實錄』 권134, 成宗 12년 10월 甲辰(3일), 10-260~261 ; 『成宗實錄』 권220, 成宗 19년 9월 甲戌(14일), 11-373.
223 『成宗實錄』 권207, 成宗 18년 9월 乙丑(29일), 11-250.
224 이현수, 2002, 앞의 논문 ; 정재훈, 2010, 앞의 책, 188~189쪽.
225 이현수, 2002, 앞의 논문 ; 정재훈, 2010, 앞의 책, 188~199쪽.
226 정재훈, 2010, 앞의 책, 189쪽.

대와 세종대에 여러 차례 강무장 내에서의 사렵 행위를 금하는 조치를 취하였다. 그러나 금령에도 불구하고 강무장 내 사렵 행위는 근절되지 않았다. 강무장 내에서의 사렵은 강무장 운영을 어렵게 만드는 행위였다.

성종대가 되면 사렵의 금령이 점차 완화되었다. 강무가 이루어지지 않아 금수가 번창하므로 사냥을 허여하는 것이다. 성종 12년(1481) 10월 강무를 하지 않아 금수가 많아져 곡식을 해치고 있다고 하면서 사렵을 허용하는 것이 논란되었는데 결국 백성들이 땔나무를 하고 사냥하도록 허가했다.[227] 이는 강무장 관리를 크게 완화하는 조치였다.

사냥에 몰입한 연산군대에는 사냥에 대한 금지가 다시 엄격해졌다. 연산군 9년(1503) 2월 금령을 완화해 사냥을 마음대로 하게 할 수 없다고 했다.[228] 그렇지만 진상을 명분으로 한 사냥은 허여했다.[229] 강무장 내의 금수가 감소해 갔는데 이는 사냥 때문이라는 언급이 보인다.[230] 사렵의 금지에도 불구하고 사냥이 성행함으로써 강무장이 사냥터로서 갖는 의미를 상실해 갔다.

중종대에는 강무장 내 사렵이 거의 논란되지 않았다. 강무장 운영이 동요하면서 그곳이 개간되고 사렵이 성행하게 됨으로써 사렵이 문제되지 않는 것이다. 강무가 중단되고, 사렵이 성행하면서 강무장이 사냥터로서 갖는 기능을 잃게 되었다.

사렵이 성행함으로써 강무장 내에서 야생동물은 지속적으로 감소의

. . . . . . . . . . . . . .

227 『成宗實錄』 권134, 成宗 12년 10월 甲辰(3일), 10-260~261.
228 『燕山君日記』 권48, 燕山君 9년 2월 癸卯(6일), 13-541.
229 『燕山君日記』 권50, 燕山君 9년 9월 甲子(1일), 13-573.
230 『燕山君日記』 권50, 燕山君 9년 9월 辛巳(18일), 13-575 ; 『燕山君日記』 권51, 燕山君 9년 11월 丙寅(3일), 13-580.

추세를 보였다. 세종대부터 강무장 내 금수의 희소가 언급되고 있다. 세종 16년(1434) 지금 강무장의 노루와 사슴이 드물어졌다는 경기감사의 계문(啓聞)이 보이며,[231] 세종 22년 강무장 내에서 사냥을 금하는 법령을 근래 제대로 준수하지 않아, 무식한 인민 등이 강무장에서 몰래 사렵을 하고 있어 노루와 사슴이 희소해졌다는 병조(兵曹)의 계문이 보인다.[232] 문종 1년(1451) 강무장 가운데 경기 지평 등 여러 곳, 강원도 회양부 이외의 여러 곳, 황해도 신계현의 여러 산 등은 노루와 사슴이 희소하다고 하였다.[233]

성종대 이후 강무장 내 금수의 희소는 더욱 자주 언급되고 있다. 사렵의 성행만이 아니라 나무 벌채, 임목의 감소, 개간의 확대 등도 중요한 원인으로 지적되고 있다. 성종 9년 아차산은 예전에 강무소였는데, 근래에 산에 초목이 없어져서 금수가 서식할 수 없게 되었다고 했다.[234] 성종 14년 경기와 강원도의 사냥이 금지된 곳에서 전지를 내려 사냥에 대해 완화하는 조치를 내리니, 사렵자가 덫을 설치해 금수를 포획함이 많아졌으며 이 때문에 금수가 드물어졌다는 것이다.[235] 성종 17년 상당부원군 한명회가 서산은 강무장인데 예전에는 금수가 많았으나 초수(草樹)가 무성하지 않고 금수가 의식(依息)할 바를 잃었다고 지적했다.[236] 또 호조판서 이덕량(李德良), 공조참판 오순(吳純)이 서산은 임목(林木)이 무성하지 않아 금수가 많지 않다고 아뢰었다.[237] 성종 18년 강무장인 강원

· · · · · · · · · · · · · ·

231 『世宗實錄』 권66, 世宗 16년 10월 戊申(5일), 3-592.
232 『世宗實錄』 권91, 世宗 22년 10월 癸巳(24일), 4-322.
233 『文宗實錄』 권6, 文宗 1년 3월 丙辰(17일), 6-367.
234 『成宗實錄』 권97, 成宗 9년 10월 辛亥(23일), 9-657.
235 『成宗實錄』 권158, 成宗 14년 9월 戊戌(8일), 10-512.
236 『成宗實錄』 권196, 成宗 17년 10월 甲申(13일), 11-150.

도 평강, 철원이 근년 이래로 백성들이 개간을 많이 하고 초채(樵採)를 금하지 않아 금수가 희소해졌다고 한명회가 지적했다.[237] 성종 18년 파산군(巴山君) 조득림(趙得琳), 능산군(綾山君) 구겸(具謙) 등이 경기, 강원도 강무사장(講武射場)을 살피고 와서 금수의 자취가 심히 희소하다고 아뢰었다.[239] 성종 19년 평강·철원 등의 강무장에 금수가 희소해져 전날과 같지 못하다고 했다.[240] 사렵이 성행하고 또 개간이 이루어지고 초채지로 활용됨으로써 야생동물이 희소해져 강무장이 기능을 잃어가고 있음을 알려준다.

연산군대에도 사장(射場)이라 이름하지만 금수가 없다는 지적이 보인다.[241] 연산군 9년 국왕과 성준(成俊)의 대화에서 저간의 사정을 엿볼 수 있다. 연산군이 황구(黃丘)에 행차해 열무(閱武)하고서 좌우상(左右廂)에게 명해 함께 몰이하게 하였다. 국왕이 어떤 연유로 금수가 없는가 하니, 성준이 사렵자(私獵者)가 많기 때문이라고 하였다. 국왕이 금수가 없으니 사냥을 금하지 않을 수 없다 하자, 성준이 이곳에 수철장(水鐵匠)이 새로 와서 사는 자가 자못 많은데 강무장으로 삼아 금한다면 거처하는 민들은 철거해야 한다고 답하였다.[242] 아마 황구의 경우, 수철장이 다수 들어와 살게 됨으로써 사렵이 성행하고 수목이 많이 훼손되었으며 그 결과 금수가 없어진 것으로 보인다. 당시 국왕은 강무장에서 사냥을 못하도록 한 것이 이미 법으로 금해졌는데 세가(勢家)의 노비가 응패(鷹牌)를 갖

· · · · · · · · · · · · · ·
237 『成宗實錄』 권196, 成宗 17년 10월 辛卯(20일), 11-152.
238 『成宗實錄』 권205, 成宗 18년 7월 甲寅(17일), 11-232.
239 『成宗實錄』 권206, 成宗 18년 8월 庚辰(13일), 11-240.
240 『成宗實錄』 권218, 成宗 19년 7월 乙酉(24일), 11-361.
241 『燕山君日記』 권50, 燕山君 9년 8월 壬子(18일), 13-572.
242 『燕山君日記』 권50, 燕山君 9년 9월 辛巳(18일), 13-575.

고 제멋대로 사냥을 하고 있지만 금하지 못하고 있어 금수가 희소해진
것이라고 하였다.[243] 사렵 때문에 금수가 희소해졌다는 것이다. 세종대
에 야생동물이 풍부했던 철원이 성현(成俔, 1439~1505) 당시에 태반이
농경지가 되어 금수가 줄어들어 잡기가 어려워졌다고 했다.[244]

중종 29년(1534) 아차산에 금수가 없다는 언급이 보인다.[245] 중종 31
년 성산(城山) 근처에는 금수가 없다는 내용이 보이고,[246] 또 전에 장사
(將士)들이 타위하던 곳이 요즘은 나무가 드물어서 짐승들이 번식할 수
없다고 했다.[247] 중종 32년 정금원평(鄭今院坪)과 녹양평(綠楊坪)은 사냥
의 상소(常所)인데, 지금은 모두 농민이 점거한 바 되었고 개간이 거의
끝나 농경지가 되었으므로 금후 사냥하는 곳으로 삼을 수 없다고 했
다.[248] 중종 37년 근래에 아차산을 보면 초목이 없어 금수가 숨을 곳이
없으며, 망올리(網兀里) 역시 그러하다고 했다.

강무장의 금수 감소는 대세였다. 강무제가 제대로 운영되지 않으면
서 사렵이 성행하였고, 또 개간으로 산림이 훼손·축소되었으며, 그 결과
야생동물이 줄어든 것이다. 야생동물의 감소는 강무장이 사냥터로서 갖
는 의미를 상실케 하며, 결국 강무제 자체도 무력화시키는 것이다.

15세기 후반에 가면 국왕 스스로에 의한 사냥도 크게 축소되었다. 세
조대까지는 역대 국왕이 사냥에 적극적이었다. 그러나 성종은 그렇지
않았다. 사냥 행위에 소극적인 성종의 태도는 사냥 문화가 퇴조하는 데

................

243 『燕山君日記』 권51, 燕山君 9년 11월 丙寅(3일), 13-580.
244 成俔, 『慵齋叢話』 권8, 「鐵原古東州之野」.
245 『中宗實錄』 권78, 中宗 29년 10월 丙午(13일), 17-538.
246 『中宗實錄』 권81, 中宗 31년 1월 庚午(14일), 17-633.
247 『中宗實錄』 권82, 中宗 31년 6월 戊申(25일), 17-668.
248 『中宗實錄』 권84, 中宗 32년 4월 癸丑(5일), 18-58.

일조했다. 성종이 사냥에 참여한 일은 적지 않았다. 성종 3년 2월 국왕이 융복(戎服)을 갖춰 입고 토원(兔院)에 행차해. 소망월점(小亡兀岾)에 이르러 타위해서, 노루 8마리, 여우, 토끼를 포획했다. 연로에서 매 사냥을 구경했다. 토원에 이르자 내금위 최한망(崔漢望)이 쏴서 잡은 사슴을 바쳤다. 국왕이 전지하기를, 오늘의 타위는 대비전에 선미(鮮味)를 바치고자 함이라고 했다.[249] 성종이 직접 말을 달려 사냥한 것이 아니라 다른 이들이 사냥한 것이며 성종은 사냥을 관람하는 데 그친 것으로 보인다. 성종 스스로 사냥을 관람한 경우가 적지 않았지만 근교에서 하고 하루만에 환궁하는 일이 많았다.[250] 성종은 이처럼 적극적으로 사냥에 임하지는 않았다.

성종이 사냥을 좋아하지 않는다는 표현이 자주 보인다. 성종 2년 사헌부 대사헌 한치형(韓致亨) 등의 상소에서, 성종이 '척전렵(斥田獵)'했음을 인정하고 있다.[251] 성종 8년 경연이 끝났을 때 집의(執義) 이칙(李則)이 계문한 내용에, 성종이 전렵을 좋아하지 않는다는 언급이 보인다.[252] 성

··············
249 『成宗實錄』 권15, 成宗 3년 2월 己丑(22일), 8-638.
250 『成宗實錄』 권34, 成宗 4년 9월 壬子(24일), 9-62 ; 『成宗實錄』 권53, 成宗 6년 3월 乙丑(16일),9-209 ; 『成宗實錄』 권53, 成宗 6년 3월 辛未(22일), 9-211 ; 『成宗實錄』 권59, 成宗 6년 9월 癸酉(27일), 9-275 ; 『成宗實錄』 권59, 成宗 6년 9월 乙亥(29일), 9-275 ; 『成宗實錄』 권59, 成宗 6년 9월 丙子(30일), 9-275 ;『成宗實錄』 권85, 成宗 8년 10월 庚子(6일), 9-516 ; 『成宗實錄』 권85, 成宗 8년 10월 辛丑(7일), 9-516 ; 『成宗實錄』 권98, 成宗 9년 11월 戊午(1일), 9-659 ;『成宗實錄』 권109, 成宗 10년 10월 丙戌(4일), 10-57 ; 『成宗實錄』 권109, 成宗 10년 10월 丁亥(5일), 10-57 ; 『成宗實錄』 권139, 成宗 13년 3월 己丑(21일), 10-310 ;『成宗實錄』 권140, 成宗 13년 4월 甲寅(16일), 10-322 ;『成宗實錄』 권196, 成宗 17년 10월 丁酉(26일), 11-154 ;『成宗實錄』 권245, 成宗 21년 윤9월 戊戌(19일), 11-650.
251 『成宗實錄』 권10, 成宗 2년 6월 己酉(8일), 8-576.

종이 사냥을 좋아하지 않는다는 언급이 계속 이어졌다.[253] 국왕 스스로도 자신이 사냥을 좋아하지 않음은 국인(國人)이 아는 바이고[254] 신료들도 아는 바라 했다.[255] 연산군대에도 성종은 초년이나 중년에 사냥놀이를 한 일이 절대로 없었다는 언급이 있다.[256] 성종은 이전의 다른 국왕과 달리 사냥을 좋아하지 않았다. 신료들도 인정하였고 국왕 스스로도 그렇게 생각했다. 성종대는 사냥 중지를 요구하는 언관들의 상소가 잦았으며, 국왕이 수용하는 경우가 많았다.[257]

연산군은 성종과 달리 사냥에 탐닉하는 모습을 보였다. 연산군 4년 8월 국왕이 동교에서 관가(觀稼)하고 전곶(箭串)에 이르러 학익진(鶴翼陣)

· · · · · · · · · · · · · ·

252 『成宗實錄』 권85, 成宗 8년 10월 辛酉(27일), 9-521.

253 『成宗實錄』 권99, 成宗 9년 12월 戊戌(11일), 9-679 ; 『成宗實錄』 권102, 成宗 10년 3월 丁巳(1일), 9-697 ; 『成宗實錄』 권102, 成宗 10년 3월 壬戌(6일), 9-698 ; 『成宗實錄』 권138, 成宗 13년 2월 丁巳(18일), 10-301 ; 『成宗實錄』 권138, 成宗 13년 2월 辛酉(22일), 10-302.

254 『成宗實錄』 권148, 成宗 13년 11월 丁巳(23일), 10-409.

255 『成宗實錄』 권282, 成宗 24년 9월 戊申(17일), 12-402.

256 『燕山君日記』 권27, 燕山君 3년 9월 庚戌(12일), 13-276.

257 성종대 言官들이 사냥에 대해 많은 비판을 가하고 있는데, 그 내용은 심층적으로 검토할 필요가 있다. 조선 성종대 언관들의 활동에 대해서는 많은 연구가 이루어졌다. 중요한 성과를 제시하면 다음과 같다. 김돈, 1997, 『조선전기 군신권력관계 연구』, 서울대 출판부 ; 최승희, 2002, 『조선초기 정치사연구』, 지식산업사 ; 최승희, 2005, 『조선초기 정치문화의 이해』, 지식산업사 ; 김범, 2015, 『사화와 반정의 시대 - 성종·연산군·중종대의 왕권과 정치 - 』, 역사의 아침 ; 최이돈, 2017, 『조선중기 사림정치』, 경인문화사 ; 南智大, 1985, 「朝鮮成宗代의 臺諫 言論」 『韓國史論』 12, 서울대 국사학과 ; 金範, 2005, 「朝鮮成宗代의 王權과 政局運營」 『史叢』 61 ; 송웅섭, 2010, 「조선 성종대 전반 언론의 동향과 언론 관행의 형성 - 성종대 언론 발달의 요인과 관련하여 - 」 『한국문화』 50, 서울대 규장각 한국학연구원 ; 송웅섭, 2013, 「朝鮮 成宗의 右文政治와 그 귀결」 『奎章閣』 42, 서울대 규장각 한국학연구원.

을 쳐서 금수를 사냥하였으며,[258] 9월 국왕이 아차산에서 타위했다.[259] 연산군 4년 10월 왕이 대자산(大慈山)에서 사냥했으며, 또 정토산(淨土山)에서 사냥했다.[260] 연산군 5년 9월 왕이 서산에서 강무하면서 멧돼지·사슴 30여 마리를 포획했다.[261] 연산군 5년 10월 근일에 누차 타위했으나 하나도 만족스럽지 못해 지금 창릉(昌陵), 경릉(敬陵) 북산에서 관렵하고자 한다면서,[262] 창릉, 경릉 주산(主山)에서 타위했다.[263] 연산군 6년 9월 왕이 전곶에서 타위했으며,[264] 같은 해 10월 대자산에서 타위하고 깊은 밤에 환궁했다.[265] 연산군은 사냥에 탐닉하고 스스로 활을 쏘면서 사냥을 즐겼다. 성종과는 현저히 다른 모습이었다.

중종대에는 근교에서 사냥을 했으며 그 빈도도 낮았다. 중종 22년 10월 왕이 아차산에서 타위해 노루 8마리, 여우 1마리, 토끼 20여 마리, 꿩 30여 마리를 포획했다.[266] 중종 23년 10월 전후 산정(山頂)에서 방응하도록 명하였으며, 꿩을 잡은 자에게 술을 주었다.[267] 중종은 아차산에서 타위하기도 하고, 매 사냥을 하기도 했지만 이는 드문 일이었다. 이렇게 해서 국왕이 직접 사냥에 참여해 말을 달리고 활을 쏘는 사냥 행위는 멀어져 갔다. 명종 10년(1555) 정원에 전지한 내용에, 타위는 본래

..............

258 『燕山君日記』 권31, 燕山君 4년 8월 甲申(21일), 13-329.
259 『燕山君日記』 권31, 燕山君 4년 9월 丙午(11일), 13-331.
260 『燕山君日記』 권31, 燕山君 4년 10월 丁卯(5일), 13-332.
261 『燕山君日記』 권35, 燕山君 5년 9월 癸未(26일), 13-379.
262 『燕山君日記』 권35, 燕山君 5년 10월 辛亥(25일), 13-383.
263 『燕山君日記』 권35, 燕山君 5년 10월 甲寅(28일), 13-383.
264 『燕山君日記』 권39, 燕山君 6년 9월 丁卯(16일), 13-426.
265 『燕山君日記』 권39, 燕山君 6년 10월 丙申(15일), 13-431.
266 『中宗實錄』 권59, 中宗 22년 10월 癸丑(9일), 16-601.
267 『中宗實錄』 권63, 中宗 23년 10월 乙卯(17일), 17-56.

위민제해(爲民除害)와 종묘천금(宗廟薦禽)을 위한 것인데 오래 동안 폐지되어 편치 않다는 언급이 있다.[268]

중종과 명종 모두 사냥에 특별한 관심을 보이지 않았다. 15세기에는 국왕 스스로 사냥에 적극적이었지만 성종대 이후에는 연산군을 제외하면 사냥에 몰입하는 군주는 없었다. 국왕 스스로가 사냥에 매우 소극적이었다. 국왕이 상무적 분위기에서 크게 이탈하는 것이었다.

지방관으로서 사냥에 참여하는 일도 성종대부터 크게 줄어들었다. 성종은 수령이 사조(辭朝)할 때 인견(引見)하고서 사냥에 탐닉하지 말 것을 특별히 당부했다. 성종 1년 9월 평안도 우후(虞候) 장효량(張孝良), 영안도 유성도찰방(輸城道察訪) 송계은(宋繼殷)이 사조할 때, '무호전렵(毋好田獵)'하라고 했으며,[269] 능성현감(綾城縣監) 조정로(趙庭老)에게는 '무탁진상호렵(毋托進上好獵)'하라고 했다.[270] 비슷한 내용이 안협현감(安峽縣監) 서윤지(徐允志),[271] 영변도 수군첨절제사 유해(柳垓)와 벽단만호(碧團萬戶) 박석손(朴碩孫),[272] 창원부사(昌原府使) 김활(金活),[273] 태천군수(泰川郡守) 채징(蔡澄)에게도[274] 보인다. 금산군수(金山郡守) 허혼(許混)과 경주판관(慶州判官) 김영추(金永錘)에게는 '무호렵이병민(毋好獵以病民)'하라고 했으며,[275] 토산현감(兎山縣監) 유종수(柳宗琇)에는 유전(遊畋)을 좋아하는

. . . . . . . . . . . . . . .

268 『明宗實錄』권19, 明宗 10년 9월 丙辰(24일), 20-299.
269 『成宗實錄』권7, 成宗 1년 9월 乙未(20일), 8-533.
270 『成宗實錄』권7, 成宗 1년 9월 庚子(25일), 8-533.
271 『成宗實錄』권8, 成宗 1년 10월 戊申(4일), 8-534.
272 『成宗實錄』권8, 成宗 1년 10월 癸丑(9일), 8-535.
273 『成宗實錄』권8, 成宗 1년 10월 癸亥(19일), 8-536.
274 『成宗實錄』권8, 成宗 1년 11월 壬午(8일), 8-537.
275 『成宗實錄』권9, 成宗 2년 1월 戊寅(5일), 8-545.

가 묻기도 했다.[276] 성종은 이처럼 사냥 자제를 특별히 강조하였는데, 이 것은 지방관의 사냥을 위축시켰을 것이다.

그럼에도 사냥을 해서 물의를 일으키는 지방관이 없지 않았는데, 이 들에 대해 처벌을 엄격히 시행했다. 성종 6년 충청도 병마절도사 김서형 (金瑞衡)이 서산에서 사냥을 하다 불을 질러 금산(禁山)을 불태운 일을 추 국하여 결국 그는 고신을 몰수당하는 처벌을 받았다.[277] 성종 16년 전라 좌도 수군우후 유치인(劉致仁)이 멋대로 군사를 징발해 먼 섬에서 사냥 을 하다가 군인 33명이 익사하였는데, 그는 처벌을 받았다.[278] 성종 25년 부안현감(扶安縣監) 정관(鄭寬)이 구마(狗馬)를 많이 키우면서 날마다 유 희 사냥에 종사해 교체를 당했다.[279] 성종은 사냥 행위를 하지 못하도록 지시했으며 이를 어기고 물의를 일으킨 지방관은 처벌하였다.

중종대에도 사냥으로 물의를 일으킨 지방관이 논란되었다. 중종 5년 의주목사(義州牧使) 구전(具詮)이 사냥을 일로 삼고 있다고 언관이 문제삼 았다.[280] 또 평안도의 수령이 날마다 말을 달려 사냥에 종사한다고 하면 서 수령을 가려 보내는 것이 논의되었다.[281] 중종 13년 지정언(持正言) 김 광복(金匡復), 울산군수 이순(李珣)이 성색과 사냥, 술을 좋아한다고 하면 서 바꿀 것을 청하였지만, 윤허하지 않았다.[282] 중종 14년 평안도 관찰사 허굉(許磁)이 장계(狀啓)하기를, 위원군수 이보(李俌)가 사냥을 좋아하고

. . . . . . . . . . . . . . .

276 『成宗實錄』 권10, 成宗 2년 6월 戊申(7일), 8-576.
277 『成宗實錄』 권54, 成宗 6년 4월 己丑(11일), 9-214 ; 『成宗實錄』 권56, 成宗 6년 6월 甲申(7일), 9-233 ; 『成宗實錄』 권88, 成宗 9년 1월 戊寅(15일), 9-544.
278 『成宗實錄』 권175, 成宗 16년 2월 丙子(24일), 10-690.
279 『成宗實錄』 권287, 成宗 25년 2월 戊辰(9일), 12-472.
280 『中宗實錄』 권11, 中宗 5년 5월 庚申(6일), 14-437.
281 『中宗實錄』 권12, 中宗 5년 10월 乙未(12일), 14-468.
282 『中宗實錄』 권34, 中宗 13년 7월 壬戌(25일), 15-466.

민병을 구휼하지 않아 수령에 부적합하니 파출하라고 하자, 청종했다.[283] 중종 15년 전라도 병사(兵使) 권승(權勝)이 습진(習陣)이라 칭탁하고서 부안에 군사를 모아 금수를 사냥했으니 사체(事體)를 잃었다고 간원이 아뢰었는데, 국왕은 윤허하지 않았다.[284] 명종 5년 제주목사 한흡(韓洽)이 날마다 사냥에 종사하고 형벌이 과중하니 파직하라는 청에 국왕이 따랐다.[285] 지방관의 사냥 비리에 대해 모두 처벌을 윤허한 것은 아니었지만, 조정 내에서 사냥 행위가 자주 논란되는 것은 지방관의 사냥 활동을 위축시키는 데 일조했을 것이다.

성종대 이후 강무제가 제대로 운영되지 못하고, 국왕 자신의 사냥 행위가 축소되는 데에는 당시 신료들의 사냥 문화에 대한 비판이 큰 작용을 했다. 사냥에 대해서 성리학 성향의 신료들은 대체로 부정적인 견해를 보였다. 국가 차원에서 이루어지는 강무에서의 사냥도 흉년이나 기상 악화, 민의 부담 등을 내세워 반대하는 일이 많았다. 국왕의 사적인 사냥은 신하들의 경계 대상이었다.

사냥의 필요성을 주장하는 논리는 세 가지였다. 종묘의 천신,[286] 위민제해(爲民除害),[287] 군사훈련이[288] 그것이다. 우선 사냥은 신선하고 맛좋

· · · · · · · · · · · · · ·

283 『中宗實錄』 권37, 中宗 14년 10월 壬午(22일), 15-573.

284 『中宗實錄』 권41, 中宗 15년 11월 甲申(30일), 16-5.

285 『明宗實錄』 권10, 明宗 5년 6월 丁酉(4일), 19-701.

286 『太祖實錄』 권9, 太祖 5년 3월 丙戌(29일), 1-90 ; 『太祖實錄』 권10, 太祖 5년 11월 甲申(30일), 1-98 ; 『太宗實錄』 권18, 太宗 9년 12월 戊戌(1일), 1-519 ; 『太宗實錄』 권18, 太宗 9년 12월 庚子(3일), 1-519 ; 『太宗實錄』 권18, 太宗 9년 12월 丁未(10일), 1-520 ; 『太宗實錄』 권28, 太宗 14년 11월 庚戌(11일), 2-44.

287 『成宗實錄』 권83, 成宗 8년 8월 壬戌(28일), 9-496 ; 『成宗實錄』 권134, 成宗 12년 10월 甲辰(3일), 10-260.

은 식료를 종묘에 바치기 위해 필요하다는 것이었다. 그리고 야생동물이 농사에 피해를 주는 일이 많기 때문에 사냥을 통해 이를 제거함으로써 백성에게 도움을 줘야 한다는 주장이다. 또 사냥은 군사훈련을 겸한다는 것이다. 사냥의 실시를 주장하는 국왕이나 병조의 관료들은 대체로 이런 논지를 내세우면서 강행하고자 했다. 반면 성리학 가치를 적극 추구하는 언관을 비롯한 신료들은 비판적인 입장을 보였다.

사냥에 대한 비판은 크게 두 계통으로 구분할 수 있다. 국왕의 안일을 경계하는 것과 사냥의 폐해를 지적하는 것이 그것이다. 국왕의 사냥 행위에 대해서는 신료들이 거세게 비판하였다. 사냥의 즐거움에 빠져 정사를 소홀히 한다는 것이다. 즐거움에 탐닉하는 초기에 그 기미를 제거하지 않으면 훗날 폐해는 매우 커지게 된다는 것이다.

태조 1년(1392) 7월 사헌부에서 안일(安逸)과 욕망을 경계하면서 사냥의 즐거움을 경계하고 있다. 사냥하는 것은 인성을 해치고 사람의 정욕을 방탕하게 하는 것이므로 삼가야 한다고 상소했다.[289] 정종 1년(1399) 권근이 올린 시정(時政) 6사(事)에서, 사냥을 할 때 위로는 종묘를 위하고 아래로는 백성의 생업을 돕되, 탐락에 빠지지 말 것을 주장하였다.[290]

사냥을 하는 과정에서 농작물에 피해를 주는 수가 많았다.[291] 곡식의 수확을 마치지 못한 상태에서의 사냥, 특히 매 사냥을 하면 작물에 심대

．．．．．．．．．．．．．．．

288 『世宗實錄』 권33, 世宗 8년 8월 甲申(23일), 3-40 ; 『世祖實錄』 권26, 世祖 7년 10월 己卯(13일), 7-492 ; 『中宗實錄』 권40, 中宗 15년 9월 丁丑(23일), 15-692.
289 『太祖實錄』 권1, 太祖 1년 7월 己亥(20일), 1-20.
290 『定宗實錄』 권2, 定宗 1년 10월 甲辰(8일), 1-157.
291 『太宗實錄』 권10, 太宗 5년 10월 丁卯(5일), 1-339 ; 『太宗實錄』 권12, 太宗 6년 윤7월 癸亥(6일), 1-366 ; 『太宗實錄』 권32, 太宗 16년 7월 甲午(5일), 2-127.

한 피해를 줄 수 있었다. 강무에 동반한 사냥의 경우, 국왕이 행차하는 고생이 있고, 식량을 준비하는 부담이 있으며, 숙박의 어려움이 있었다. 다수 군사가 이동하기 때문에 교량의 구축, 도로의 확보, 음식물의 제공 등이 필요한데 이 역시 고통스러운 일이었다.[292] 이에 대해 국왕은 군인의 고생은 당연한 것으로 고생 자체가 훈련이며, 강무를 하지 않으면 군기가 문란해지고 지휘체계가 확립되지 않는다는 논리를 펼쳤다.

성종대가 되면 사냥에 대한 비판의 수위가 매우 높아졌다. 성종 3년 10월 경연이 끝나자, 장령(掌令) 이맹현(李孟賢), 정언(正言) 김제신(金悌臣)이 계문하기를, 올해는 수한·풍재가 교대로 일어났으며 경기는 흉년이 더욱 심해, 사냥을 관람하는 것이 옳지 않다고 하니, 국왕이 이를 수용해 중지하였다.[293] 관렵에 대해 언관이 비판하자 국왕이 수용한 것이다. 언관의 사냥에 대한 비판이 강화되고 국왕은 사냥에 대해 후퇴하는 것이다.

성종 4년 3월 주강에서 동지사(同知事) 이승소(李承召)의 계문에, 국왕이 일락(逸樂)하면 주색(酒色)에 빠지고 사냥으로 날을 보내게 되는데 이로 말미암아 인성을 해치고 수명을 단축하게 된다는 것이 보인다.[294] 유희적 사냥에 대한 경계인 것이다. 성종 5년 1월 국왕이 장차 청계산에 가서 관렵하고자 했는데, 사간원에서 계문하기를, 날씨가 추워 산길이 얼어 미끄러우니 타위 정지를 청하자 국왕이 청종하였다.[295] 관렵에 이의를 제기하니 국왕이 이를 수용해 중지한 것이다. 성종 스스로 사냥에

............
292 정연학, 2011, 앞의 논문.
293 『成宗實錄』 권23, 成宗 3년 10월 丁丑(14일), 8-690.
294 『成宗實錄』 권28, 成宗 4년 3월 丙午(16일), 9-13.
295 『成宗實錄』 권38, 成宗 5년 1월 庚寅(4일), 9-80.

대해 적극적이지 않은 것을 엿볼 수 있다. 성종 12년 11월 대사간 강자평(姜子平)은 비로 인해 또 군졸이 피폐할 것을 염려해 강무 중지를 청하였다.[296] 틈만 나면 사냥 중지를 요청하는 언관을 볼 수 있다.

연산군은 사냥 문제를 둘러싸고 신료들과 갈등하는 경우가 많았다. 연산군 3년 1월 시강관(侍講官) 장순손(張順孫)이 군주가 놀이 사냥을 좋아함은 사직을 위한 계책이 아니라고 아뢰었다.[297] 연산군의 사냥에 대한 비판이다. 연산군 3년 9월 대사간 정석견(鄭錫堅) 등이, 후원(後苑)에서 무신을 모아 종일토록 활 쏘는 것을 구경한 것, 문신을 모아 활쏘는 것을 구경한 것, 친히 사열한 것, 내금위(內禁衛) 사복을 모아서 활쏘는 것을 구경한 것, 사냥을 한 것 등이 계속 이어진다고 하면서 가을과 겨울은 모두가 국왕의 사냥 놀이 하는 날이 되고 말 것이라고 비판하였다. 이에 대해 국왕은 지금 백성의 피해를 제거하기 위해서 아침에 나갔다가 저녁에 돌아오고 있으니 불가하지 않으며, 종친과 활쏘기를 시험한 것은 조종 때에도 또한 있었다고 대응하였다.[298] 또 대사간 정석견 등이 재차 국왕이 경연을 여사(餘事)로 여기고 활쏘기 구경을 급선무로 삼고 있다고 비판하면서 부지런히 경연에 참여하고 빨리 사냥과 활쏘기를 정지하기를 청하였다.[299] 연산군의 사냥 탐닉을 둘러싸고 국왕이 신료들과 충돌하고 있는 것이다.

연산군 7년 10월 근래 오랫 동안 열무(閱武)를 폐지해 군사가 해이함에 이를까 걱정돼 타위하고자 한다면서 만약 미리 무예를 익히지 않고

· · · · · · · · · · · · · ·

296 『成宗實錄』 권135, 成宗 12년 11월 乙亥(5일), 10-271.
297 『燕山君日記』 권21, 燕山君 3년 1월 丙寅(24일), 13-187.
298 『燕山君日記』 권27, 燕山君 3년 9월 己酉(11일), 13-275.
299 『燕山君日記』 권27, 燕山君 3년 9월 庚戌(12일), 13-276.

있다가 갑자기 뜻하지 않은 변란이 있으면 장차 붓을 쥐고 이에 응하겠는가라고 연산군이 주장하였다.[300] 연산군은 위민제해와 군사 훈련을 강조하면서 사냥에 적극적인 모습을 보였다. 연산군은 봄·여름·가을·겨울 4계절 사냥 모두 위민제해를 위한 것이라고 했으며,[301] 4계절의 사냥이 있는데 무사(武事)를 느슨히 할 수 없다고 주장했다.[302] 타위는 위민제해(爲民除害), 종묘천금(宗廟薦禽), 연습무사(鍊習武事)를 위한 것이라고 주장하면서 세소(細小)한 사람이 몸 편하기를 꾀해 분분히 불가하다고 주장하는 것이라고 논박했다.[303]

성종대부터 신료들이 국왕의 사냥 행위에 대해 강력하게 비판하고 나섰다. 성종은 많은 경우 신료의 주장을 수용했지만 연산군은 사냥을 고집하였다. 그러나 중종대부터 국왕의 사냥이 문제되는 일은 별로 보이지 않는다. 조정에서 국왕의 사냥이 문제되는 일이 별로 발생하지 않았기 때문이다.

사냥에 유능함을 보인 백정층의 사냥 활동도 점차 위축되었다. 정부가 이들을 정주시키고자 노력하고 일반 백성과의 혼인을 장려하면서 이들의 사냥 활동은 매우 축소되지 않을 수 없었다. 이들을 농업으로 전환시키려고 하였으며,[304] 나아가 이들에 대한 제민화(齊民化) 정책을 강력하게 추진하였다.[305] 토지에 안착하고 평민과 섞여 살면서 서로 혼인하

..............

300 『燕山君日記』 권41, 燕山君 7년 10월 丁未(2일), 13-453.
301 『燕山君日記』 권31, 燕山君 4년 9월 丙午(11일), 13-331.
302 『燕山君日記』 권31, 燕山君 4년 9월 庚申(25일), 13-332.
303 『燕山君日記』 권54, 燕山君 10년 6월 乙丑(6일), 13-635.
304 한희숙, 1999, 앞의 논문.
305 백정의 제민화 정책에 대해서 여러 연구가 있지만, 그 성과에 대해서는 적극적인 평가를 하기도 하고(김동진, 2009, 앞의 논문), 소극적인 평가를 하기도 한다(이준구, 1998, 앞의 논문 ; 이준구, 2002, 앞의 논문 ; 이중섭, 2014, 앞의

고 호적에 등록함으로써 일반 평민과 동일한 민으로 만들고자 노력하였다. 사냥에 탁월한 능력을 보유했던 백정은 점차 정착하는 생활을 확대해 갔다. 물론 그들 가운데는 여전히 떠돌이 생활하면서 사냥에 몰두한 이들이 없지 않았지만 그 수가 현저히 감소했다.

금수의 감소는 강무장 내에서도 확인할 수 있지만 강무장 이외의 곳에서도 흔히 확인할 수 있다. 일반적으로 야생동물이 감소하는 가장 중요한 요인은 인구의 증가와 농지의 개간이었다. '지벽민조(地闢民稠) 금수한소(禽獸罕少)'가[306] 그것을 상징하는 표현이었다. 토지가 개간되고 민이 조밀해서 금수가 드물어졌다는 것이다.

세종 8년 충청도에서 근래에 인구가 많아지고 토지가 개간되어 노루와 사슴이 드물어졌으며 이 때문에 각사에 납부하는 건장록(乾獐鹿) 합 61구, 녹포(鹿脯) 70첩(貼), 녹각(鹿角) 9대(對), 장록피(獐鹿皮) 합 108장(張)을 갖춰 납부할 수 없다는 언급이 있다.[307] 세종 9년 전라도 감사의 계문에, 전의감(典醫監)에 납부하는 녹용(鹿茸) 10대, 제생원에 납부하는 30대를 당초에는 땅이 넓고 민이 적어 미록(麋鹿)이 번성해서 쉽게 마련해 바칠 수 있었지만, 지금에 이르러 평화가 지속됨에 따라 인구가 날로 늘어가면서 미록이 희소해져 마련하기 어렵게 되었다는 내용이 보인다.[308] 미록만이 아니라 다른 야생동물도 역시 감소하였을 것이다.

문종 1년 하삼도 지방에 인구가 날로 늘어가고 거주지가 조밀해졌으

· · · · · · · · · · · · · · ·

논문). 그렇지만 그들이 사냥하고 유랑하는 것에서 벗어나 정주 생활을 확대해 간 점은 분명해 보인다. 따라서 그들의 사냥 활동이 현저히 축소되었다고 판단된다.

306 『太宗實錄』 권33, 太宗 17년 윤5월 甲子(9일), 2-166.
307 『世宗實錄』 권33, 世宗 8년 9월 乙未(5일), 3-42.
308 『世宗實錄』 권36, 世宗 9년 4월 壬戌(4일), 3-66.

며 게다가 산령(山嶺)의 땅이 모두 개간되어 금수가 번식할 수 없게 되었지만, 봉상시(奉常寺)와 사재감에 납부하는 생록(生鹿)·건록·건장·녹포의 수는 예전 그대로여서 각 도 각 고을에서 마련하기가 쉽지 않다는 것이다.[309] 또 하삼도 각 고을이 공납하는 건장·녹이 이미 과반을 견면받았는데, 장록이 날로 드물어져 조달하는 것이 여의치 못해 생산되지 않는 고을은 민간에서 구하는데 그 폐단이 적지 않다고 하였다.[310] 금수가 크게 감소한 것은 하삼도가 중심이었다.

성종 8년 헌납(獻納) 안침(安琛)은 전에 광릉의 행차에서 국왕이 금수가 번자(繁滋)하다고 생각해 위민제해하고자 했으나, 1마리의 금수도 없었으며 도리어 전곡을 손상시켰다고 지적했다.[311] 성종 18년 동지중추부사(同知中樞府事) 홍리로(洪利老), 계성군(雞城君) 이양생(李陽生)이 경기와 황해도에서 강무주필(講武駐蹕)할 곳을 살피고 와서 지나는 곳에 숙속(菽粟)이 들을 덮었으며 금수의 자취가 보이지 않아 번성하지 않음을 알 수 있다고 아뢰었다.[312]

연산군 6년 의정부에서 계문하기를, 사복시 망패의 사냥은 생물을 진상하기 위함인데, 조종조에는 모두 전교(箭郊) 및 경기 근지에서 잡아서, 신선했고 폐단이 없었는데 지금은 가까운 곳에 금수가 없다고 했다. 강무장에서 사냥을 금하고 있어 부득이 강원도·황해도 등에 깊이 들어가 겸사복이 요원 30여 명, 말 30여 필을 이끌고, 또 본도의 군인을 징발해 여러 날 동안 달리면서 사냥을 하고 있는데 그럼에도 한 달에 획득하는

. . . . . . . . . . . . . .
309 『文宗實錄』 권5, 文宗 1년 1월 庚戌(10일), 6-344.
310 『文宗實錄』 권7, 文宗 1년 5월 甲辰(7일), 6-386.
311 『成宗實錄』 권83, 成宗 8년 8월 壬戌(28일), 9-496.
312 『成宗實錄』 권205, 成宗 18년 7월 丁卯(30일), 11-235.

것이 5, 6두에 불과하다고 아뢰었다.[313] 가까운 곳에 금수가 없어 사냥을 하지 못하고 강원도와 황해도까지 가서 사냥하지만 획득하는 것이 얼마 안 된다는 것이다. 연산군 9년 2월 봉상시판관(奉常寺判官) 조빈(趙鑌)의 발언에, 근년 이래 흉년이 이어지고 백물(百物)이 조잔(凋殘)해졌으며, 장록은 더욱 희귀해졌다는 언급이 보인다.[314]

중종 9년 팔도의 산물이 예전과 많이 다르다는 언급이 보인다. 영사(領事) 김응기(金應箕)의 발언 중에 각 도 장록이 번성하지 못하다는 언급이 보인다.[315] 중종 31년 김근사(金謹思) 등은, 평강 등에 예전에는 금수가 많았지만, 지금은 거의 없어져서 제장(祭獐)을 공급할 수 없게 되었다고 아뢰었다.[316] 명종 3년 진상할 사슴이 희귀하여 잡기가 어렵다는 것, 산림의 숲도 옛날과 다르고 물산도 역시 그러하다는 것을 지적하고 있다.[317]

인구가 증가하고 농지의 개간이 확대됨에 따라 야생동물의 서식지는 축소되고 서식 환경도 열악화되었다. 그에 따라 야생동물이 감소되었는데, 그것은 거의 전국적인 현상이었다.[318] 야생동물의 감소는 사냥 활동의 위축을 가져오는 일차적인 요인이었다. 사냥 문화의 퇴조는 야생동물의 감소를 주요한 배경으로 했지만, 그밖에도 다양한 요인이 작용하였다. 조정 관료들이 성리학 입장에서 사냥에 대해 철저히 비판하는 것도 한 요인이었다.

. . . . . . . . . . . . . .

313 『燕山君日記』 권37, 燕山君 6년 3월 乙卯(1일), 13-404.
314 『燕山君日記』 권48, 燕山君 9년 2월 庚申(23일), 13-547.
315 『中宗實錄』 권20, 中宗 9년 9월 乙亥(16일), 15-26.
316 『中宗實錄』 권82, 中宗 31년 6월 甲辰(21일), 17-666.
317 『明宗實錄』 권8, 明宗 3년 10월 庚戌(9일), 19-616.
318 이병희, 2020, 「조선시기 동물의 수적 변동과 그 의미」 『청람사학』 32, 청람사학회 참조.

사냥이 축소된다는 것은 곧 단백질을 공급하는 원천이 감소되는 것을 의미했다. 야생동물을 통한 공급이 줄어든 상황에서 이를 대체하는 것은 가축이었다. 야생동물의 포획이 감소한 사정 하에서 가축이 단백질을 공급하는 원천으로서 갖는 의미가 더욱 커졌다. 가축의 사육은 오랜 역사를 가지지만 농업생산의 향상, 농업부산물의 증대가 뒷받침되어야 크게 확대될 수 있었다. 사냥 활동의 축소, 사냥 문화의 퇴조는 이처럼 생태계는 물론 사회경제 전반의 변화를 전제로 하는 것이다.


## 5. 맺음말

원시시대 이래 인간의 매우 중요한 생업이었던 사냥은 15세기를 분기점으로 해서 큰 변화를 겪게 되었다. 농업 발전이란 사회경제 변화가 전제된 것이었으며, 국가 운영의 이념으로서 성리학의 확산을 배경으로 한 것이었다.

조선초기 사냥은 활발하였다. 사냥의 방법은 기본적으로 활과 화살을 사용하는 것이었으며, 창을 활용하기도 하고, 함정과 덫을 설치하기도 했다. 매를 활용하거나 사냥개의 도움을 받기도 했다. 국가 차원이나 지방관이 진행하는 사냥에서는 몰이꾼을 동원하는 수가 많았다. 불을 질러 사냥하는 경우는 특이한 사례였다. 야생동물에 따라 사냥법에 다소 차이가 있었다. 맹수인 호표는 착호갑사(捉虎甲士)로 표현되는 특수 전문인력이 사냥을 담당했다. 포획되는 동물은 여러 종류였는데, 호랑이와 표범, 곰, 여우, 이리 등도 있었지만 소수였고, 가장 많이 잡히는 것은 노루와 사슴, 토끼, 꿩, 멧돼지였다. 포획된 야생동물은 옷감으로 활용되기도 하고, 약재로 사용되기도 했는데, 가장 중요한 사용처는 식료 분야였다. 가축을 활용한 단백질의 공급이 풍족하지 않은 당시에 노루, 사슴, 멧돼지, 토끼, 꿩 등의 야생동물은 단백질을 공급하는 매우 중요한 식자재였다. 그렇기 때문에 종묘에 천신하기도 하고, 각 궁전에 바치기도 했으며, 관료나 중앙 부서에 사여하기도 했다. 외국 사신을 접대할 때에도 야생동물은 중요한 식자재로 쓰였다. 식료로서의 가치로 인해 뇌물로 사용하거나 저자에서 거래되는 일도 있었다. 그런데 사냥은 위험을 동반하는 것이었다. 사냥 행위 자체에 안전사고의 위험이 있었으며, 맹수의 공격도 심심치 않았다. 그리하여 사냥 과정에서 상해를 입거나 죽는 일도 드물지 않았다. 사냥은 말타기·활쏘기의 능력을 필요로 했고, 용감성과 기민성을 겸비해야 했다. 결국 사냥에는 상무성(尚武性)이 깊게 자리하고 있었던 것이다.

사냥을 주도하는 주체에는 여러 부류가 있었다. 국가 차원의 군사훈련인 강무에는 사냥이 포함되어 있었다. 국왕 스스로도 사냥에 적극 참여하는 경우가 많았다. 태조 이성계는 무장 출신으로서 탁월한 사냥 능력을 보유하고 있었으며, 정종과 태종도 사냥을 매우 즐겼다. 세종도 사냥에 적극 참여하였다. 국왕이 사냥에 적극적이었던 것은 세조대까지 이어졌다. 국왕이 직접 활을 쏴서 금수를 잡는 용감성을 보이는 수가 많았다. 양녕대군, 안평대군, 월산대군 등 왕실의 인물들도 사냥에 적극적이었음을 확인할 수 있다. 지배층, 무관들 가운데 사냥에 매우 적극 나서는 이들이 많았다. 지방관이 진상을 빙자해 사냥 활동을 하는 수도 있었고 사사로이 사냥하는 경우도 적지 않았다. 전국적으로 사냥이 활발했지만 특히 평안도와 함경도에서 가장 활발했다고 할 수 있다. 계층적으로 보면 모든 층이 참여하고 있었지만, 기층민으로서 탁월한 사냥 능력을 보유한 이들은 백정(白丁)이었다. 이들은 사냥에 자주 동원되었다.

전체 사회에 사냥 문화가 깊게 자리하고 있었지만 이런 양상은 성종 대부터 급격히 변동해 갔다. 강무가 드물게 실시되어 국가 차원의 사냥 은 크게 축소되었다. 국왕의 사냥에 대한 선호도 성종대에 급격하게 축 소되었다. 성종은 스스로 사냥을 즐기지 않는다고 표방했다. 뒤이은 연 산군은 특이하게도 사냥에 탐닉하였지만, 그것은 일탈한 경우였다. 이후 중종·명종 모두 사냥에 매우 소극적이었다. 국왕이 사냥에 소극적으로 변한 것은 사냥에 대해 비판적인 성리학 소양의 관료들이 증가해가고 있던 것도 중요한 요인이었다. 관인들은 백성의 고통을 들면서, 재해나 흉년이 있을 때 강무라든지 국왕 사냥의 중지를 강력하게 요청했다. 성 종은 부임하기에 앞서 지방관에게 사냥에 탐닉하지 말 것을 특별히 당 부했다. 지방관이 사냥을 하다가 적발되면 파직되는 경우도 있었다. 그 리하여 지방관의 사냥 활동 자체도 축소의 방향으로 가게 되었다. 탁월 한 사냥능력을 보유한 백정에 대해 농지를 지급하고 평민과 통혼케 함 으로써 정주를 적극 유도하였는데, 이것은 백정의 사냥 활동 축소를 가 져오는 것이었다.

사냥 활동의 축소, 사냥 문화의 위축에는 야생동물 개체수의 감소가 자리하고 있었다. 강무장 내에서는 사사로운 사냥이 야생동물의 감소를 가져왔지만, 전국적으로 보면 인구 증가와 농지 개간이 야생동물 감소 의 보다 중요한 배경으로 작용했다. 인구가 늘어가고 농지 개간이 확대 되면서 산림이 훼손되고 임야가 축소되었다. 이에 따라 야생동물의 수 가 급격히 감소하였다. 하삼도를 중심으로 해서 금수의 개체수가 감소 한다는 지적이 이어졌다. 사냥이 축소됨으로써 식료로서 갖는 야생동물 의 비중도 크게 떨어졌다. 그 부족분은 가축으로 해결해 갈 수 있었다. 농업생산력의 증가에 따른 농업부산물의 증대는 가축을 사육할 수 있는 여력을 확대했다.

야생동물 감소와 가축 증가라는 생태계의 변화, 그리고 농지 개간 확대와 농업생산 증진이라는 농촌사회의 전반적인 변동을 전제로 해 사냥 활동이 위축된 것이다. 사냥 문화의 축소는 활쏘기 문화의 위축, 상무적 사회 분위기의 퇴조를 의미하는 것이었다. 당시 지배적인 교학으로 발전해 가던 성리학이 이런 변화를 추동하였다.

(2020, 『사회과학연구』 21, 한국교원대 사회과학연구소 수록)

## [부록] 사냥에서 획득한 동물들

| 연 도 | 내용 | 전거 |
|---|---|---|
| 태종 3년 | 노루 1, 여우 1 | 『太宗實錄』 권6, 太宗 3년 10월 戊午(14일), 1-280 |
| 태종 4년 | 노루 3, 사슴 2 | 『太宗實錄』 권7, 太宗 4년 2월 壬午(11일), 1-289 |
| 태종 10년 | 노루 33 | 『太宗實錄』 권20, 太宗 10년 9월 庚寅(26일), 1-565 |
| 태종 13년 | 사슴 14, 노루 4 | 『太宗實錄』 권25, 太宗 13년 2월 戊辰(19일), 1-663 |
| 태종 13년 | 이리 1, 사슴 1 | 『太宗實錄』 권26, 太宗 13년 9월 庚子(24일), 1-689 |
| 태종 13년 | 사슴 14 | 『太宗實錄』 권26, 太宗 13년 10월 丁未(1일), 1-690 |
| 태종 13년 | 사슴 2 | 『太宗實錄』 권26, 太宗 13년 10월 丙辰(10일), 1-690 |
| 태종 13년 | 사슴 3, 여우 1 | 『太宗實錄』 권26, 太宗 13년 10월 丙子(30일), 1-692 |
| 태종 14년 | 사슴 3, 노루 1 | 『太宗實錄』 권27, 太宗 14년 2월 壬申(28일), 2-8 |
| 태종 14년 | 사슴 4 | 『太宗實錄』 권27, 太宗 14년 3월 庚寅(17일), 2-9 |
| 태종 14년 | 사슴 8 | 『太宗實錄』 권27, 太宗 14년 3월 壬辰(19일), 2-9 |
| 태종 14년 | 사슴 11, 노루 3 | 『太宗實錄』 권28, 太宗 14년 윤9월 己未(19일), 2-39 |
| 세종 4년 | 노루·사슴 각 1 | 『世宗實錄』 권15, 世宗 4년 3월 己巳(12일), 2-477 |
| 세종 4년 | 사슴 4 | 『世宗實錄』 권15, 世宗 4년 3월 丁丑(20일), 2-477 |
| 세종 4년 | 노루·멧돼지 각 2, 노루 3 | 『世宗實錄』 권15, 世宗 4년 3월 丙戌(29일), 2-477 |
| 세종 4년 | 노루·멧돼지 각 1 | 『世宗實錄』 권16, 世宗 4년 4월 丁亥(1일), 2-478 |
| 세종 4년 | 사슴 2 | 『世宗實錄』 권16, 世宗 4년 4월 戊子(2일), 2-478 |
| 세종 4년 | 멧돼지 1 | 『世宗實錄』 권16, 世宗 4년 4월 庚寅(4일), 2-478 |
| 세종 4년 | 멧돼지·사슴 각 1 | 『世宗實錄』 권16, 世宗 4년 4월 辛卯(5일), 2-478 |
| 세종 7년 | 사슴 1, 노루 1 | 『世宗實錄』 권27, 世宗 7년 3월 庚辰(10일), 2-660 |
| 세종 28년 | 전에 풍양 등에서 강무할 때 하루에 잡은 금수가 100여 | 『世宗實錄』 권111, 世宗 28년 1월 癸未(15일), 4-650 |

| 연 도 | 내용 | 전거 |
|---|---|---|
| 세조 2년 | 노루 70여 | 『世祖實錄』 권5, 世祖 2년 9월 丙申(29일), 7-153 |
| 세조 2년 | 사슴·노루 126, 호랑이 3 | 『世祖實錄』 권5, 世祖 2년 10월 庚子(4일), 7-154 |
| 세조 2년 | 노루·사슴 130 | 『世祖實錄』 권5, 世祖 2년 10월 壬寅(6일), 7-154 |
| 세조 2년 | 노루·사슴 170여 | 『世祖實錄』 권5, 世祖 2년 10월 癸卯(7일), 7-154 |
| 세조 2년 | 노루·사슴 50여 | 『世祖實錄』 권5, 世祖 2년 10월 乙巳(9일), 7-154 |
| 세조 2년 | 사슴 60, 곰 1 | 『世祖實錄』 권5, 世祖 2년 10월 丁未(11일), 7-154 |
| 세조 4년 | 심히 많은 금수(獲獸甚多) | 『世祖實錄』 권14, 世祖 4년 9월 壬子(28일), 7-296 |
| 세조 6년 | 노루·꿩·토끼를 심히 많이 획득(獲獐雉兎 甚多) | 『世祖實錄』 권21, 世祖 6년 8월 戊申(5일), 7-411 |
| 세조 6년 | 호랑이 1, 노루·사슴·여우·멧돼지 40여 | 『世祖實錄』 권22, 世祖 6년 10월 甲寅(12일),7-424 |
| 세조 6년 | 얻은 금수가 심히 많음 (獲獸甚多) | 『世祖實錄』 권22, 世祖 6년 10월 丁卯(25일), 7-429 |
| 세조 7년 | 사냥에서 獸를 7,8구 얻음 (觀獵 獲獸七八口) | 『世祖實錄』 권23, 世祖 7년 3월 己未(18일), 7-455 |
| 세조 9년 | 여우 5, 토끼 3, 세자에게 명해 쏘게 해 모두 명중 | 『世祖實錄』 권31, 世祖 9년 12월 庚子(16일), 7-598 |
| 세조 12년 | 노루, 꿩 | 『世祖實錄』 권39, 世祖 12년 8월 丙寅(27일), 8-37 |
| 세조 14년 | 세조가 젊은 시절에 사슴 70, 노루 17 | 『世祖實錄』 권45, 世祖 14년 1월 丁丑(16일), 8-156 |
| 성종 6년 | 호랑이 1, 노루·사슴·雜獸 44 | 『成宗實錄』 권59, 成宗 6년 9월 癸酉(27일), 9-275 |
| 성종 6년 | 노루·사슴·잡수 22 | 『成宗實錄』 권59, 成宗 6년 9월 乙亥(29일), 9-275 |
| 성종 6년 | 호랑이 1, 노루·사슴·잡수 36 | 『成宗實錄』 권59, 成宗 6년 9월 丙子(30일), 9-275 |
| 성종 18년 | 노루·사슴이 수백을 내려오지 않음(所獲獐鹿 少不下數百) | 『成宗實錄』 권209, 成宗 18년 11월 辛酉(26일), 11-268 |
| 성종 21년 | 노루·사슴·멧돼지·토끼 합 25 | 『成宗實錄』 권245, 成宗 21년 윤9월 戊戌(19일), 11-650 |
| 연산군 5년 | 멧돼지·노루 30여 | 『燕山君日記』 권35, 燕山君 5년 9월 癸未(26일), 13-379 |

| 연 도 | 내용 | 전거 |
|---|---|---|
| 중종 4년 | 大猪 2, 노루 3 | 『中宗實錄』 권9, 中宗 4년 10월 癸卯(15일), 14-378 |
| 중종 4년 | 대저 1, 사슴 3 | 『中宗實錄』 권9, 中宗 4년 10월 甲辰(16일), 14-379 |
| 중종 7년 | 유순정이 사냥해 바친 호랑이 2, 곰 1, 사슴 5, 멧돼지 1, 노루 30 | 『中宗實錄』 권15, 中宗 7년 1월 癸酉(27일), 14-555 |
| 중종 22년 | 노루 8, 여우 1, 토끼 20여, 꿩 30여 | 『中宗實錄』 권59, 中宗 22년 10월 癸丑(9일), 16-601 |
| 중종 28년 | 사슴 2 | 『中宗實錄』 권76, 中宗 28년 10월 壬辰(23일), 17-477 |

# 참고문헌

◆ 자료

『高麗史』.

『高麗史節要』.

『東國李相國集』.

『東文選』.

『牧隱詩藁』.

『四佳文集』.

『三國史記』.

『續東文選』.

『新增東國輿地勝覽』.

『陽村集』.

『慵齋叢話』.

『朝鮮王朝實錄』.

金龍善 編著, 2012, 『高麗墓誌銘集成』, 翰林大 出版部.

네이버 국어 사전(https://ko.dict.naver.com/).

네이버 한자 사전(https://hanja.dict.naver.com/).

한국민족문화대백과사전(http://encykorea.aks.ac.kr/).

◆ 저서

김갑동, 2021, 『고려 태조 왕건 정권 연구』, 혜안.

김광언, 2007, 『韓·日·東시베리아의 사냥 - 狩獵文化 比較誌 -』, 민속원.

김돈, 1997, 『조선전기 군신권력관계 연구』, 서울대 출판부.

김동진, 2009, 『朝鮮前期 捕虎政策 硏究』, 선인.

김명진, 2014, 『고려 태조 왕건의 통일전쟁 연구』, 혜안.

김명진, 2018, 『통일과 전쟁, 고려 태조 왕건』, 혜안.

김범, 2015, 『사화와 반정의 시대 - 성종·연산군·중종대의 왕권과 정치 -』, 역사의 아침.

김중섭, 1994, 『衡平運動硏究』, 민영사.

김중섭, 2001, 『형평운동』, 지식산업사.

南都泳, 1997, 『(개정판) 韓國馬政史』, 한국마사회 마사박물관.

류영철, 2005, 『高麗의 後三國 統一過程 硏究』, 景仁文化社.

문안식, 2008, 『후백제 전쟁사 연구』, 혜안.

朴道植, 2011, 『朝鮮前期 貢納制 硏究』, 혜안.

朴玉杰, 1996, 『高麗時代의 歸化人 硏究』, 國學資料院.

박용운, 2019, 『고려시대 사람들의 식음(食飮) 생활』, 경인문화사.

박종성, 2013, 『백정과 기생 - 조선 천민사의 두 얼굴 -』, 서울대 출판문화원.

신성재, 2018, 『후삼국 통일전쟁사 연구』, 혜안.

신호철, 1993, 『후백제 견훤정권연구』, 一潮閣.

안지원, 2011, 『고려의 국가불교 의례와 문화 - 연등·팔관회와 제석도량을 중심으로 - 』, 서울대 출판부.

李景植, 2007, 『高麗前期의 田柴科』, 서울대 출판부.

이도학, 2015, 『후삼국시대 전쟁 연구』, 주류성.

李在範, 2007, 『後三國時代 弓裔政權 硏究』, 혜안.

이희근, 2013, 『백정 - 외면당한 역사의 진실 -』, 책밭.

이희근, 2016, 『산척, 조선의 사냥꾼』, 따비.

정재훈, 2010, 『조선의 국왕과 의례』, 지식산업사.

전경욱, 2020, 『한국전통연희사』, 학고재.

조규태, 2020, 『백촌 강상호 - 형평운동의 선도자 -』, 펄북스.

최규성, 2005, 『高麗 太祖 王建 硏究』, 주류성.

최승희, 2002, 『조선초기 정치사연구』, 지식산업사.

최승희, 2005, 『조선초기 정치문화의 이해』, 지식산업사.

최이돈, 2017, 『조선중기 사림정치』, 경인문화사.

田川孝三, 1964, 『李朝貢納制の硏究』, 東洋文庫.


◆ 논문

姜萬吉, 1964, 「鮮初白丁考」『史學硏究』 18.
姜玉葉, 1995, 「麗初 西京經營과 西京勢力의 推移」『同大史學』 1, 同德女大 國史學科.
고숙화, 1996, 「日帝下 衡平社 硏究」, 이화여대 박사학위논문.
金甲童, 1994, 「高麗太祖 王建과 後百濟 神劍의 전투」『滄海朴秉國敎授停年紀念 史學論叢』, 간행위원회.
김갑동, 2001, 「후백제 견훤의 전략과 영역의 변천」『후백제 견훤정권과 전주』 (전북전통문화연구소 편), 주류성.
김갑동, 2004, 「고려초기 홍성지역의 동향과 지역세력」『史學硏究』 74.
김갑동, 2008, 「고려의 후삼국 통일과 유금필」『軍史』 69.
김갑동, 2009, 「고려 태조 왕건과 유금필 장군」『대전대 인문과학논문집』 46, 대전대.
金大中, 1993, 「高麗 武人執權期 私兵勢力 擡頭와 兵權의 向方」『軍史』 26.
김동경, 2010, 「조선 초기의 군사전통 변화와 진법훈련」『軍史』 74.
김동진, 2007, 「조선전기 강무의 시행과 포호정책」『조선시대사학보』 40.
김동진, 2009, 「朝鮮前期 白丁에 대한 齊民化 政策의 成果」『역사민속학』 29.
김동진, 2011, 「1528년 安東 府北 周村戶籍 斷片에 나타난 挾居 新白丁의 삶」『고문서연구』 39.
김동진, 2012, 「16세기 성주지방 백정계열 가계의 사회경제적 위상 변동」『역사와 담론』 61.
김명진, 2008, 「太祖王建의 一利川戰鬪와 諸蕃勁騎」『한국중세사연구』 25.
김명진, 2015, 「고려 태조 왕건의 운주전투와 긍준의 역할」『軍史』 96.
金範, 2005, 「朝鮮 成宗代의 王權과 政局運營」『史叢』 61.

김상보, 2014, 「종묘제례에 정성스럽게 마련한 제찬을 진설하다」 『종묘 - 조선의 정신을 담다 -』, 국립고궁박물관.

金秀卿, 2008, 「고려 말 악공·기녀의 위상과 음악사적 의의」 『한국문화연구』 15, 이화여대 한국문화연구원.

金日宇, 2005, 「고려시대 耽羅 지역의 牛馬飼育」 『史學研究』 78.

김중섭, 2013, 「'조선시대 백정'의 기원에 대한 역사사회학적 고찰」 『東方學志』 164.

김중섭, 2014, 「조선 전기 백정 정책과 사회적 지위 - 통합, 배제, 통제의 삼중주 -」 『조선시대사학보』 68.

金昌洙, 1961, 「麗代 惡少考 - 麗末의 社會相 一斑 -」 『史學研究』 12.

김창현, 2005, 「고려초기 정국과 서경」 『사학연구』 80.

金賢羅, 1996, 「高麗後期 惡少의 存在形態와 그 성격 - 政治勢力化 過程을 中心으로 -」 『지역과 역사』 1, 부산경남역사연구소.

南智大, 1985, 「朝鮮 成宗代의 臺諫 言論」 『韓國史論』 12, 서울대 국사학과.

柳永哲, 2001, 「一利川戰鬪와 後百濟의 敗亡」 『大丘史學』 63.

柳昌圭, 1985, 「崔氏武人政權下의 都房의 설치와 그 向方」 『東亞研究』 6, 서강대 동아연구소.

류창규, 1993, 「사병의 형성과 도방」 『한국사』 18(고려 무신정권), 국사편찬위원회.

문철영, 1991, 「고려말 조선초 백정의 신분과 차역」 『韓國史論』 26, 서울대 국사학과.

朴道植, 1987, 「朝鮮初期 講武制에 관한 一考察」 『慶熙史學』 14.

朴玉杰, 2002, 「高麗의 歸化人 同化策 - 특히 居住地와 歸化 姓氏의 貫鄕을 중심으로 -」 『江原史學』 17·18합집, 江原大 史學會.

박옥걸, 2004, 「고려시대 귀화인의 역할과 영향 - 기술적, 문화적 측면을 중심으로 -」 『白山學報』 70.

박용운, 2004, 「국호 고구려·고려에 대한 일고찰」 『북방사논총』 1.

朴鍾晟, 2003, 「朝鮮 白丁의 社會的 不滿과 政治化 - 『朝鮮王朝實錄』을 中心으로 -」 『사회과학연구』 16, 서원대 미래창조연구원.

朴漢卨, 1965, 「王建世系의 貿易活動에 대하여 - 그들의 出身究明을 중심으로 -」 『史叢』 10.

朴漢卨, 1977, 「高麗 王室의 起源 - 高麗의 高句麗繼承理念과 關聯하여 -」 『史叢』 21.

朴漢卨, 2004, 「高麗의 高句麗 繼承 意識」 『고구려연구』 18.

朴洪培, 1986, 「高麗鷹坊의 弊政 - 主로 忠烈王대를 중심으로 -」 『慶州史學』 5, 東國大 國史學會.

배숙희, 2017, 「13~14세기 歸化人의 유형과 고려로 이주」 『歷史學報』 233.

송기호, 2009, 「격구와 석전」 『대한토목학회지』 57-1, 대한토목학회.

宋芳松, 1996, 「음악」 『한국사』 21(고려 후기의 사상과 문화), 국사편찬위원회.

송웅섭, 2010, 「조선 성종대 전반 언론의 동향과 언론 관행의 형성 - 성종대 언론 발달의 요인과 관련하여 -」 『한국문화』 50, 서울대 규장각 한국학연구원.

송웅섭, 2013, 「朝鮮 成宗의 右文政治와 그 귀결」 『奎章閣』 42, 서울대 규장각 한국학연구원.

신성재, 2011, 「일리천전투와 고려태조 왕건의 전략전술」 『한국고대사연구』 61.

신성재, 2017, 「고려 태조대 명장 충절공(忠節公) 유금필(庾黔弼)」 『軍史』 102.

신성재, 2019, 「후삼국 통일전쟁과 운주전투」 『軍史』 110.

심승구, 2007, 「조선시대 사냥의 추이와 특성 - 講武와 捉虎를 중심으로 -」 『역사민속학』 24.

심승구, 2011, 「권력과 사냥」 『사냥으로 본 삶과 문화』, 국사편찬위원회.

沈載錫, 1994, 「高麗 惠宗代 王規의 廣州院君 옹립모의와 定宗 즉위」 『배달문화』 13, 민족사바로찾기국민회의.

오영선, 1995, 「무신정권과 사병」 『역사비평』 29.

오영선, 1996, 「高麗 武臣執權期 私兵의 성격」 『軍史』 33.

오영철, 1993, 「15세기 백정의 사회적 처지」 『력사과학』.

윤광봉, 2000, 「14·5세기의 演戲樣相」 『비교민속학』 19.

윤용혁, 2007, 「나말여초 洪州의 등장과 運州城主 兢俊」 『한국중세사연구』 22.

이강한, 2009, 「1270~80년대 고려내 鷹坊 운영 및 대외무역」 『韓國史研究』 146.

李慶馥, 1985, 「高麗時代 妓女의 類型考」 『韓國民俗學』 18.

이규철, 2018, 「조선시대 강무(講武)의 역사적 의미와 콘텐츠화 방안」『東아시아 古代學』52, 東아시아 古代學會.

李文基, 2000, 「甄萱政權의 軍事的 基盤 - 특히 新羅 公兵組織의 再編과 關聯하여 -」『후백제와 견훤』(백제연구소편), 서경문화사.

李炳熙, 1999, 「高麗時期 僧侶와 말(馬)」『韓國史論』41·42합집, 서울大 國史學科.

이병희, 2020, 「조선시기 동물의 수적 변동과 그 의미」『청람사학』32.

이병희, 2020, 「조선전기 사냥의 전개와 위축」『사회과학연구』21, 한국교원대 사회과학연구소.

이병희, 2021, 「고려시기 사냥의 성행(盛行)과 대책」『한국중세사연구』67.

이병희, 2021, 「高麗時期 不殺生과 不食肉」『韓國史學報』85.

이병희, 2021, 「고려시기 사냥의 방법과 尙武性」『동국사학』72.

이상국, 2004, 「고려 초기 役分田의 분급형태」『사림』22, 수선사학회.

이예슬, 2019, 「조선전기 매[鷹]의 사육과 활용」, 한국교원대 석사학위논문.

李仁在, 2000, 「高麗後期 鷹坊의 設置와 運營」『韓國史의 構造와 展開 - 河炫綱教授定年紀念論叢 -』, 刊行委員會.

이재범, 2020, 「국호 '摩震'에 관하여」『新羅史學報』48.

李俊九, 1997, 「朝鮮後期 白丁의 存在樣相 - 大邱府 西上面 路下里 白丁部落을 중심으로 -」『大丘史學』53.

李俊九, 1998, 「朝鮮前期 白丁의 犯罪相과 齊民化 施策」『大丘史學』56.

李俊九, 1998, 「朝鮮後期 慶尙道 丹城地域 白丁의 存在樣相 - 丹城帳籍을 중심으로 -」『朝鮮史研究』7.

李俊九, 2000, 「조선시대 白丁의 前身 楊水尺, 才人·禾尺, 韃靼 - 그 내력과 삶의 모습을 중심으로 -」『朝鮮史研究』9.

이준구, 2000, 「조선중기 編戶白丁의 존재와 그 성격」『李樹健教授停年紀念 韓國中世史論叢』.

李俊九, 2001, 「조선후기 마을을 이루고 산 고리백정의 존재양상 - 大丘府 戶口帳籍을 중심으로 -」『朝鮮史研究』10.

이준구, 2002, 「조선전기 白丁의 習俗과 사회·경제적 처지」『조선의 정치와 사회 - 최승희교수정년기념논문집 -』.

이준구, 2003, 「조선전기 白丁의 赴防과 軍役與否에 관한 검토」『仁荷史學』 10.

이현수, 2002, 「조선초기 강무 시행사례와 군사적 기능」『군사』 45.

李炯佑, 1985, 「古昌地方을 둘러싼 麗濟兩國의 각축양상」『嶠南史學』 1(東峰 金成俊先生 停年紀念 史學論叢), 영남대 국사학회.

李惠玉, 1982, 「高麗初期 西京勢力에 대한 一考察」『韓國學報』 26.

林榮茂, 1996, 「체육」『한국사』 21(고려 후기의 사상과 문화), 국사편찬위원회.

임영희, 2019, 「고려 혜종의 죽음과 정종의 왕위계승」『歷史學研究』 75, 湖南 史學會.

임형수, 2020, 「고려 충렬왕대 鷹坊의 구조와 기능에 대한 재검토」『역사와 담론』 93.

張正龍, 1996, 「민속」『한국사』 21(고려 후기의 사상과 문화), 국사편찬위원회.

장정룡, 1999, 「고려시대의 연희 고찰」『역사민속학』 9.

전경숙, 1997, 「高麗 崔氏執權期의 都房」『韓國學研究』 7, 숙명여대 한국학연 구센터.

전경욱, 2014, 「새 자료를 통해서 본 연희자로서의 수척과 반인」『한국민속학』 60.

鄭景鉉, 1990, 「高麗 太祖의 一利川 戰役」『韓國史研究』 68.

정동훈, 2020, 「고종대 고려-몽골 관계에서 '조공'의 의미」『한국중세사연구』 61.

鄭東勳, 2020, 「1260-70년대 고려-몽골 관계에서 歲貢의 의미」『震檀學報』 134.

鄭杜熙, 1977, 「高麗 武臣執權期의 武士集團」『韓國學報』 8.

정연학, 2011, 「왕조의 중요한 국책 사업, 사냥」『사냥으로 본 삶과 문화』, 국 사편찬위원회.

정재훈, 2009, 「조선시대 국왕의례에 대한 연구 - 講武를 중심으로 -」『한국사 상과 문화』 50.

鄭鎭禹, 1979, 「高麗鷹坊考」『淸大史林』 3, 청주대 사학회.

차경희, 2007, 「『쇄미록』을 통해 본 16세기 동물성 식품의 소비 현황」『한국식 품조리과학회지』 23-5, 한국식품조리과학회.

河炫綱, 1967, 「高麗 西京考」『歷史學報』 35·36합집.

한기문, 2016, 「고려시대 安東府의 성립과 '太師廟'의 기능」『歷史教育論集』 61.

한희숙, 1999, 「朝鮮 太宗·世宗代 白丁의 생활상과 도적 활동」『한국사학보』6.

허인욱, 2019, 「후백제 멸망과 그 유민」『한국중세사연구』56.

洪成旭, 2004, 「高麗後期 農牛 所有 階層의 變動」『東國史學』40.

홍승기, 1995, 「양수척」『한국사』15(고려전기의 사회와 대외관계), 국사편찬
　　　위원회.

黃善榮, 1997, 「高麗 初期 役分田의 成立」『한국중세사연구』4.


旗田巍, 1935, 「高麗の鷹坊(1·2)」『歷史敎育』10-6·7.

旗田巍, 1978, 「高麗武人の政權爭奪の形態と私兵の形成」『古代東アジア史論集』
　　　上, 吉川弘文館.

內藤雋補, 1955, 「高麗時代の鷹坊について」『朝鮮學報』8.

鮎貝房之進, 1932, 「楊水尺條 水尺條 禾尺條」『雜攷』5.

# 찾아보기

## 이병희李炳熙

서울 신정동 출생
서울대학교 사범대학 역사과 졸업
서울대학교 대학원 국사학과 석사·박사과정 졸업(문학박사)
목포대학교 사학과 교수 역임
현재 한국교원대학교 역사교육과 교수

〈저서 및 논문〉

『뿌리깊은 한국사 샘이 깊은 이야기3(고려편)』, 『高麗後期 寺院經濟 研究』, 『高麗時期 寺院 經濟 研究』1·2, 『농사직설 역해』
「高麗後期 農地開墾과 新生村」, 「고려 현종대 사상과 문화정책」, 「朝鮮前期 寺利의 亡廢와 遺 物의 消失」, 「고려시기 벽란도의 '해양도시'적 성격」, 「조선전기 승려의 자선활동」, 「조선 전기 별와요의 기와생산과 승려」, 「高麗時期 食水의 調達」, 「朝鮮初期 佛教界의 寶 運營과 그 意味」, 「고려시기 松木政策과 그 한계」, 「조선전기 琉球國 농업의 이해」, 「고려시기 천도 론의 제기와 생태환경」, 「고려 현종대 진휼정책과 권농정책」, 「고려시기 사냥의 성행 (盛行)과 대책」, 「고려시기 사냥의 방법과 尚武性」 외 다수

## 고려시기 사냥꾼 양수척楊水尺과 정주定住 사회社會

2022년 8월 18일 초판 인쇄
2022년 8월 25일 초판 발행

지 은 이      이병희
발 행 인      한정희
발 행 처      경인문화사
편 집 부      김지선 유지혜 한주연 이다빈 김윤진
관리·영업부    전병관 하재일 유인순
출 판 신 고    제406-1973-000003호
주      소    파주시 회동길 445-1 경인빌딩 B동 4층
대 표 전 화    031-955-9300   팩 스   031-955-9310
홈 페 이 지    http://www.kyunginp.co.kr
이 메 일      kyungin@kyunginp.co.kr

ISBN 978-89-499-6645-8   03910
값 21,000원